湖北省人文社科重点研究基地三峡大学区域社会管理创新与发展研究中心开放基金重大项目"三峡流域民族地区精准扶贫研究"资助

三峡流域民族自治地区
精准扶贫研究

谭志松 ◎ 主编

中国社会科学出版社

图书在版编目（CIP）数据

三峡流域民族自治地区精准扶贫研究/谭志松主编 . —北京：
中国社会科学出版社，2018.11
ISBN 978 – 7 – 5203 – 2820 – 3

Ⅰ.①三… Ⅱ.①谭… Ⅲ.①三峡—长江流域—民族地区—
扶贫—研究 Ⅳ.①F127.63

中国版本图书馆 CIP 数据核字（2018）第 160980 号

出 版 人	赵剑英	
责任编辑	张　林	
特约编辑	蓝垂华	
责任校对	赵雪姣	
责任印制	戴　宽	

出　　版	中国社会科学出版社
社　　址	北京鼓楼西大街甲 158 号
邮　　编	100720
网　　址	http://www.csspw.cn
发 行 部	010 – 84083685
门 市 部	010 – 84029450
经　　销	新华书店及其他书店
印　　刷	北京明恒达印务有限公司
装　　订	廊坊市广阳区广增装订厂
版　　次	2018 年 11 月第 1 版
印　　次	2018 年 11 月第 1 次印刷
开　　本	710 × 1000　1/16
印　　张	17.75
插　　页	2
字　　数	283 千字
定　　价	78.00 元

目　　录

绪　　论

中国共产党第十八次全国代表大会正式提出 2020 年完成全面建成小康社会，实现我们党第一个一百年奋斗目标。精准扶贫正是习近平总书记围绕这个目标的实现于 2013 年 11 月提出的，它是关系到决胜全面建成小康社会的重大战略举措。党的十九大确定了习近平新时代中国特色社会主义思想为我们党的指导思想。习近平在十九大报告中提出了新时代总目标和总任务以及实现第二个一百年目标的重大战略构想和实施步骤。所以，精准扶贫战略具有重要的现实意义和深远的历史意义。

三峡流域是一个以长江三峡及其延伸段以及其上的三条支流——乌江、清江、沅江所流经的连片县市和地市区行政范围所构成的区域，其中包含了国家扶贫"武陵山扶贫开发片区"71 个县市的 41 个县市区的范围，有总人口 4700 余万，国土面积 23 万平方千米。① 现地处四周各大城市群战略之外，整体经济社会发展状况相对比较落后。因此，其成为我们"区域社会管理创新与发展研究中心"重点研究的区域。在实施精准扶贫重大战略过程中，本次研究课题我们选取这一区域的民族自治区域作为我们"精准扶贫"研究的对象。笔者作为组织者，作如下概述。

一　课题确定和组织框架

本书题为"三峡流域民族自治地方精准扶贫研究"，是湖北省人文社科重点研究基地——三峡大学区域社会管理创新与发展研究中心（以下

---

① 谭志松：《三峡流域城市社会治理概论》，中国社会科学出版社 2016 年版。

简称"社管研究中心")2015 年开放基金的重点课题——"三峡流域精准扶贫研究"的最终成果。本课题由笔者主持,负责设计框架和组织实施以及最后成书。本课题围绕三峡流域的 2 个少数民族自治州和 15 个少数民族自治县的行政区域分布情况和精准扶贫特色,选择其中 7 个民族自治县或少数民族自治州所辖县,作为研究对象,确定为 7 个子课题,每个子课题由一份调研报告结题,最后将这 7 个报告结集以专著形式出版作为总课题成果。子课题成果属于各课题负责人,各课题负责人对其研究报告内容负责。

二 选题背景

"三峡流域精准扶贫研究"是在笔者的提议下,经社管研究中心专题研究,最终确定的 2015 年社管研究中心开放基金课题选题,选题主要基于两点基本的思考。

一是切实领会和践行习近平总书记的"精准扶贫战略思想"。

2013 年 11 月,习近平总书记到湖南湘西考察时就作出了"实事求是、因地制宜、分类指导、精准扶贫"的重要指示,首次提出了"精准扶贫"的重要思想。

2014 年 1 月,中共中央办公厅根据习近平总书记提出的"精准扶贫"的重要思想,对精准扶贫工作模式予以顶层设计,进一步推动了"精准扶贫"思想落地。2014 年 3 月,习近平总书记参加两会代表团审议时进一步阐释了精准扶贫理念,指出:"要实施精准扶贫,瞄准扶贫对象,进行重点施策。"

2015 年 1 月,习近平总书记在云南调研时,再次强调坚决打好扶贫开发攻坚战,加快民族地区经济社会发展。2015 年 6 月,习近平总书记在贵州调研时,强调要科学谋划好"十三五"时期扶贫开发工作,确保贫困人口到 2020 年如期脱贫,并提出扶贫开发"贵在精准,重在精准,成败之举在于精准","精准扶贫"成为各界热议的关键词。

2015 年 10 月 16 日,习近平总书记在"2015 减贫与发展高层论坛"上强调,中国扶贫攻坚工作实施精准扶贫方略,增加扶贫投入,出台优惠政策措施,坚持中国制度优势,注重六个精准,坚持分类施策,因人因地施策，因贫困原因施策，因贫困类型施策，通过扶持生产和就业发展一批，通过易地搬迁安置一批，通过生态保护脱贫一批，通过教育扶贫脱贫一批，通过低保政策兜底一批，广泛动员全社会力量参与扶贫。

十八大以来，上述这些有关"精准扶贫"的讲话、论断，系统形成了习近平总书记的"精准扶贫战略思想"，这是推进我国精准扶贫工作的思想指引和工作抓手，全国各族人民必须切实领会和践行。

二是精准扶贫与社会治理紧密相连。

社管研究中心是专门从事社会治理理论与实践研究的湖北省人文社科重点研究基地，而精准扶贫的实践研究与社会治理实践研究是紧密相连的。

首先，社会治理与精准扶贫的终极目标是一致的。党的十八大以来，以最广大人民利益为根本坐标，创新社会治理体制，改进社会治理方式，构建全民共建共享的社会治理格局是社会治理目标、理念、方式的鲜明特色，体现了政府与社会、政府与公民共同治理社会事务、共享改革发展成果的社会治理之本质特征。由此可以看出，社会治理的终极目标是和谐、共享、幸福，即每个人与社会、自然和谐相处，共享改革发展成果，能够幸福快乐地生活。而精准扶贫的终极目标也是通过一系列"精准"的扶贫政策和措施，帮助贫困地区和贫困户尽快协调发展和脱贫致富，让贫困地区和"精准扶贫户"能够享受到国家的改革发展成果，让他们过上和谐、幸福、满意的生活。由此看来，社会治理与精准扶贫的终极目标是统一的、一致的。

其次，完善的乡村社会治理体系有利于精准扶贫工作的有效开展。为了切实做好精准扶贫工作，习近平总书记曾提出"六个精准"的要求，即扶持对象精准、项目安排精准、资金使用精准、措施到户精准、因村派人精准、脱贫成效精准。这"六个精准"意味着精准扶贫工作与乡村社会治理之间存在着千丝万缕的联系，乡村治理现状直接影响着"六个精准"的落地，进而影响精准扶贫成效。如果一个乡村有比较完备的乡村社会治理体系，乡、村干部的治理能力较强，那么这个地方的精准扶贫工作就会得到有效开展，反之，必定会影响精准扶贫效果。

再次，精准扶贫中凸显的诸多问题，也是社会治理存在的短板和不足的反映。通过我们的调查发现，目前，在精准扶贫工作中还存在着少数基层干部对精准扶贫认识不到位、扶贫资金发不下去、贷款不知如何使用、扶贫项目推不开，思想保守、观念落后乃至扶贫政策衔接不畅，精准扶贫领域贪腐现象屡禁不止等问题，都是治理短板的集中体现。精准扶贫已进入最后的攻坚拔寨阶段，消除多地潜存的懈怠和畏缩情绪，切实解决精准扶贫中存在的上述诸多问题，对于倒逼基层治理生态的优化，以及基层社会治理能力的提升也具有十分重要的意义和作用。

最后，精准扶贫体制机制创新，必定会带动和促进乡村社会治理体系的进一步完善和乡村治理能力的提升。比如，精准扶贫过程中建立的政府、市场、社会多方协作机制，既可以提高精准扶贫的效果，又可以构建多元主体参与的乡村治理格局，实现乡村社会良好的治理局面。尤其是在政府引导下，大力培养和发展不同类型农村社会组织，提高农民组织化水平，既有利于农民抵抗市场风险，又有助于他们获取话语权与治理权，成为乡村治理不可缺少的主体，进而提升乡村治理的效率。精准扶贫工作中向贫困村派驻驻村第一书记的工作机制，可以重构中央与地方的关系，以增加农村基层领导力资源供给为突破口，解决乡村基层党组织存在的"软、散、乱、穷"等突出问题，加强乡村基层党组织建设。同时，通过精准扶贫还可以加强基层党组织与群众的联系，重塑基层党组织在群众中的威信，切实提高基层党组织的乡村治理能力。[1] 尤其是在精准扶贫中形成的一些乡村治理理念，如执政为民、低收入农民优先受益、严格的政府监管和公开、民主的乡村治理机制，不仅是精准扶贫的重要保障，也是我国农村治理所应遵循的普遍原则。从这个意义上说，精准扶贫改善了贫困村的治理结构，也为中国农村治理提供了经验。[2]

三 研究特色

该成果由七个调研报告组成。分别是胡孝红教授主持完成的《创新

[1] 李娜：《浅议精准扶贫语境下贫困县乡村社会治理》，《经济师》2017年第4期。
[2] 王晓毅：《这五年，精准扶贫改善了乡村社会治理结构》，湖北日报网（http://news.cnhubei.com/xw/2017zt/xysjd/201710/t4006438.shtml）。

举措　合力攻坚　深入推进精准扶贫——来自恩施州巴东县精准扶贫的考察》，向雷、刘谊等老师主持完成的《五峰土家族自治县精准扶贫工作调查报告——以儿童减贫为例》，陈运普教授主持完成的《龙山县精准扶贫的现状与对策调查报告》，黄丽博士主持完成的《芷江精准扶贫"五郎溪样本"调查》，骆东平教授主持完成的《重庆市酉阳土家族苗族自治县精准扶贫调研报告》，覃美洲副教授主持完成的《打基础　调产业，立足实质性脱贫奔小康——精准扶贫的彭水模式》，吴正彪教授主持完成的《贵州省松桃苗族自治县"精准扶贫"调查》。纵观七个调研报告，至少体现了以下特点或特色。

第一，研究对象的针对性。

本课题主要是针对三峡流域民族地区的精准扶贫进行研究，具有较强的针对性。"三峡流域"作为一个社会空间，是指长江三峡段涉及的流域区域和汇入三峡流域段的三江（乌江、清江、沅江）所流经的流域区域共同连片构成的地域的社会空间，它涉及湖北、湖南、重庆、贵州四省市的15个地市州区及其94个县市区，国土面积23万余平方千米，总人口4607.8万余人。其中涵盖了集革命老区、民族地区和贫困地区于一体的武陵山连片特困地区。土家族、苗族等30余个少数民族共居此地，具有独特的民族和地域文化。

作为远距省会之外，处于边缘地带而分属四省市的三峡流域民族地区，贫困面广量大，贫困程度深，部分贫困群众还存在就医难、上学难、社会保障水平低等困难；基础设施薄弱，市场体系不完善。片区内主干道网络尚未形成，公路建设历史欠账较多，水利设施严重老化，电力和通信设施落后。区内仓储、包装、运输等基础条件差，金融、技术、信息、产权和房地产等高端市场，体系不健全。产品要素交换和对外开放程度低，物流成本高；经济发展水平低，特色产业滞后。缺乏核心增长极，缺乏具有明显区域特色的大企业、大基地，产业链条不完整，没有形成具有核心市场竞争力的产业或产业集群；社会事业发展滞后，基本公共服务不足。教育、文化、卫生、体育等方面软硬件建设严重滞后，城乡居民就业不充分。中高级专业技术人员严重缺乏，科技对经济增长的贡献率低；生态环境脆弱，承载能力有限，该区域平均海拔高，气候恶劣，旱涝灾害并存，泥石流、风灾、雨雪冰冻等自然灾害易发。部分地区水土流失严重，石漠化现象突出。发展与生态保护矛盾尖锐，产业结构调整受生态环境制约大；区域发展不平衡，城乡差距大，四省市片区之间、片区内各县之间的发展差距也不同程度存在。①

没有少数民族和民族地区的小康，就没有全国的小康，少数民族和民族地区的如期脱贫是事关我国 2020 年实现整体农村贫困人口如期脱贫、贫困县全部摘帽、解决区域性整体贫困这个全面建成小康社会的底线任务能否得以实现的关键所在。

本课题通过对三峡流域地区的五峰、巴东、彭水、酉阳、吉首、松桃、芷江等民族地区的精准扶贫工作予以较为深入的调研，梳理、总结上述这些地方精准扶贫工作的典型经验和成果的做法，不仅对于推动三峡流域地区的精准扶贫工作具有十分重要的指导意义，而且对于其他民族地区的精准扶贫工作也具有一定的借鉴作用。

第二，研究方法的实证性。

实证性研究就是通过对研究对象大量的观察、实验和调查，获取客观材料，从个别到一般，归纳出事物的本质属性和发展规律的一种研究方法。本课题研究不是拘泥于精准扶贫文本的研究和精准扶贫理论的建构，而是采用纯粹的实证性研究方法，通过充分的调查研究获取第一手调查资料，为解决精准扶贫中出现的具体问题提供解决理路。

承担该课题的七个子课题负责人，为了完成其所承担的课题任务，分别率其课题组成员深入精准扶贫一线进行实地调研，获取了大量的调研资料和调研素材，为其课题研究准备翔实的第一手实证资料。

胡孝红教授为了完成"巴东县精准扶贫研究"这个子课题，于 2016 年 7 月率课题组成员到巴东，针对巴东精准扶贫工作进行了较为深入细致的调研，他们首先到巴东扶贫办进行座谈，弄清巴东精准扶贫工作的整体思路和工作部署，了解巴东精准扶贫工作的相关政策和措施，并收集了大量的精准扶贫政策性文件、措施等资料。调查发现，巴东精准扶贫工作实行的是一个或几个县直单位帮扶一个或几个贫困村，为此，课题组成员还走访了巴东县人民法院和巴东县建行等单位，听取上述两个单位精准扶贫工作的具体做法和工作体会，课题组成员还深入具体的贫

---

① 《武陵山片区区域发展与扶贫攻坚规划（2011—2020 年）》。

困村一线和精准扶贫企业，实地考察精准扶贫工作情况，收集了近100万字的文字或电子资料。

为了深入了解重庆市酉阳土家族苗族自治县精准扶贫情况，2016年7月，骆东平教授带领课题组成员先后到该县扶贫开发办公室、黑水镇、苍岭镇等多个乡镇及其所属村进行实地调研，详细了解了各镇、村精准扶贫项目实施情况，以及乡镇干部、村干部和村民对精准扶贫工作的认知等情况，并在此基础上主持完成了《重庆市酉阳土家族苗族自治县精准扶贫调研报告》。

龙山县地处武陵山脉腹地，位于湘西北边陲，西连重庆，北接湖北，历史上素有"湘鄂川之孔道"之称，是湖南最偏远的县之一，为了较为深入地了解龙山县精准扶贫情况，陈运普教授于2016年7月率领该课题组成员到龙山县，分别与龙山县民委、农业局、教育局、扶贫办等与精准扶贫最直接相关的单位进行了座谈与交流，听取了他们对精准扶贫的具体实施情况、取得的经验和目前精准扶贫工作中存在的困难与困惑，较详细地了解了龙山县精准扶贫政策的制定以及实施情况，并深入龙山县的雷音村等村（寨）进行实地考察，详细了解村民对精准扶贫政策的具体看法以及对精准扶贫政策实施的具体意见。

芷江侗族自治县地处湘西边陲，是集老、少、边、穷为一体的省级贫困县。为了较好地调查了解该县精准扶贫现状，黄丽博士率领该课题组成员以该县五郎溪村为样本，并于2016年6月中旬，进驻五郎溪村，深入田间地头、工厂、收购站、农户家中，通过参与观察、深度访谈、居住体验等方式进行调查研究，撰写出《芷江精准扶贫"五郎溪样本"调查》。

松桃苗族自治县是一个拥有70多万人口的农业大县，是1956年经国务院批准成立的苗族自治县，自治县成立60多年来，在中国共产党的民族政策支持下，全县基础设施的建设、特色产业的构成、旅游品牌的塑造等都取得了前所未有的发展。吴正彪教授主持完成的《贵州省松桃苗族自治县"精准扶贫"调查》，选取武陵山区的贵州省铜仁市松桃苗族自治县作为调查对象，采用结构式、半结构式访谈和重点访谈等方式，先后三次（每次10天左右）进入松桃苗族自治县，通过座谈和分别走访的途径从县城到乡村，或由乡村返回县城，采集数据、寻找个案，在调查中对具体的数据和事例进行了阐述和梳理，获取了大量的调研资料。

第三，精扶措施的可操作性。

胡孝红教授等七个子课题负责人分别撰写的七个调研报告，采用实证性的研究方法，围绕其承担的课题分别进行实地调查研究，在获取大量一手调研资料的基础上，分析总结了各地精准扶贫的具体做法和存在的诸多不足，并针对这些诸多不足提出了具有可操作性的措施和建议。

如胡孝红教授率领课题组成员针对巴东精准扶贫工作进行了较为深入的调研，撰写完成的《创新举措　合力攻坚　深入推进精准扶贫——来自恩施州巴东县精准扶贫的考察》，在对巴东县创新举措、"屋场院子会"全覆盖、进行建档立卡贫困户的数据核查①等精准扶贫亮点进行重点介绍和推介的基础上，指出围绕精准扶贫工作的目标任务来审视和思考既有的工作，还存在诸如精准扶贫对象的主体责任意识不够、产业发展脱贫的诸多制约因素有待进一步解决、应对扶贫工作中新情况新问题的能力有待提高、旅游扶贫的潜力有待进一步挖掘等一些不容忽视的问题，并针对这些问题提出了必须加大基础设施建设力度、加大特色产业发展力度、大力推进农村基本公共服务均等化等具体的措施和建议。

包括五峰土家族自治县在内的武陵山片区是我国精准扶贫工作的重点地区，同时也是儿童减贫与综合发展项目的试点地区。向雷、刘谊等老师主持完成的《五峰土家族自治县精准扶贫工作调查报告——以儿童减贫为例》采用中国贫困片区儿童减贫与综合发展试点项目的分析框架，通过对五峰县精准扶贫和儿童减贫工作的调研，发现将儿童生存、发展所需的因素综合纳入精准扶贫、减贫的范围，将有利于我们更好地瞄准致贫原因，实施精准帮扶。而从公共政策的角度而言，多维度儿童贫困的导向，意味着对儿童更全面的保护和社会支持，更公平、更公正的价值取向，也更有利于实施"儿童优先"减贫战略，为探索建立阻断贫困代际传递的新机制，实现贫困人口的稳定脱贫提供有益的经验。

陈运普教授撰写完成的《龙山县精准扶贫的现状与对策调查报告》，在着重对该县"六个一律""五评法""一进二访三联四送"等精准扶贫

---

① 通过"屋场院子会"，进行建档立卡贫困户的数据核查得到了中央及上级部门的肯定和推广，巴东的"屋场院子会"也曾在央视一套《新闻联播》中播出。

体制、机制和方法创新予以重点推介的基础上，提出从把精准扶贫工作纳入新农村建设，从全面建成小康社会奋斗目标的整体战略上谋划，探索精准扶贫的长效机制。充分发挥党建在精准扶贫工作中的优势，大力加强精准扶贫政策的宣传等方面进一步推进龙山县精准扶贫工作，巩固精准扶贫成果的具体措施和办法。

黄丽博士撰写的《芷江精准扶贫"五郎溪样本"调查》，在对"五郎溪样本"精准扶贫工作的经验、面临的困难予以梳理的基础上，提出五郎溪村今后的精准扶贫工作要摸清家底，科学分析致贫原因；科学规划，制定综合扶贫战略、创新精准识别机制；探索贫困户的受益机制、找准脱贫主力；强化社会合力、开发乡村人力资本；建立扶贫户教育支持帮扶机制、提高农村妇女的生存技能等具有可操作性的对策和建议，旨在为武陵山片区精准扶贫工作提供有益的经验。

骆东平教授主持完成的《重庆市酉阳土家族苗族自治县精准扶贫调研报告》，通过对酉阳县精准扶贫有力的指挥体系、有序的推进体系、有效的责任体系、科学的考核体系这"四大体系"，思想基础、信息基础、硬件基础、产业基础这"四大基础"，人力保障、财力保障、项目保障、政策保障这"四大保障"，民办公助、金融扶贫、精准扶贫 APP 管理平台、"点面"结合这"四大举措"的梳理和总结，精确概括出了该县精准扶贫的基本特点，并对酉阳县创立的"阶梯形创业式"金融扶贫模式予以重点推介的基础上，指出酉阳县精准扶贫工作还存在着诸如部分扶贫工作结构主体的认识不足，扶贫硬件支撑不足，产业发展难、持续增收支撑不足，制度设计与落实落地之间有差距、扶贫政策支撑不足，对"精准"的含义认识有差距、过硬作风支撑不足，农村劳动力转移与市场化背景下扶贫开发有效手段不足这六个方面的不足。针对这六个方面的不足，提出以多维贫困为视角、提升扶贫内涵精准度，抓好产业到户、实施特色产业"四大工程"，以精准扶贫 APP 管理平台为载体、重构精准扶贫管理机制，以多元保障为支撑、完善社会参与激励机制等可操作性的具体措施和建议。

覃美洲副教授撰写的《打基础　调产业，立足实质性脱贫奔小康——精准扶贫的彭水模式》，指出彭水县的精准扶贫工作取得了较好的实效，经过时间和探索，积累了一些好的经验和好的做法，形成了精准扶贫的彭水模式。但与此同时，彭水的精准扶贫工作也还存在着诸多问题和不足，诸如精准扶贫干部队伍素质和能力不足，重"扶智"、轻"扶志"，影响精准扶贫效果，教育扶贫重物质帮扶、轻思想教育和行为习惯养成教育，精准扶贫相关机制不健全或缺失，有待进一步建立、健全和完善等问题和不足，并针对这些问题和不足提出了具有可操作性的建议和对策。

胡孝红教授等七个子课题负责人在实地调研、走访掌握第一手调研资料基础上分别完成的《创新举措　合力攻坚　深入推进精准扶贫——来自恩施州巴东县精准扶贫的考察》等七个调研报告中总结出来的成功经验和做法在三峡流域民族地区具有予以推广的价值，调研中发现的问题和不足，在三峡流域民族地区乃至全国均不同程度的存在，具有普适性，提出来的具有可操作性的对策建议对于推进三峡流域民族地区的精准扶贫工作也具有指导意义和借鉴作用。

四　研究与撰写

本书七个子课题负责人在总课题的总体布局和安排下，分头组织子课题成员到实地进行较深入的调查、访谈、收集资料、讨论研究获得了第一手资料，也与当地干部群众面对面交流，得到了当地干部和群众的热情支持，在此我要代表整个课题组对他们所到县区乡镇、村组的干部群众表示由衷的感谢。但同时也必须作三点说明。

1. 七个调查研究报告注重实地调查和政府提供资料结合，写实性多，而且尽可能尊重接触到的事实，而没有特别强调理论提升。并且，有些县区，作者是从某一个侧面反映其扶贫攻坚的特色案例进行分析阐释其模式和特色；或者从某一个典型乡镇的经验和模式看整个县区的精准扶贫工作，也有从全县整体情况进行阐释的。这些做法可能有一定的特色，但同时又不大可能反映全县的情况，这是我们研究的不足，还请当地干部群众给予理解和谅解。

2. 虽然课题组的老师们深入实地调查做了大量工作，但毕竟时间有限和其他原因，调查的深度和广度都是有限的，很多第一手资料收集还很不够，所以，这些研究报告可能与实际情况还有一些不尽如人意的地方，甚至还存在某些不太准确的表述，还请当地干部群众和广大读者提出批评意见，并予谅解。

3. 作为总课题负责人和本书主编，有多方面原因，没能全面深入调研，而且只对各自报告的初稿提出了比较全面的修改意见，也组织了全体编撰人员的会议对初稿进行了审阅。但是因为后来一直在美国，没有时间对最后修改稿作完整的修改和审读，而是委托三峡大学区域社会管理创新与发展研究中心覃美洲副教授审阅的。当然，在回国后校稿的过程中，笔者与部分作者就有关问题进行过讨论和修改。在此我要向覃美洲副教授表示衷心的感谢，向各子课题组老师表示深深的歉意。也请广大读者给予理解。

谭志松

2016 年 11 月 28 日

创新举措　合力攻坚
深入推进精准扶贫

——来自恩施州巴东县精准扶贫的考察

引　言

党的十八大以来，习近平总书记多次深入贫困地区调研，对扶贫开发作出了一系列指示，提出了一系列新思想、新论断、新要求，指出要以更加明确的目标、更加有力的举措、更加有效的行动，深入实施精准扶贫、精准脱贫。为了深入研究精准扶贫战略在我国连片特困地区的武陵山区的落实情况，我们选取了地处武陵山区的巴东县作为研究样本，在深入了解其精准扶贫工作现状的基础上，分析其精准扶贫工作取得的成效和存在的问题，并试图给出有益于巴东县精准扶贫工作的建议，同时为其他类似地区及国家的精准扶贫战略找出可供借鉴之处。

巴东县位于湖北省西南部，长江中上游两岸，隶属恩施土家族苗族自治州，居恩施土家族苗族自治州的东北部，东连宜昌兴山、秭归、长阳，南接五峰、鹤峰，西交建始、重庆巫山，北靠神农架林区。全县国土总面积3351.6平方千米，辖12个乡镇，322个村（居委会），总人口49.1万人。巴东属老、少、边、穷和库区移民重点县，是国家实施武陵山片区开发的试点县之一，也是武陵山片区实施精准扶贫的主战场，重点贫困村118个，非重点贫困村204个。巴东县委县政府围绕贯彻落实国家、省、州扶贫战略部署，按照"精准扶贫、不落一人、三年为期、整体脱贫"的总要求，采取"两头合围"和"三步走"的攻坚战术，通过实施"脱贫计划到年、任务分解到月、挂图作战到村、帮扶措施到户"的举措取得了较好的效果。2015 年末全县农业人口为 41.56 万人，农民人均可支配收入 7935 元，比 2014 年的 7140 元增加了 795 元，增长率为 11.1%。建档立卡扶贫对象 53982 户、17.25 万人（按 3072 元标准）。2015 年省、州下达巴东县完成减贫人口 8059 户、25937 人的指标，该县完成 9277 户、31124 人。①

一 巴东县精准扶贫的主要措施

（一）总体谋划，明确脱贫攻坚目标任务

巴东县认真贯彻中央和省、市关于新时期扶贫开发工作的总体要求，以系统规划为引领，以脱贫目标为导向，稳步推进精准扶贫工作。

1. 规划先行。一是完成《武陵山片区巴东县区域发展与扶贫攻坚"十三五"实施规划》《巴东县"十三五"扶贫开发实施规划》和《巴东县江南三镇易地扶贫搬迁项目实施方案》的编制，规划项目 818 个，概算总投资 2111.42 亿元。二是先后出台《巴东县小额信贷金融扶贫实施方案》《巴东县精准扶贫到村到户实施意见》和《巴东县"五个一批"政策（讨论稿）》，并配套相关扶贫政策。

2. 目标明确。该县制定下发了《巴东县 2015 年整村推进扶贫开发工作实施方案》和《巴东县精准脱贫到村到户到人计划》，根据实际将省下达的 2015 年贫困村、贫困人口指标以及巴东县 2015 年减贫人口指标分解到乡镇。按照"一有两不愁四保障"的要求，根据资源优势、产业发展、群众自愿，制定乡镇、村组帮扶规划，确保做到因地制宜、因户施策、精确瞄准，做到"户有卡、村有册、乡有簿、县有档"，为扶贫对象制订具体的脱贫帮扶计划，确保 2018 年巴东全县实现脱贫摘帽。

（二）加强领导，健全精准扶贫脱贫机制

为提高扶贫工作的精准性、有效性、持续性，巴东县通过不断完善

---

① 资料来源：巴东县扶贫办调研数据。

扶贫的体制和机制，增强了贫困地区的自我发展能力。

1. 健全脱贫攻坚领导责任机制。（1）成立了由巴东县委书记任县扶贫开发工作领导小组（脱贫攻坚指挥部）组长（指挥长），县长任第一副组长（第一副指挥长）的精准扶贫领导机构。脱贫攻坚指挥部下设办公室和综合协调督办组、产业发展组、易地搬迁组、生态补偿组、教育脱贫组、社会保障组6个工作组，1名副县长兼任办公室主任，6名县领导担任工作组组长，5名县领导担任工作组副组长。（2）巴东全县12个乡镇和322个村也相应成立了指挥室及工作专班，制定"巴东县精准扶贫精准脱贫作战图"，全部挂图作战。将年度脱贫计划分解到村、落实到户、责任到人。按照"乡出列、村脱贫、户销号"目标，县委、县政府分别与12个乡镇党委政府签订了"精准脱贫军令状"，全县上下实行军事化运作，精准扶贫精准脱贫的决战氛围日益浓厚。

2. 建立"四个到村、十个到户"帮扶机制。巴东县通过落实"四个到村、十个到户"的结对要求，形成了户户有人帮扶的大扶贫格局，层层落实帮扶责任，切实做到精准扶贫，不落一人，力争2018年实现全县整体脱贫。

（1）"四个到村"

①规划实施到村。结合贫困村实际，因地制宜，制订切实可行的整村推进中长期发展规划和年度发展计划，科学绘制精准扶贫脱贫蓝图。规划编制充分发挥群众在项目建设中的主体作用，体现群众的主体意识和发展愿望，在集中群众智慧共谋发展的过程中，确保规划的项目及资金个个有来源、落地能生根，能够通过规划项目的稳步推进实施，从根本上改善贫困村贫困落后的面貌，走上整村稳定脱贫的发展道路。

②政策整合到村。将贫困村作为涉农政策、项目实施的根本平台，按照"渠道不变、资金不乱、用途不变、各负其责、各记其功"的原则，整合涉农行业部门相关政策、各类资源，形成攻坚合力，集中解决制约贫困村发展的突出困难和问题，做到"各做一盘菜、共办一桌席"，"多个管道流进、一个管道流出"；坚持把贫困村作为招商和投资的载体，发挥贫困村产业对市场的吸纳作用，对在贫困村投资兴业的市场主体研究制定优惠政策以及扶贫协议，构建获取优惠政策支持与履行扶贫义务对等的合约关系，在吸纳市场主体投资产业发展的同时，有效带动贫困群

众走自我发展、脱贫致富的路子。

③部门帮扶到村。按照恩施州委、州政府《关于开展驻村扶贫工作的实施意见》（恩施州扶办发〔2015〕19 号），巴东县委办公室、县政府办公室印发《巴办文〔2015〕7 号》的整体部署，2015—2018 年，以村为单位，巴东全县统筹安排部署，对全县 118 个重点贫困村实施整村推进、部门驻村全覆盖，开展多种形式的扶贫济困、社会救助活动，带领贫困村群众发展生产、脱贫致富，做到不脱贫、不脱钩。

④精准考评到村。根据贫困村脱贫标准和驻村帮扶目标责任，建立健全精准扶贫到村的任务分解、跟踪问效、检查督办、专项巡查等制度，分年度对贫困村整村推进片区开发等工作进行考评。同时，对如期完成脱贫任务的贫困村，按照脱贫流程和标准，定量、定性综合评价贫困村脱贫实效。

（2）"十个帮扶到户"

①结对帮扶到户。"三帮"即帮钱、帮策、帮主张。针对贫困户的实施情况，不仅从资金和生产生活资料方面给予帮助，更要想方设法出谋献策找到长期脱贫、脱困、逐步能致富的路子，提振"精气神"共同商讨一个好的主张。建立完善县级统筹、乡镇抓落实、工作到村、扶持到户的扶贫开发管理体制。充分发挥社会帮扶的组织、示范和带动作用，实现结对帮扶全覆盖，推进专项扶贫、行业扶贫与社会扶贫有机结合，形成扶贫攻坚合力。统筹整合新农村建设、干部结对的帮扶力量，把识别出来的贫困村、贫困户的帮扶任务、目标要求具体分配落实到国家机关、企事业单位、社会团体，引导乡镇机关事业单位采取分片包干等方式参与帮扶，确保每个贫困村都有驻村工作队，每个贫困户都有帮扶责任人。鼓励各类企业、社会组织、村干部、能人大户以多种形式与农户建立利益联结机制，完善结对帮扶长效机制。

②产业扶持到户。按照因地制宜、突出重点，统筹规划、分类指导的原则，加快形成一批特色优势产业村、种养户，确保产业项目落实到村到户，扶持到人。依托科学严谨、符合市场规则的特色产业发展规划，走政府主导、农民主体、市场牵引、合作组织带动的产业扶贫到户发展路子。全面推进"公司＋基地＋合作组织＋能人大户带动一批贫困群众"的产业扶持到户发展模式，充分发挥市场主体辐射带动作用，对贫困户

产业发展过程中可能存在的缺资金、缺技术、缺劳力等突出困难和问题，制定差异化的扶持政策，切实促进贫困户投身产业发展，增强"造血"功能，逐步构建产业促进贫困农户稳定增收的利益机制。

③项目直补到户。针对贫困户实际困难，加大扶贫、惠农、低保、残疾、社保等财政补贴项目的到户补助和监管力度，针对贫困户存在的住房难、缺技术、缺资金等突出困难和问题，在坚持公平、公开、透明操作的同时，对贫困户实施差别化的扶持政策，确保对贫困户实施特殊政策和项目能补则补、应保尽保，将财政扶贫资金切实补贴到符合相应条件的对象，让贫困农户得到直接有效扶持。

④技能培训到户。进一步整合扶贫、农业、林业、移民、人社、职校等部门培训项目资金和技术优势，围绕农村"一村一品"和农村经济社会发展，开展摸底调查，建立台账，根据需求积极开展种植、养殖、电焊、家政、民族手工业等技能培训，促进农业生产和满足企业用工需求。同时推行"企业＋合作社＋农户"的订单农业模式，依托涉农龙头企业雄厚的技术力量和丰富的实践经验，围绕"一村一品"或"一村多品"的产业结构，按照发展什么就培训什么，缺什么就培训什么的要求，手把手有针对性地开展培训，提高群众技术水平。对有劳动力而缺乏生产技能的贫困户家庭，加大"雨露计划"转移就业和农村实用技术培训力度，采取灵活多样的方式开展实用技术培训，使每户扶贫对象至少掌握1项就业技能或实用技术，80%以上的扶贫对象找准1个脱贫项目或实现1人以上劳务输出，促进稳定就业和持续增收。

⑤教育扶贫到户。按照"扶贫先扶智、彻底斩断穷根"的扶贫开发总体思路，遵循"政府主导，社会参与"的教育扶贫工作原则，着力构建覆盖巴东全县所有学段贫困学生的长效帮扶工作机制，通过实施教育扶贫措施，确保巴东全县义务教育阶段所有学生不得因贫辍学，贫困学生家庭都能通过教育扶贫途径最终摆脱贫困，走出困境。一是健全学生资助体系，确保贫困家庭学生都能上学。在全面贯彻国家各项教育惠民助学政策的基础上，进一步加大政府投入，面向社会集资，着力健全完善贫困学生全覆盖助学体系，确保巴东全县所有贫困家庭学生都能上得起学。二是创新助学工作形式，确保贫困家庭学生都不辍学。在确保所有贫困家庭学生都能入学的基础上，进一步创新助学工作形式，通过采

取干部结队帮扶、贫困学生救助协会帮扶等多种有效途径，切实做好贫困家庭学生学习、生活帮扶工作，确保贫困家庭学生能创业就业、建立和完善支持大学生创业就业的政策体系，确保学有所成的贫困学生都能实现创业或就业。

⑥金融扶贫到户。全力抓好扶贫小额信贷，整合金融资源，强化全方位覆盖贫困地区和贫困人口的便利化特惠金融政策和措施，充分发挥财政扶贫资金的"杠杆"效益和金融机构的助农作用，适应金融市场的发展和贫困农户的发展愿望，制定贫困村互助合作社和小额信贷扶贫具体操作管理和实施办法，为符合贷款条件的贫困户提供扶贫小额信贷支持，健全推进产业发展的新机制，通过农村互助合作社、能人大户、小微企业等带动贫困户致富，逐步构建安全便捷的金融扶贫到户新机制，切实解决贫困户生产发展过程中缺资金、贷款难、贷款贵等问题，为发展产业提供有力的资金支持。

⑦危房改造到户。巴东县抓住中央及省州加大支农力度的机遇，积极整合农村危房改造、新农村建设、美丽乡村建设等各项资金，采取确保重点兼顾一般、政府引导尊重群众意愿、经济实用保证质量安全、科学规划突出地域民族特色的原则，集中和分散相结合，根据家庭收入情况、人员构成，合理确定建房面积，逐村逐户建立档案，统一规划建设农村居住区，让住房困难农户真正受益。

⑧易地搬迁到户。对不具备生存发展条件、就地脱贫成本高、难度大的贫困户实施易地扶贫搬迁，坚持农民自愿、先易后难、突出重点的原则，积极稳妥，稳扎稳打，让每一户搬迁群众都"搬得出、留得住、能就业、有保障"，并着力解决好就业、教育、医疗、社会保障和社会融入等问题。

⑨基础设施到户。实施水、电、路、气、房和环境改善"六到农家"工程，以改善贫困户居住条件和生产生活设施为重点，改善片区农村基础设施条件，促进片区经济社会发展，按照需要和可能相结合的原则，围绕贫困农户存在的生存和发展突出问题，加大基础设施扶持力度，着力改善贫困农户饮食起居、生产生活条件，完善贫困村群众主体、管理民主的基础设施监管体系。

⑩公共服务到户。提高医疗、卫生、文化、教育、养老保险、最低

生活保障等公共服务政策覆盖率，制定运用"互联网＋"促进电商扶贫的实施意见，着力改善贫困村、贫困户信息化建设条件，提高农产品经营管理水平和附加值。实现农民办事不出村和法律服务进农村帮扶措施全覆盖，将与贫困群众息息相关的服务事项延伸至村级，解决基本公共服务"最后一公里"问题。

3. 完善督办考评问责管理机制。巴东县委、县政府面对扶贫开发工作新形势，主动适应新常态，紧盯扶贫工作任务，强化督察考核，实施问责机制，确保精准扶贫工作有效推进。

一是出台《巴东县乡镇精准扶贫暨经济社会发展绩效考评办法》和《巴东县县直单位精准扶贫目标责任考评办法》，把"增加农民收入、减少贫困人口、降低贫困发生率"作为对县直单位、乡镇及驻村工作队考核的重要指标，提高乡镇精准扶贫考核权重至70%；二是出台《巴东县精准扶贫、"六城"同创、重点项目建设工作问责暂行办法》，明确了精准扶贫工作中被问责的6种情形，规定了从"批评教育"到"免职"的10种问责方式，为精准扶贫工作提供了坚强的纪律保障；三是按照巴东县精准扶贫工作督查方案，成立6个督查工作专班，每个组负责两个乡镇，实行一月一督查、一月一通报。对连续两次受通报批评的乡镇或驻村工作队，乡镇主要负责人或驻村工作队队长将被约谈；对连续三次受通报批评的乡镇或驻村工作队，对乡镇主要负责人和驻村工作队所在单位主要负责人进行问责。形成了"党政一把手亲自抓，分管领导具体抓，各部门紧密配合抓"，一级抓一级、层层抓落实、齐抓共管的工作格局。四是严肃进行问责。2016年6月，该县纪委监察局、县脱贫攻坚指挥部组建工作专班，对精准扶贫项目建设、易地搬迁和工作队驻村工作情况进行专项督查。截至2016年12月底，该县已在精准扶贫工作中问责8人，严肃处理精准扶贫工作中的不作为、慢作为、乱作为现象，形成了强有力的震慑。

（三）创新举措，"屋场院子会"全覆盖，做到靶向精准

精准扶贫的前提是精准，成败也在精准。建档立卡贫困户的数据核查是精准的"靶心"。如何精准识别出"谁穷、谁不穷、谁真穷、谁最穷"？群众心中有杆秤，朝夕相处的乡里乡亲最有发言权。为此，巴东县县委顺应民意，不断推进并实现了"屋场院子会"的全覆盖。

1. "八步走"标准召开屋场院子会。为确保全县的扶贫对象精准，县委向全县发出召开扶贫攻坚屋场院子会的"指令"。县委书记等县领导带头参加屋场院子会，全县共召开屋场院子会5000余场次，收集村民意见建议6万余条，拟定帮扶措施近10万条，拍下现场照片万余张，发出视频和微信近2万条。同时，制定出"八步走"的扶贫攻坚屋场院子会议程标准版，即"选主持、定地点、明对象、讲政策、听意见、贴公示、核信息、留痕迹"，指导全县按照合法合规、公开透明程序，再次进村入户宣讲精准扶贫相关政策，让老百姓当"裁判"，民主评议筛选贫困户对象，精准识别到人，脱贫计划制订到户。

2. 建档立卡"回头看"确保扶真贫。强化贫困信息动态管理，以"三进五出"为标尺，"一把尺子量到底"，真正做到"精准扶贫、不落一人、不错一人"。通过"回头看"核查调出建档立卡贫困户5780户14752人，调入建档立卡贫困户5810户14752人。为精准扶贫建立了精准施策的大数据平台，为"点对点"式的"精准滴灌"提供了海量的数据信息保障。

2016年1月16日，中央电视台《新闻联播》在"治国理政新实践·脱贫军令状"栏目，以"建档立卡'回头看'确保扶真贫"为题，播发了巴东县精准识别屋场院子会的情况，时长6分2秒，这是恩施州在脱贫攻坚工作中，首次以典型经验推广形式在央视《新闻联播》上播出。省扶贫办主任杨朝中批示："世界上怕就怕认真二字，共产党最讲认真，精准扶贫来不得半点虚假，确保扶真贫，必须抓好建档立卡回头看，六个精准是以识别精准为基，差之毫厘，失之千里，巴东'屋场会'上到了中央《新闻联播》，是巴东县委、县政府最讲认真的结果，我们推介巴东的做法，号召全省向巴东看齐。"

（四）异地搬迁脱贫政策落实到位

异地扶贫搬迁是整个脱贫攻坚战的首战，是脱贫攻坚"五个一批"中难度最大的一批、政策性最强的一批、标准最高的一批，也是最复杂的一批。这一批涵盖了"五个一批"的全部内容，体现了"六个精准"的全部要求和"两不愁、三保障"攻坚脱贫的全部目标。巴东县委、县政府也非常重视异地搬迁工作，县委县政府领导多次调研督办易地扶贫搬迁工作，专门成立了巴东县异地搬迁工作领导小组并设立异地搬迁办公室，负责异地搬迁日常事务，研究制定了《巴东县易地扶贫搬迁实施方案》。在巴东县县委县政府的高度重视和领导下，经过县直各部门的齐心协力，巴东的异地搬迁工作取得了一定效果。其主要做法有以下两点。

1. 研究制定政策。2016 年 5 月 31 日，时任巴东县县长单艳平同志组织召开全县易地扶贫搬迁工作领导小组全体会议，审议通过了《巴东县易地扶贫搬迁工程招投标管理办法》《巴东县易地扶贫搬迁建设工程质量、监督、监测工作方案》《巴东县易地扶贫搬迁工程竣工验收办法》《巴东县易地扶贫搬迁专项资金使用办法》《巴东县易地扶贫搬迁资金管理办法》《巴东县易地扶贫搬迁集中安置点选址办法》《巴东县易地扶贫搬迁工作流程图》《巴东县易地扶贫搬迁集中安置协议书（范本）》和《巴东县易地扶贫搬迁用地工作实施意见》等相关文件。根据湖北省"五个到县"的要求，通过出台相关文件，规范工作流程，确保要件齐全、程序简化、缩短工期、提高效率。

2. 合力推进。一是锁定搬迁人口。按照小组评议、乡镇审核、县级复核的程序，基本锁定搬迁对象 8757 户、26607 人。[①] 二是遴选中介机构。巴东县易地扶贫搬迁集中安置项目测绘、地质灾害危险性评估及地质勘察及规划设计机构遴选公告在巴东县公共资源交易网发布，定期开标。三是踏勘选址。巴东县集中安置点选址工作由专班遴选。

（五）措施到位，教育扶贫应助尽助

巴东县教育局在巴东县委县政府的领导下，认真贯彻落实《巴东县精准扶贫"教育发展脱贫一批"实施意见》的指示精神，认真做好教育扶贫工作并取得了较好效果。

1. 坚持应助尽助。从幼儿园到大学入学，对建档立卡贫困家庭学生资助实现应助尽助；对贫困家庭劳动力的扶贫培训基本实现全覆盖。

2. 精准识别救助对象。教育精准扶贫的就学资助对象重点为巴东县在校就读的建档立卡贫困家庭子女，对贫困生精确识别建档立卡。

---

① 资料来源：巴东县精准扶贫异地搬迁指挥部统计数据。

3. 按政策实施学生就学资助。建档立卡贫困家庭子女在幼儿园、中小学、大学就读期间，优先享受学费减免和补助生活费救助政策。具体包括：①学前教育阶段。对建档立卡贫困家庭的在园幼儿，按每生每年1000元标准发放生活补助。②义务教育阶段。免学费、免费发放教科书，对建档立卡贫困家庭学生，按小学每生每年1000元、初中每生每年1250元标准发放生活费补助。③普通高中教育阶段。对建档立卡贫困家庭学生免学费，按每生每年2500元标准发放国家助学金。④大学教育阶段。按照贫困家庭学生意愿，帮助其做好大学生生源地信用助学贷款，申请助学贷款最高限额为本科生8000元、研究生12000元，在校期间财政给予全额贴息。大学入学后的学费减免、国家助学金发放等资助政策按有关文件规定，由各大学负责组织落实。

4. 开展扶贫教育培训工作。对不能升入高中的应往届初中毕业生进行劳动技能培训，并对于建档立卡贫困家庭学生予以资助，具体包括以下几点。

（1）劳动预备制培训。主要由县民族职业高中负责对初中或高中毕业后未继续升学的新成长劳动力，开展电子电工、计算机应用、数控车床操作、组合机床操作、茶叶生产与加工、中草药种植与加工、园林绿化、会计与保险、酒店服务与管理、旅游服务与管理、学前教育、生态环境保护、美容美体等专业学历教育培训，使他们成为持有学历证书和职业资格证书的"双证书"技能人才。中职学生按每生每年2000元标准发放国家助学金；同时，对于建档立卡贫困家庭学生就读中职或高职按每生每年3000元"雨露计划"补助标准直补到人；按照贫困家庭学生就读高职时的意愿，可帮助申请最高限额8000元国家助学贷款（含生源地信用助学贷款），在校期间财政给予全额贴息。

（2）职业技能培训。由巴东县各政府相关部门根据本部门职责负责组织，让有相应培训资质的公（民）办职业培训学校承办。按照本人意愿和巴东县工业园区用工需求以及产业结构调整需要，开展职业技能培训。按照湖北省人力资源和社会保障厅、湖北省财政厅《关于进一步加强就业培训工作的实施意见》（鄂人社发〔2012〕43号），湖北省移民局、湖北省财政厅《关于印发〈湖北省大中型水库移民技能培训实施办法〉的通知》（鄂移〔2015〕128号）和湖北省农业厅、湖北省财政厅

《关于印发〈2014 年湖北省新型职业农民培育工程实施意见〉的通知》（鄂农计发〔2014〕62 号）等有关文件相应补助规定执行，培训项目结束经验收合格后将培训补助资金直补到培训机构。培训者免交一切培训费用。

（3）农村实用技术培训。根据种植、养殖、电商、农副产品加工、农业机械操作和民族手工制作等行业特点，采取集中培训和个别指导相结合的方式，在田间地头和屋场、院落组织开展农村实用技术培训，使其尽快掌握一门技能，适应农村产业结构调整需要。培训费按参训人员每人每天不超过 120 元（包含住宿费、伙食费、培训场地费、讲课费、培训资料费、实习用品费、交通费等方面支出）标准据实补助，实行总额控制，直补到培训机构。

截至 2016 年 6 月，巴东县贫困户 0—18 周岁学龄人口 25427 人，在校学生总数 22280 人。其中幼儿园 2101 人，小学 10714 人（含住宿生 5362 人），初中生 5333 人（含住宿生 4832 人），高中生 3051 人，中职 724 人，大学 483 人。完善农村义务教育家庭经济困难寄宿生生活费补助政策，贫困户家庭学生在学校寄宿的，小学生每生每年 1000 元，初中生每生每年 1250 元，18056 人受助，共投入资金 1014.2625 万元，占总学生数的 40%，其补助资金按时足额到位。学前教育筹资 66 万元，受助幼儿 660 人；普通高中助学金 2193 人受助，投入资金 218.825 万元；中职助学金 1612 人受助，投入资金 161.2 万元，人均 2000 元/生/年；中职免学费 2498 人，投入资金 249.8 万元，人均 1000 元/生/年；完成大学生贷款 7534.6577 万元，受助学生 12676 人。2015 年，社会资助大学新生 202 人，资助资金 50.75 万元。生源地信用助学贷款符合条件的 1590 名家庭经济困难大学生共申请贷款金额 1097 万元，有效缓解了上学难问题，真正做到了应贷尽贷。①

（六）社会扶贫效应凸显

巴东县积极搭建服务平台，创新社会扶贫体制机制，动员社会力量聚焦贫困地区、紧盯特困人群，携手扶贫济困、参与扶贫开发，着力构

---

① 资料来源：根据在巴东县教育局精准扶贫调研录音资料整理。

建政府、社会、市场三位一体大扶贫格局，取得了一定成效。

1. 发挥党员干部精准扶贫效用。2016 年 4 月 27 日，中共恩施州委"两学一做"学习教育协调小组发布《关于在恩施州机关党员中开展"不忘初心·永跟党走"主题实践活动的通知》（以下简称《通知》），要求恩施州机关事业单位全体在职党员，党组织关系在恩施州的国有企业、高校全体在职党员以"不忘初心·永跟党走"为主题，以"支部主题党日"为基本载体，以引导机关党员"'两学一做'当先锋、精准扶贫立新功"为目标，号召全体机关党员返乡寻访，回顾入党心路历程和成长经历，增强使命感；了解贫困群众生活疾苦和扶贫政策落地情况，增强责任感；回望家乡经济社会发展和村容村貌变化，增强自豪感。到现场和群众中接受人民的教育，进而增进党的意识和宗旨观念、增进感恩意识和群众情感，坚定跟党走、爱党、护党、为党工作的决心，牢固树立以人民为中心的工作导向，解决"为官不为"，形成奋发有为新常态，为打赢精准扶贫攻坚战、实现恩施州与全省同步全面建成小康社会凝聚力量。《通知》出台之后，巴东县委、县政府及时认真落实《通知》精神。以"不忘初心·永跟党走"主题实践活动为契机，充分发挥党员干部参与精准扶贫工作，取得了较好的效果。如巴东县鞍场村平均海拔 1300 多米，地形复杂，位置偏僻，交通不便，全村 10 个组 235 户，其中贫困户 100 户。2016 年 5 月 19 日，从巴东县水布垭镇鞍场村走出去的县内县外党员冒雨回到家乡，与村支两委班子畅谈村里的变化和发展，返乡党员详细了解村民的生产生活情况，并提出精准脱贫致富的合理化建议。"鞍场村是一个比较偏僻的贫困村，要充分调动当地老百姓的积极性，依托国家现有的精准扶贫政策，依靠产业、异地搬迁脱贫……""要全心全意为父老乡亲服务，真做实学，村里的发展也有我们的责任。"咸丰县委常委、县委宣传部部长欧阳开平等回乡党员纷纷表态。"对于老百姓提出的电网整改，供电公司已经纳入计划准备尽快实施，确保鞍场村用电稳定可靠。"参与座谈的水布垭镇党委负责人也及时答复村民提出的各种问题。2016 年 5 月 17 日至 19 日，巴东县金果坪乡沙岭村在外的 34 名党员干部不忘初心，回乡开展"四访两会一参加"活动，以实际行动践行"两学一做"。回乡党员对村支两委抱团贫困户发展茶叶、葡萄、白柚等产业，走"合作社＋贫困户＋特色产业"的路子，主打精品名牌战略，对实施产业扶贫的做法给予高度肯定。与此同时，针对产业发展中的融资和交通瓶颈、项目申报和实施的程序、经济发展与环境保护的综合利用等问题，纷纷出谋划策，表示将利用丰富的人脉资源为沙岭村精准扶贫贡献自己应有的力量。

2. 建立健全贫困户三大结对帮扶机制。为了充分调动巴东县干部的力量，巴东县扶贫开发领导小组出台了《巴东县精准扶贫到村到户实施意见》（巴扶组发〔2015〕16号）和《关于落实非重点贫困村贫困户帮扶责任人的通知》等文件，按照巴东县委、县政府精准扶贫工作的总体部署，以贫困户脱贫致富奔小康为核心，认真落实"精准扶贫，不落一人"的要求，着眼"精准识别、精准帮扶、精准管理、精准脱贫"的内在要求，坚持因人因地施策，因贫困原因施策，因贫困类型施策，区别不同情况，做到结对帮扶，对症帮扶，建立健全全镇各级各部门各企业"瞄准贫困、减贫摘帽、务实创新、真抓实干"工作机制，在全镇营造聚焦贫困、合力攻坚、精准扶贫、竞进小康的良好社会氛围。广泛组织和动员社会力量，建立健全贫困户三大结对帮扶机制。一是干部职工结对帮扶机制。除医院手术科室医护人员和一线授课教师外，全镇所有干部职工及村委"定补"干部均结对帮扶贫困户；二是企业业主结对帮扶机制。开发区入园企业及镇内所有企业业主均结对帮扶贫困户；三是先富能人结对帮带机制。倡导亲帮亲、邻帮邻，先富带后富，各村根据本村实际，民主评议排定本村先富能人，结对帮带本村贫困户。帮扶责任人要进行实地调查走访，了解帮扶对象家庭情况、致贫原因和实际需求，帮助厘清发展思路，明确帮扶目标，制订帮扶计划，如实填写《扶贫手册》。主要从以下八个方面实施帮扶。

（1）生活帮扶。经常开展走访慰问活动，随时掌握帮扶对象的生产生活状况，力所能及地为其解决生产物资和生活必需品，帮助他们解决燃眉之急，渡过生产生活难关。

（2）精神鼓励。宣传国家大政方针和各项强农惠农富农政策，深入了解帮扶对象的思想状况，引导他们摈弃"等、靠、要、怨"的落后思想，帮助他们提振精神，增强发展信心，树立自强决心。

（3）能力培养。帮扶对象中有劳动能力、有就业愿望，但由于文化知识水平偏低暂时没有找到合适工作的，帮助他们转变就业观念，寻找或创造技能培训机会，提高能力素质，增强就业本领，帮助他们实现就业或再就业。

（4）产业扶持。巴东县政府尊重贫困户意愿，帮助他们因地制宜发展致富产业，对他们可能存在的缺资金、缺技术、缺劳力等突出困难和问题，想办法力所能及地帮助解决。

（5）创业扶持。对于帮扶对象中有能力、有愿望创业，但由于不懂政策、缺少技术、缺乏资金的，巴东县政府通过帮助提供政策咨询、帮助搞好技术指导、帮助申请银行贷款等方式扶持他们自主创业，帮助他们找到发家致富的路子。

（6）法律援助。帮扶对象中有涉及赔偿、最低生活保障待遇、抚恤金、赡养费、劳动报酬等矛盾纠纷符合司法救助条件的，巴东县政府积极帮助他们到法律援助机构按规定的程序申请法律援助，引导他们通过合理合法的途径解决问题，防止矛盾激化。

（7）学费资助。帮扶对象有子女上学困难的，巴东县政府采取政策性争取、组织募捐等形式，解决其子女上学费用，确保不因贫失学或辍学。

（8）大病救助。帮扶对象家庭成员中有患重特大病的，巴东县政府深入了解其疾病的基本情况，并协助其向有关部门申办符合政策的救助金，尽量减轻他们的医疗负担。

巴东县通过这种结对帮扶活动，一方面充分调动了党员干部、企业业主和致富能人参与精准扶贫的积极性，积极投身于精准扶贫工作之中；另一方面也让各级党员干部、企业业主和致富能人认识到这种结对帮扶，帮助贫困人口脱贫致富也是他们应有的责任，增强了其责任感。

截至 2016 年 6 月，巴东县通过广泛动员社会力量结对帮扶，参与扶贫济困，共计有 1200 家民营企业为贫困户提供就业岗位、捐款捐物、发展基地，结对帮扶贫困户 5000 余户。"结穷亲"活动得到持续开展，1349 名党员领导干部、73 名企业家和社会人士"结穷亲"1422 户。[①]

3. 鼓励涉农企业勇于承担精准扶贫的社会责任。巴东县在这场精准扶贫战役中，涌现出了一批勇于承担社会责任的企业，它们积极投身于

---

① 资料来源：根据在巴东扶贫办精准扶贫调研座谈会上的录音整理。

巴东县精准扶贫帮困之中，取得了较好的脱贫帮困效果。其中将军山农牧开发有限公司就是其中的典型代表之一。

巴东县将军山农牧开发有限公司位于信陵镇土店子村十组，距离县城 21 千米，成立于 2013 年 4 月，是一家集家禽家畜养殖、农产品种植销售、中药材种植加工为一体的现代农业综合开发企业，同时还组建了将军山生态农业专业合作社，本着立足本土、扩展外延、公司牵头、基地示范、合作推广、抱团发展、互利共赢的经营理念，以"公司 + 合作社 + 基地 + 贫困户"为经营模式，流转贫困户土地，吸纳贫困户在公司做工，增加贫困户的收入，按照规范化、标准化、科学化进行生产和管理，坚持走生态循环、种养加结合的立体发展思路，打造现代农业试验示范园。经过逐步发展，公司目前固定资产已达到 528 万元，山羊存栏 1059 只（含社员和贫困户），葛根种植及种苗繁育 524 亩，种植优质牧草 200 亩，甜玉米 324 亩，提供就业岗位 52 人，有 179 户农户入社。①

公司在发展过程中得到了各级领导的关心与肯定，现已打造成为省级肉羊示范场，省级葛根标准化种植基地，先后被表彰为农业厅科技示范户、州畜牧局重点龙头企业、州畜牧兽医局退耕还草示范点、巴东县十佳创业能手、县委统战部示范基地、农业科技试验示范基地、信陵镇优秀民营企业、信陵镇优秀专业合作社。

公司自成立以来，积极响应政府号召，参与精准扶贫工作，以精准扶贫、产业扶持、诚信帮带为经营理念，坚持扶贫工作与企业自身发展相促进，坚持"企业联系贫困户、专业合作社带动贫困户、生产大户联动贫困户"的方式，帮助贫困户唱拿手戏、打优势牌，确保了贫困户收入稳定增长，企业稳步发展。

在参与精准扶贫工作中，针对贫困户做到了四个到位：规划落实到位，种源扶持到位，技术指导到位，产品回收到位。在脱贫帮扶工作中，针对贫困户做到了八个到户：结对帮扶到户，产业扶持到户，资金帮扶到户，技能培训到户，科技创新到户，政策宣传到户，防疫防控到户，利润分红到户。

在信陵镇政府、县扶贫办、巴东县畜牧兽医局、巴东县农业局的领

---

① 资料来源：巴东县将军山农牧开发有限公司精准扶贫汇报材料。

导与支持下，通过公司结对帮扶机制，现已带动贫困户 46 户共 157 人，其中带动贫困户实行打工经济 18 户 27 人，累计打工收入 283808 元。发展山羊养殖 7 户，为贫困户建设标准养殖场房 100 平方米，青储窖 18 立方米，共投入资金 301140 万元，为贫困户免费提供山羊并签订回收合同，按比例分红，共发展山羊 210 只。种植葛根 4 户共 38 亩，为贫困户免费提供种苗、肥料、地膜并签订回收合同，预计增收 36000 元。种植甜玉米 13 户共 60 亩，为贫困户免费提供种子并签订回收合同，增收 76607 元。种植玄参 13 户共 28 亩，为贫困户免费提供种子保证回收，增收 24191 元。流转贫困户土地山林 19 户，增收 31075 元，带动贫困户累计增收 752821 元。[①]

2016 年公司结合土店子村整村扶贫推进，公司牵头，基地示范，带动贫困户发展水果种植 400 亩：其中梨树 150 亩、桃树 150 亩、中华猕猴桃 100 亩；蔬菜种植 300 亩：葛根 100 亩、马铃薯和甜玉米套种 200 亩，可带动周边 76 户贫困户增收脱贫，加快产业脱贫步伐，可促使贫困农民早日脱贫致富，贫困村早日摘帽。[②]

2016 年带动贫困户发展山羊达到 1500 只以上，年产值达到 280 多万元；葛根种植达到 1000 亩以上，年产值达到 550 多万元；甜玉米基地达到 500 亩以上，年产值达到 100 多万元；饲料加工 1000 吨以上，年产值达到 50 多万元；马铃薯基地达到 500 亩以上，年产值达到 150 万元，全年年产值达到 1000 万元以上，带动 119 户贫困户增收脱贫，使人均增收达到 5000 元以上。[③]

（七）创新发展小额信贷，为扶贫户脱贫提供资金支持

2015 年 12 月 11 日，巴东县扶贫小额信贷启动仪式在信陵镇便民服务大厅举行，副县长谢成校向农村新型经营主体代表颁发了授信额度标识牌。

启动仪式上，巴东县扶贫发展中心与县农商行正式签订扶贫小额信

---

① 资料来源：巴东县将军山农牧开发有限公司实地调研数据。
② 同上。
③ 同上。

贷合作协议。当天，县农商行向 2 户建档立卡贫困户、1 家与贫困户签订帮扶增收脱贫合同的农村新型经营主体发放了总额共计 120 万元的扶贫小额信用贷款。

巴东县扶贫小额信贷是对有发展意愿、发展潜质、资金需求、还款来源，并通过评级授信的建档立卡贫困户提供 10 万元以下，且 3 年期内免抵押、免担保、全贴息的信用贷款。同时，该贷款还支持与贫困户签订了精准扶贫精准脱贫合同的农业产业化龙头企业、农民专业合作社、家庭农场等农村新型经营主体。扶贫小额信贷将为"贷"领贫困户脱贫致富注入强大能量，为他们开启同步小康的希望之门。①进村入户，开展评级授信。针对建档立卡贫困农户的实际情况，承贷银行依据《巴东县扶贫小额信贷评级授信办法》，结合"双基双赢"合作贷款模式，对建档立卡贫困农户进行评级授信。以扶贫办将扶贫信息网络系统与承贷银行、承保公司实行信息共享，建立扶贫小额信贷信用档案。②精准识别，明确扶持范围。扶贫小额信贷对象是全县有贷款意愿、有产业发展方向、有劳动力、有还款能力和讲信用的建档立卡贫困农户。对农民专业合作社、能人大户等农村新型经营主体，以"基地＋农户"等产业扶贫形式带动建档立卡贫困农户共同致富的项目，在明确扶贫责任和帮带机制并签订帮扶增收脱贫合同的前提下鼓励支持。③突出特色，确定扶持重点。扶贫小额信贷扶持重点是支持建档立卡贫困农户发展扶贫特色优势产业，发挥比较优势，增加家庭收入。同时，支持农民专业合作社、能人大户等农村新型经营主体发展特色优势扶贫产业（包括种植业、养殖业、乡村旅游业、乡村运输业、民族手工业、农产品加工业和进城务工经商业等），落实扶贫责任，带动建档立卡贫困农户增收。④阳光操作，明确扶持方式。对符合贷款条件的建档立卡贫困农户提供单笔贷款 5 万元以下、3 年以内、免抵押、免担保的信用贷款。对带动建档立卡贫困农户增收的农民专业合作社、能人大户等农村新型经营主体提供单笔贷款不超过每户 5 万元、3 年以内、免抵押、免担保的信用贷款。承贷银行按照"保本微利"的原则，参照贷款基准利率，合理确定贷款年利率。⑤"银企"帮扶，加大信贷支持力度。人民银行要加大支持力度，确保扶贫小额信贷规模逐年增长。同时，积极引导承贷银行扩大对建档立卡贫困农户的信贷投放，努力降低建档立卡贫困农户融资成本。⑥责任分担，建立风险补偿机制。根据实际需求，多渠道筹措资金，建立扶贫小额信贷风险补偿金，用于补偿扶贫小额信贷发生的坏账损失。制定《巴东县扶贫小额信贷风险补偿金管理办法》，建立风险分担机制。原则上按照1∶10的比例放大贷款规模，签订扶贫小额信贷业务合作协议书，建立"政府＋银行＋保险"的风险分担机制，支持推广扶贫小额贷款保证保险，鼓励贷款户积极购买，分散贷款风险。⑦区分对待，实施分类贴息。统筹安排财政扶贫资金，制定《巴东县扶贫小额信贷贴息管理办法》，对符合条件的实施分类贴息。⑧精心组织，拓宽贫困户增收途径。因地制宜合理确定扶贫特色优势产业，采取"以社带户、以企带村"等方式，组织建档立卡贫困农户参与扶贫特色优势产业建设，拓宽建档立卡贫困农户获得贷款的途径。⑨加强联动，建立信贷服务平台。县、乡（镇）、村三级联动，建立扶贫小额信贷服务平台，为建档立卡贫困农户提供信用评级、建立信用档案、贷款申报等信贷服务。⑩正向激励，促进扶贫小额信贷发展。按照上一年度扶贫小额信贷规模的一定比例，安排资金补充到扶贫小额信贷风险。

巴东县财政安排1000万元财政资金作为风险补偿金，县扶贫办与县农商行签订了合作协议，现已对贫困户和带动贫困户发展的农村新型经营主体授信1.3亿元，已经对564户贫困户和农村新型经营主体发放小额扶贫贷款4341万余元，各项贷款增长率17.57%，贫困户小额信贷覆盖率33.39%。截至2016年5月底，共为1300户贫困户发放扶贫小额贷款1.03亿元。①

二　巴东县精准扶贫的工作成效

巴东县精准扶贫工作在县委县政府的高度重视下，目标明确、思路清晰、体制机制健全、措施针对性强，取得了较大成效。

（一）农村生活条件明显改善

1. 农民收入较快增长。2015年12月底，全县登记备案注册家庭农场

---

① 资料来源：根据在巴东县扶贫开发办公室调研座谈会录音资料整理。

达 174 家，发展各类农民专业合作社 1324 家（比 2014 年年底的 1047 家净增 277 家，增幅为 26.5%）。合作社注册成员 58838 户，农民成员 58763 户，带动农户 64924 户，其中贫困户 12369 户，农村居民人均可支配收入达到 7893 元（超出 2014 年度 7140 元农村居民人均纯收入，与 2014 年相比其增长幅度达 10.55%），残疾贫困人口减贫率 20.93%。

2. 农村居住条件明显改善。通过整合扶贫搬迁、危房改造、特色民居、生态移民等项目，对建档立卡的 600 户贫困户 2400 人实行扶贫搬迁。对 1643 户危房户家庭进行了危房改造。农村自然村生产用电及村民生活用电覆盖率及贫困户通电率达到 100%。维护改善村村通线路 146 条 1451 千米，新开通 217 个行政村"村村通客车"，全县行政村通畅比例达到 100%，行政村客运班车通达率达到 99.6%。完成水利部门扶贫总投资 8672 万元（其中完成饮水安全项目资金 2332 万元），开工建设 2562 处，新增农田灌溉面积 0.7 万亩，带动贫困户受益 11200 户，受益贫困人口 37542 人，建档立卡贫困户中饮水安全比例达到 73%。①

（二）产业发展进一步壮大

创新产业发展片区开发工作机制，连片开发五大产业：1. 茶叶产业片区。重点在溪丘湾、沿渡河、东壤口、金果坪、水布垭、大支坪 6 个乡镇 45 个贫困村建设茶叶核心示范园基地。新建标准化茶叶基地 9716.8 亩，栽植茶苗 2429.226 万株，全县茶园总面积达到 6.66 万亩，可采园面积 32000 亩，总产量达到 1920 吨。2. 反季节蔬菜产业片区。全县 322 个村蔬菜播种面积 30 万亩，产量 93 万吨。3. 药材产业片区。建成绿葱坡、水布垭两个药材专业乡镇，实现药业总面积 22.51 万亩。4. 干鲜果产业片区。全县现有柑橘面积 11.5 万亩，重点管护面积 10 万亩，挂果面积 6 万亩，产量 7.3 万吨。全县 12 个乡镇 75 个村新增核桃面积 1.5 万亩，全县核桃基地达到 10 万亩。5. 畜牧产业片区。通过"产业片区＋公司＋合作社＋养殖小区＋贫困户"的"五＋模式"，使全县全年生猪、山羊、牛、家禽出栏分别稳定在 80 万头、27 万只、0.6 万头、200 万羽的规模

---

① 资料来源：根据在巴东县扶贫开发办公室调研座谈会录音资料整理。

水平。特色产业增长率达到 114.07%。①

（三）教育扶贫成效显著

1. 坚持新生入学通知书制度、流失生劝返及报告制度、贫困生救助制度。贯彻落实国家对家庭经济困难学生的资助政策，依法保障进城务工人员随迁子女平等接受义务教育，建立完善农村留守儿童教育管理长效机制和安全健康成长保护等措施，2015 年初中毕业生人数为 4466 人，义务教育净入学率为 98%。

2. 留守儿童教育管理成效显著。通过开展建立留守儿童档案，引导家庭教育，加强队伍建设，壮大志愿组织，重视亲情互动，沟通情感交流等重视留守儿童教育管理工作，5777 名留守儿童均得到学校留守儿童之家关爱和教师、社会结对帮扶。

3. 营造支持高中发展的良好环境。加强教师队伍建设，大力改善办学条件，优化资源配置，扩大办学规模，建立和完善高中教师奖励和学生资助制度。巴东县在校高中生共 10493 人，高中阶段教育毛入学率达到 93.5%。

4. 学前教育健康有序发展。巴东县规范审批了 9 所公建民营幼儿园，对全县幼儿园房屋进行了安全等级评估。全县现有公办、民办幼儿园 68 所，3—5 岁人口数为 12252 人，在园幼儿 10439 人，学前教育三年毛入园率达 85.2%。②

5. 加大成长劳动力职业教育技能培训。巴东县对 9295 名中职、高职贫困生落实"雨露计划"政策，组织技能培训 3800 人次，带动贫困人口 1600 人就业。③

6. 实施国家营养改善计划，对全县贫困学生 28418 人进行补助，改善贫困学生营养。

（四）基层医疗扶贫能力显著提升

为解决群众因病致贫、因病返贫和"看病难""看病贵""看病远"

---

① 资料来源：根据在巴东县扶贫开发办公室调研座谈会录音资料整理。
② 资料来源：根据在巴东县教育局精准扶贫调研座谈会上的录音资料整理。
③ 资料来源：根据在巴东县劳动就业局就业精准扶贫调研座谈会上的录音资料整理。

的问题，巴东县加大投入，在全县 322 个村建设标准化村卫生室 475 个，使标准化卫生室行政村比率达到 100%。除此之外，加大乡村医生培训考核力度，641 名村医经培训考核合格，提高了基层医疗技术服务能力，贫困村乡村医生拥有率达到 100%。与此同时，2015 年新农合参合率 99.06%，人均筹资额达到 494 元，基金总额 2.01 亿元。在政策范围内住院补偿率 77.1%，县域内住院费用平均实际补偿率达到 65.02%，门诊统筹补偿率 90.9%，22 种重大疾病实际补偿率 71.07%，20 种门诊重症补偿率 65.83%。①

（五）公共服务能力进一步增强

1. 贫困村互联网全覆盖。巴东县 322 个行政村和社区通光纤率达 100%，年度新通光纤接入能力 20M 及以上的 160 条，完成恩施州下达的 301 个通光纤建制村和 21 个通光纤社区的全年目标任务，行政村互联网覆盖率 100%。

2. 无线广播电视覆盖率明显提高。2015 年年底，巴东县通过"户户通"专项扶贫项目为贫困户发放"户户通"天线锅 22353 套，占全县现有贫困户的 77.5%。无线电视综合覆盖人口 24.47 万人，覆盖率 49.16%，无线广播综合覆盖人口 49.53 万元，覆盖率 99.45%。②

3. 公共文化服务设施网络建设基本完善。巴东县加大了公共文化服务体系建设的财政支持、队伍建设等保障机制，2015 年，投资 283 万元新建乡镇文体广场 6 个，投资 60 万元新增体育器材 40 套，投资 130 万元新建多功能运动场 5 个，免费开放公共图书馆，在村、社区、广场免费放映电影 5700 余场次，不断满足群众多样性文化需求。③

4. "互联网+"推动电商业发展。推进"互联网+政务+商务"模式，深入开展"农村信息赶集"活动，大力培育"湖北巴东·淘实惠"品牌，全力打造"农民办事不出村"升级版，实施农村"互联网+农

---

① 资料来源：根据在巴东县卫生和计划生育局卫生精准扶贫情况调研座谈会上的录音资料整理。

② 资料来源：巴东县扶贫开发办公室统计资料。

③ 同上。

业＋旅游＋精准扶贫"工程，农村贫困户产品销售有渠道、价格有保证，收入持续增加。2015 年已新增淘实惠店 71 家，建成多业态电商企业 28 家，5000 余人开了 200 多家网店、近千家微店，销售额达 4000 多万元，交易额年均增长 15% 以上。①

三　巴东县精准扶贫面临的主要问题

总体看来，巴东县目前的精准扶贫工作取得了较大的成效，但必须清醒地认识到巴东县的精准扶贫工作任务十分艰巨。围绕精准扶贫工作的目标任务来审视和思考既有的工作，还存在一些不容忽视的问题。

（一）精准扶贫对象的主体责任意识不够

就精准扶贫而言，精准扶贫成效的高低好坏取决于两个方面的因素，一个是村民及精准扶贫对象，另一个是代表政府具体落实、执行精准扶贫政策和具体从事精准扶贫工作的相关政府工作人员及精准扶贫帮扶责任人等。从这两个因素来看，第一个因素即村民及精准扶贫对象的责任意识、努力程度是内因；第二个因素即代表政府具体落实、执行精准扶贫政策和具体从事精准扶贫工作的相关政府工作人员及精准扶贫帮扶责任人等执行政策的力度是外因，从内外因的辩证关系来看，精准扶贫成效的好坏高低在很大程度上取决于村民及精准扶贫对象的积极参与程度。

从我们的调研情况来看，绝大部分村民和精准扶贫对象对国家的精准扶贫政策是欢迎的，能够积极配合政府各级部门的精准扶贫工作，积极投身于精准扶贫过程之中，但还是有极少数村民或精准扶贫对象对精准扶贫缺乏正确认识，把精准扶贫工作完全看作政府的事情，不仅不积极参与精准扶贫工作，有的还消极怠工，有的和政府讨价还价，甚至有的还故意阻挠精准扶贫工作的顺利进行。

在我们调研过程中，某村扶贫帮扶干部曾给我们讲述了这样一件事情，某村是巴东县政府确定的整村扶贫推进村，县政府安排几家县直各部门对该村予以整村帮扶，帮扶单位经过仔细调研之后认为，制约该村

---

① 资料来源：巴东县扶贫开发办公室统计资料。

发展的最大问题还是交通，要想该村整体脱贫，必须打破交通制约这个瓶颈，于是多方筹措几十万元资金，打算把该村过去的土路整修加宽，铺成水泥路，但是由于该路经过两户村民的山林和责任田，其间这两户村民蛮横阻挠，致使该村整修村级道路的计划搁浅。

（二）产业发展脱贫的诸多制约因素有待进一步解决

产业发展脱贫一批是精准脱贫的重要抓手，同时，精准脱贫的核心在产业，没有产业就没有就业，没有就业就没有家庭的支撑。2016 年 7 月 18 日，习近平总书记在固原市冒雨考察两个村的脱贫攻坚工作时指出，发展产业是实现脱贫的根本之策。要因地制宜，把培育产业作为推动脱贫攻坚的根本出路。

目前，巴东县创新产业发展片区开发工作机制，已重点连片开发五大产业。有力助推精准脱贫工作的顺利开展。但是，产业发展精准脱贫一批的诸多制约因素没有得到根本解决。

1. "一村一品"、因地制宜的产业发展模式尚未真正建立。巴东县精准扶贫工作，通过有效的结对帮扶，基本做到了"一户一策"，帮扶责任人针对被帮扶对象的具体情况"量身定做"了相应的脱贫致富措施，但是，这种"一户一策"模式，缺乏相应的制度措施保障支持，也不能形成规模，其效益得不到有效发挥，致使这种"一户一策"扶贫模式不具有长期性，且抗风险能力较弱。比如，支持贫困户发展养殖业养猪，若猪价行情好，且没有瘟疫，也许可以挣一点钱，但若是遇到猪价行情不好，瘟疫大，不仅不能赚钱，还可能亏本。发展其他产业，技术也许可以学会，但由于没有规模优势，其销售渠道也无法打开，最终也会因缺乏竞争力而失败。由此可见，产业发展必须成规模，"一村一品"既可以发挥规模优势，又可以避免各村产业"同质化"，增强其竞争力。但就目前的情况来看，巴东农村产业发展还没有做到"一村一品"，贫困村产业空心化的状况还较为严重。

2. 产业发展必要的技术支撑和技术人才缺乏。要想发展壮大产业，技术支撑和技术人才是关键，没有强力有效的技术支撑和一支技术过硬、作风过硬的技术人才队伍，产业无论如何是发展不起来的。比如，巴东某村气候适宜油桐生长。2010 年以来，巴东某村联合周边村专门成立了油桐专业合作社，并与上海、南京、武汉等地造船厂、木器加工厂和油桐购销公司签订长期购销合同，采取"专业合作社＋基地＋农户"的模式，陆续发展油桐 1 万亩，引导农民改造老油桐树折合面积 5000 多亩。在我们对某村的调研中发现，新发展油桐的村，由于缺乏相应的技术指导，油桐基本死亡，油桐产业也名存实亡。还有如巴东药材产业，就目前的情况来看，药材产业是巴东农村精准脱贫最有希望的产业，但是，巴东药业技术人才相当缺乏，巴东药业办公室只有一名技术人员，远远不能满足巴东药业发展的技术需要。正因如此，巴东药材质量管理不能按照国家标准化进行，生产经营没有集约化，缺乏整体的发展规划，满足不了大药商的需求，在销售上处于销售原始产品，产品附加值低，产业链的延长也受到制约。

3. 与农村产业发展相配套的基础设施建设滞后。要想发展农村产业，与之相配套的基础设施建设是必不可少的，没有较为完善的农业基础设施，农村产业发展就会成为无源之水。从我们的调研发现，近几年巴东的农村基础设施建设取得了一定成效，但是和农村产业发展的基础设施需求相比，还存在较大差距。作为农村产业发展所需的水、电、路等基础性设施尤其是产业路不能充分满足农村产业发展的需求，现有的农业基础设施也比较薄弱，抵御自然灾害能力弱。农村基础设施建设滞后已成为农村产业发展的严重桎梏。

4. 带动农村产业发展的涉农企业的融资问题没有得到根本性解决。农村产业的发展既需要技术支持，又需要产品相关销售渠道畅通的保障，否则，再好的农村产业项目也会在市场经济大潮中惨遭淘汰。而作为龙头企业，一般而言既有技术指导又有销售保障。因此，农村产业的发展必须要有相应龙头企业的带动。从某种程度上而言，农业产业发展的好与坏取决于龙头企业发展经营状况。一般而言，涉农企业涉及的资金量较大，单靠企业本身无法筹措，只有依靠银行融资支持。但就目前的情况来看，涉农企业的融资难问题没有得到根本性解决，制约了农村产业的发展。如巴东天蓬畜牧发展有限公司响应县政府精准扶贫的号召，拟将利用生猪养殖的有利条件，带领部分建档立卡贫困户发展生猪养殖。为了保证此项工作顺利开展，特请求银行在资金贷款上给予大力支持，但最终因无法获得贷款，致使该项目搁浅。

（三）精准扶贫带来的一些新的社会问题和社会矛盾，没有引起足够重视，也缺乏相应的解决机制和措施

在精准扶贫过程中由于诸多原因，也会产生一些新的社会问题和社会矛盾，这些新的社会问题和社会矛盾主要有以下几点。

1. 给予扶贫对象诸多优惠政策、资金支持及帮扶实惠，会引起一部分非扶贫对象的不满，进而诱发一些社会问题和矛盾。一方面，在农村除个别特殊情况之外，村民之间的贫富悬殊并不是很大，被界定为贫困对象的村民享受着精准扶贫现金、物资等实实在在的利益，以及诸多优惠政策。而作为非扶贫对象的村民却什么也得不到，这在一定程度上会造成没有被界定为贫困对象的村民的不满；另一方面，在被界定为贫困对象的村民之中，还有少部分村民属于懒惰、游手好闲、不受当地村民欢迎甚至是憎恶的人，而他们却理直气壮地享受着精准扶贫带来的一系列好处和利益，也会引发其他村民的不满和矛盾。

2. 异地搬迁扶贫可能会带来新的社会问题和社会矛盾。"异地搬迁脱贫一批"在精准脱贫"五个一批"中难度最大，在给老百姓带来真正实惠的同时，有可能引发新的社会问题和社会矛盾。按照巴东县异地搬迁政策规定，异地搬迁主要采取集中安置和分散安置的形式，集中安置主要包括依托中心村、乡村旅游区集中安置，依托行政村和自然村集中安置，依托县城、工业园、乡镇集镇集中安置，五保户集中安置，采取"交钥匙工程"，人均面积25平方米，其中最主要的是依托中心村、行政村和自然村予以安置；分散安置主要包括分散建房安置、投亲靠友安置和进城及进镇购房安置，其中进城及进镇购房安置是分散安置的主要形式。政府对进城及进镇购房予以补助，其补助标准为：在巴东县城和野三关集镇购房的补助1500元/平方米；溪丘湾集镇购房的补助1100元/平方米；其他集镇购房补助800元/平方米。

但是，无论是集中安置还是分散安置，都有可能带来诸多新的社会问题和社会矛盾。从集中安置来看，至少可能产生新的社会问题和社会矛盾的情形主要有：①一旦接受集中安置，原先所居住的房屋必须无条件地拆毁复垦为良田，接受集中安置之后，由于土地没有进行新一轮的承包，就近没有土地耕作，只有回去种自己的原有土地，但这样由于其原先的房屋已拆毁，耕种极为不便，有的甚至无法去耕种其土地，导致其生活无保障，进而诱发新的社会问题和社会矛盾。②一旦接受集中安置，尽管实行"交钥匙工程"，但仅仅是能够勉强入住，要想住得较为舒适，还需要大量的人力财力，这也会背离其初衷，和他们的期望值相差也较大，在一定程度上也会引起他们的不满，尤其是异地搬迁到新的地方以后，住房问题虽然解决了，但是家禽牲畜养殖的建房用地和房屋却没有，无法满足其日常生活需要，将会严重影响他们的生活质量，由此也会产生新的社会矛盾。

从以进城购房及集镇购房为安置方式分散安置来看，也可能会存在以下社会问题和社会矛盾：①对贫困户而言，尽管进城购房及集镇购房有政府补助，但至少还要拿出 5 万元以上的现金，对于贫困户而言也是一个不小的负担，需要东拼西凑，增加新的债务，尤其是过去有土地作为最基本的生活保障，尽管贫穷，但基本生活还是可以维持。而进入城镇之后，没有土地这个最低的生活保障，他们又缺乏一技之长，一旦无工可打，其基本生活就难以保障，这样必然会引起新的社会问题和社会矛盾。②从我们的调查情况来看，目前，享受异地搬迁政策在县城或集镇购房的人并不是真正贫困的村民，而是长期在外务工或有一定经济基础的村民，早就有在县城或集镇购房的意愿和打算，这部分人在享受异地搬迁政策实惠，而作为政府或扶贫主管部门也是明知的。但是由于异地搬迁扶贫人口已锁定，异地搬迁指标任务必须完成，因此政府或扶贫主管部门也就明知而不问了。一旦国家动真格检查督查，就会产生一系列新的社会问题。

3. 在精准扶贫过程中，因损害第三方人的利益得不到有效解决而产生新的社会矛盾。在我们的调研中发现，在精准扶贫过程中，因损害第三方人的利益得不到有效解决而产生新的社会矛盾的情况也时有发生。

附　　贫困村民产生矛盾案例

家住巴东县东壤口镇石板村五组的村民彭付林，拥有林权证上小地名蚕场下的林地，面积 4.6 亩。2016 年 8 月，东壤口镇扶贫办在给精准扶贫户修建房屋时，未与本人及其家人协商，在其本人毫不知情的情况下，将打基础的土全部堆放到属于其林地的区域内，占地4.6亩，林地里的树都被覆盖50米，全部被毁坏。彭付林得知后去找了当地村干部和政府相关领导，他们来实地确认了，也承认占其4.6亩林地的事实，并承诺在一个星期内回复。可是，一个星期之后，没有任何人给予其回复。后来，彭付林多次找到村干部和相关领导，他们只是口头上说解决，但并没有采取任何解决措施。至今，林地仍被占着，也没有任何人给予彭付林一个满意的答复，引起了彭付林严重不满。

（四）旅游扶贫的潜力有待进一步挖掘

巴东县具有丰富的、可供开发的旅游资源。一方面，巴东的自然旅游资源十分丰富，山川秀丽，特色独具，有享誉国内外的国际旅游景点神农溪；有世界第二高桥四渡河高速公路特大桥；有风景旖旎的女人谷；有集三峡之幽、桂林之秀、张家界之奇于一体的格子河石林；有古朴典雅的秋风亭；有神妙莫测的无源洞；有和长阳清江画廊媲美的水布垭清江画廊；有土家族祖先的发祥地"三里城"；有幽深秀美的格子河溶洞；还有藏在深山的铁厂荒森林公园等。众多有山有水、有土家风情、风景如画的乡村比比皆是，这些均是巴东的自然旅游资源财富。另一方面，巴东作为土家族聚居区，还具有底蕴十足的、丰富的土家文化旅游资源。土家族的文化源远流长，在长期的生活、生产劳动过程中，这里的人们用勤劳和智慧，创造了独具民族特色、多姿多彩的土家族文化艺术。包括手工艺品（西兰卡普、竹编工艺品、木雕和石雕等）、饮食文化（油茶汤、砸酒、榨广椒等）、民族服饰（土家族服饰、苗族服饰）、特色建筑（土家吊脚楼、摆手堂和苗寨风水塔等）、舞蹈戏曲（摆手舞、毛古斯舞、傩戏南剧等）和民歌民乐（号子、山歌、田歌、锣鼓、唢呐）等内容。土家族人民在手工业方面，刺绣、编织比较有名，土花铺盖尤为著名。土家族山民歌有情歌、哭嫁歌、摆手歌、劳动歌、盘歌等，尤其是巴东"撒叶儿嗬"，粗犷豪放，潇洒自如，强身健体，被誉为"东方迪斯科"，在全国负有盛名，以谭学聪为代表的"巴东撒叶儿嗬组合"在2010年中央电视台"青年歌手电视大奖赛（原生态唱法总决赛）"中，以总分199.18分称霸全场，摘得原生态组金奖。还有巴东堂戏也属全国300多个地方戏曲之一，是国家重点保护的曲种，被誉为恩施州地方戏曲的"五朵金花"。除此之外，巴东的红色旅游资源也十分丰富。

近五年来，巴东县委、县政府非常注重旅游产业的发展。县委、县政府领导经过反复比较、思考巴东的发展路子，经过长时间的密集调研后，最终为巴东的发展定调：巴东最大的发展出路是旅游，并已制定《巴东县旅游发展总体规划》和《巴东县"十三五"旅游专项规划》。与其他发展方式和扶贫方式相比，巴东发展旅游具有更强大的市场优势、新兴的产业活力、强劲的造血功能、巨大的示范引领作用。通过近几年的发展，旅游产业在巴东县域经济的总盘子里面成为一大亮点，是一支生力军。2015 年，巴东接待游客 560 万人次，实现旅游综合收入 37.79 亿元。从精准扶贫的角度来看，把旅游作为精准扶贫的主导产业，不仅帮助农民摆脱贫困、打开致富大门，还激活了沉睡的社会资本，实现了政府、企业与群众的良性互动，脱贫攻坚取得了明显成效。

但是和巴东的旅游资源相比，巴东旅游产业发展的潜力还是没有得到充分发挥，巴东旅游产业还有非常大的发展空间。其主要表现在以下几个方面。

1. 旅游资源开发不足。尽管巴东的旅游资源十分丰富，但真正开发出来、能向游客开放、具有接待能力的只有巴东神农溪景区、巴东女人谷景区和巴东无源洞景区，其他丰富的旅游资源还没有得到有效开发，有的还在规划之中。

2. 旅游资源整合不够。通过我们的调研发现，巴东的旅游产业具有两个中心，一个是以巴东县城为中心，整合神农溪景区、无源洞景区、女人谷景区及有待开发的大面山景区、格子河石林景区，带动巴东县江北乡镇、信陵镇和茶店子镇脱贫致富；另一个是以巴东野三关镇为中心，开发、打造、整合世界第二高桥景区、铁厂荒景区、水布垭清江画廊景区、三里城土家发祥地景区等，连接建始石门河等相关景区，带动周边乡镇脱贫致富。但就目前的情况来看，中心内的旅游资源没有得到有效整合，两个旅游中心之间更缺乏一个有效规划和联结机制。

3. 乡村体验游还有待进一步开发和拓展。巴东地势独特，县境狭长，长江和清江自西向东将其横截为 3 段，北有大巴山余脉盘踞，主脉沿着与神农架林区的交界由西向东延伸，山体雄伟，高峰林立。小神农架海拔 3005 米，是全县最高点，与大神农架毗连，构成"华中屋脊"。中有巫山山脉沿楚蜀省界南北走向，一般地势比较缓坦，形成山原地貌。构成一块高寒的山区。南有武陵山余脉，地势平缓、顶部宽旷，呈山原地貌，三山盘踞，两江分割使全县地势西高东低，南北起伏，呈三高两低的"W"形。全县平均海拔高 1053 米，最高点 3005 米，最低点 66.8 米，相对高差为 2938.2 米。多崇山峻岭、峡谷深沟和溶洞伏流。这种独特的巴东地势，使得巴东乡村不仅具有秀丽的风景，而且还呈现出各自不同的地域特色，是乡村体验游不可多得的胜地。但从我们的调研来看，巴东乡村体验游从某种程度上来说，还没有起步，开发前景巨大。

四 完善巴东县精准扶贫的建议

十八届五中全会通过的《中共中央关于制定国民经济和社会发展第十三个五年规划的建议》提出实施脱贫攻坚工程，其总方针是：实施精准扶贫、精准脱贫，因人因地施策，提高扶贫实效；扩大贫困地区基础设施覆盖面，因地制宜解决通路、通水、通电、通网络等问题；提高贫困地区基础教育质量和医疗服务水平，推进贫困地区基本公共服务均等化；实行脱贫工作责任制。对照中央对精准扶贫工作的总体要求，结合巴东县精准扶贫工作实际，我们重点提出以下几方面的建议。

（一）加大基础设施建设力度

精准扶贫，必须着力于农村生产生活条件的改善。良好的基础设施是实现精准脱贫的重要保障，是脱贫致富奔小康的前提。巴东县人民政府应统筹交通、水利、电力、通信、住建等行业部门财政资金，大力实施农村人畜饮水、农网改造、通达通畅、危房改造、宽带乡村等工程，给老百姓把水供好、把电供好、把路修好、把房子建好、把网络通好，切实解决全县人民饮水难、用电难、出行难、住房危及信息化程度低等问题。在进行如上建设中，应创造性地执行国家政策，不应拘泥于条条框框的约束。如资金方面，可以国家补助一些，老百姓自筹一部分，项目由老百姓组织实施，政府不要大包大揽，工程实施过程接受监督，工程完工验收合格拨付资金；又如异地搬迁项目，集中搬到一起确实蔚为壮观，政府脸上也很有光彩。但是大家想过没有，居住问题解决了，但搬迁过后远离土地的农民怎么生活？真能稳得住、能致富吗？几千年来，土地是农民的命根子和主要的谋生手段，所以异地搬迁应审慎决断，能不搬迁尽量不要搬迁。同时搬迁资金支出成本高，一般在20万元左右。其实对巴东农村来说，每户补贴三五万元再加上他们自己筹资筹劳应该能修很好的房子了。分散安置支出成本低，且结余出的资金可以帮助到更多的贫困户，更切合巴东实际。再如交通项目，不少地方和农民筹资筹劳把公路修到了家门口，已经是组组通、户户通了，政府只要拿钱予以硬化就行了，如果政府再关注一下农村那几千米的断头路，农村交通状况将大大改善。

（二）加大特色产业发展力度

精准扶贫，必须靠实体经济支撑。只要坚定不移地搞实体经济，像种粮一样"种"实体经济，一步一个脚印，日有所积，月有所得，年有所长，富民强县绝不是一句空话。巴东县目前已综合开发利用的产业有烟畜茶果药菜、煤铁酒及旅游等产业。产业发展应因地制宜，合理布局，遵循经济发展规律，同时应考虑市场、资金、技术、人才等核心因素。巴东县人民政府应将精准脱贫置于全面推进产业发展的大背景下思考问题，聚焦重点特色产业，将产业发展资金用在刀刃上，着力打造优势产业板块。在"五个一批"里，产业脱贫一批是主体，起着基础性的保障作用。只有县域大产业形成了，农民才有信心、才有依托，生产的农产品才能转化为商品。比如我们要扶持贫困户产业发展，如果脱离产业化背景，没有公司营销产品的产业就达不到发展生产脱贫的目的；再比如发展养殖业、种植业等也不可能孤零零地去发展，要和其他农户一起形成产业规模，组建起农村专业合作组织，才能拓展并打开市场，才能充分发挥种养业的规模集约效应。

（三）大力推进农村基本公共服务均等化

精准扶贫，还应注重提高贫困地区基础教育质量和医疗服务水平，推进贫困地区基本公共服务均等化。一是应加强基本公共卫生服务体系建设。目前基层医疗单位的公共卫生服务无论是硬件还是软件配置太低，人才奇缺，设施设备简陋，服务水平不高，特别是村级卫生室无论是人员、设备还是待遇都无法保障。巴东县人民政府应加强乡镇卫生院及村级卫生室建设，合理设置公共卫生服务网点，足额配置公共卫生服务设施、设备及人员。二是应合理开展农村学校布局调整。根据义务教育法的规定，少年儿童就近入学是前提，方便入学和以人为本是归宿。自小学不离村、中学不离乡的上学格局被打破以后，农村家长和学生感到上学非常不便。巴东县人民政府应针对大规模农村并校产生的问题，果断推行小规模学校运动，恢复与建设一些需要保留的农村小规模学校。在农村地区，要切实解决上学远的问题，特别是小学阶段儿童不应该脱离家庭亲情的温暖，每天就近上学才是合理的、健康的、人性化的教育。

参考文献

［1］湖北省财政厅：《关于进一步加强就业培训工作的实施意见》（鄂人社发〔2012〕43号）。

［2］湖北省移民局、湖北省财政厅：《关于印发〈湖北省大中型水库移民技能培训实施办法〉的通知》（鄂移〔2015〕128号）。

［3］湖北省农业厅、湖北省财政厅：《关于印发〈2014年湖北省新型职业农民培育工程实施意见〉的通知》（鄂农计发〔2014〕62号）。

［4］恩施州委、州政府：《关于开展驻村扶贫工作的实施意见》（恩施州扶办发〔2015〕19号）。

［5］中共恩施州委"两学一做"学习教育协调小组：《关于在恩施州机关党员中开展"不忘初心·永跟党走"主题实践活动的通知》。

［6］巴东县委、县政府：《武陵山片区巴东县区域发展与扶贫攻坚"十三五"实施规划》。

［7］巴东县委、县政府：《巴东县精准扶贫、"六城"同创、重点项目建设工作问责暂行办法》。

［8］巴东县人民政府：《巴东县精准扶贫"五个一批"相关实施意见》，2016年5月9日县政府第52次常务会议审议通过。

［9］巴东县扶贫开发领导小组：《巴东县精准扶贫到村到户实施意见》。

［10］巴东县扶贫开发领导小组：《巴东县 2015 年整村推进扶贫开发工作实施方案》。

［11］巴东县扶贫开发领导小组：《巴东县县直单位精准扶贫目标责任考评办法》。

［12］巴东县扶贫开发领导小组：《巴东县易地扶贫搬迁实施方案》。

［13］巴东县扶贫开发领导小组：《巴东县易地扶贫搬迁用地工作实施意见》。

［14］巴东县扶贫开发领导小组：《巴东县精准扶贫到村到户实施意见》（巴扶组发〔2015〕16 号）。

［15］巴东县扶贫开发领导小组：《关于落实非重点贫困村贫困户帮扶责任人的通知》。

［作者简介：胡孝红（1968—　），男，湖北当阳人，三峡大学马克思主义学院党委书记、院长，三峡大学区域社会管理创新与发展研究中心主任，教授、博士，主要研究方向：思想政治教育、社会治理］

龙山县精准扶贫的现状与
对策调查报告

序　言

（一）调研目的

党的十八大提出了实现全面建成小康社会的宏伟目标，特别提出了必须以保障和改善民生为重点的精准扶贫工作。精准扶贫工作是以习近平同志为核心的党中央以"四个全面"战略布局为指导，在认真总结我国扶贫工作经验的基础上提出的新形势下的扶贫攻坚战略。精准扶贫是新一轮扶贫开发的鲜明特色，是扶贫工作治理体系和治理能力现代化的基本要求，是新常态下扶贫开发的基本战略，是推动扶贫工作提质增效的关键之举。按照党中央的扶贫攻坚要求，全国各地积极响应并结合本地的实际情况贯彻落实精准扶贫工作。精准扶贫工作实施以来，各地取得的成效如何？能否按期完成这项艰巨的任务，既是事关"十三五"规划能否顺利完成的问题，更是事关党提出的第一个"一百年"奋斗目标实现的大问题。而能否实现按期脱贫的关键在农村、在贫困落后的地区，尤其是革命老区、少数民族聚居区、高寒偏远山区。习近平总书记指出："我们实现第一个百年奋斗目标、全面建成小康社会，没有老区的全面小康，特别是没有老区贫困人口脱贫致富，那是不完整的。这就是我常说的小康不小康，关键看老乡的涵义。"[①] 全面建成小康社会，重点在农村，

[①] 转引自《把革命老区发展时刻放在心上——习近平总书记主持召开陕甘宁革命老区脱贫致富座谈会侧记》，《人民日报》2015 年 2 月 17 日。

难点在民族地区，而民族地区的重点难点又在民族地区的贫困地区和贫困人口。针对这个问题，湖北省人文社科重点研究基地——三峡大学区域社会管理创新与发展研究中心，选择贫困程度深、返贫率高的地区武陵山区，就精准扶贫工作的实施现状进行调查，期望通过具有典型性和代表性的集中连片特殊困难地区的精准扶贫工作具体研究，发现扶贫工作开展中出现的问题，找出其中规律并提出科学合理的建议。

（二）龙山县人口经济社会发展概况

武陵山区精准扶贫工作开展具有代表性的是湖南省龙山县。龙山县隶属湘西土家族苗族自治州，地处武陵山脉腹地，位于湘西北边陲，西连重庆，北接湖北，历史上素有"湘鄂川之孔道"之称，是湖南最偏远的县之一。全县南北长 106 千米，东西宽 32.5 千米，县域总面积 3131 平方千米，地势北高南低，东陡西缓，境内群山耸立，峰峦起伏，酉水、澧水及其支流纵横其间，地域属亚热带大陆性湿润季风气候区，四季分明，气候宜人，雨水充沛。

龙山山川秀美，物产丰富。乌龙山大峡谷、洛塔石林、太平山森林公园等自然景观神奇瑰丽。煤炭、石英砂、紫砂陶、页岩气等矿产储量极大，水利、森林、中药材资源丰富，极具市场开发潜力。龙山历史悠久，文化底蕴厚重，是土家族发祥地之一，土家织锦技艺、摆手舞等 6 个项目已列入国家级非物质文化遗产名录。里耶 3.7 万余枚秦简的出土，被专家称为"21 世纪以来最重大的考古发现"，里耶古城遗址被评为"全国重点文物保护单位"，里耶镇被授予"中国历史文化名镇"称号。

龙山县辖 21 个乡镇（街道）、397 个村（社区）。[①] 全县总人口 60.1 万人，常住人口 49.28 万人，其中城镇人口 18.38 万人，全县城镇化率为 37.3%。[②] 该县居住有土家族、苗族、回族、壮族、瑶族等 16 个少数民族，总人口中，少数民族人口 42.15 万人，占总人口的 70.9%。[③] 由于历

---

　　① 引自《湖南省民政厅关于同意龙山县乡镇区划调整方案的批复》（湘民行发〔2015〕117 号）。

　　② 引自《龙山县 2015 年国民经济和社会发展统计公报》。

　　③ 同上。

史、地理、文化等原因，全县尚有 151537 万①贫困群众生活在生态环境脆弱的石山区、基础设施落后的深山区、干旱缺水的岩溶山区、气候恶劣的高山及产业发展滞后的村落。龙山县是集革命老区、少数民族聚居区、高寒偏远山区（湘西武陵山贫困区腹地）于一体的典型的集中连片特殊困难地区之一，既是湖南省扶贫攻坚湘西地区的主战场，也是国家扶贫开发工作重点关注的扶贫对象县。

2015 年龙山县生产总值达到 673746 万元，比上年增长 7%。其中，第一产业增加值 177154 万元，增长 3.8%；第二产业增加值 136930 万元，下降 3.4%；第三产业增加值 359662 万元，增长 15.3%。按常住人口计算，人均地区生产总值 13428 元，增长 9.1%。全县第一、二、三产业结构为 26.3:20.3:53.4，其中第三产业比重比上年提高 3.3 个百分点。工业增加值占生产总值比重为 11%，比上年下降 2.2 个百分点。

2015 年全县有中等职业学校 3 所，普通高中 2 所，完全中学 1 所，独立初中 16 所，九年制学校 11 所，小学 47 所，教学点 84 个，特殊教育学校 1 所，幼儿园 121 所。全县共有在校学生（幼儿）86856 人。其中，中等职校 1860 人，普通高中 9131 人，初中 19467 人，小学 41124 人，特教学校 89 人，在园幼儿 15185 人。全县小学适龄儿童入学率 100%，高中阶段教育毛入学率 72.6%。②

（三）调查方法

1. 座谈交流法。分别与龙山县民委、农业局、教育局、扶贫办等与精准扶贫最直接相关的单位进行座谈和交流，听取了他们对精准扶贫的具体实施情况、取得的经验和目前精准扶贫工作中存在的困难与困惑的分析，详细地了解了龙山县精准扶贫政策的制定以及实施情况，搜集了相关部门的调查报告以及工作开展进度、工作总结、统计公报等资料。

2. 实地考察法。在座谈的基础上，深入到龙山县的雷音村等村（寨）进行实地考察，详细了解村民对精准扶贫政策的具体看法，村民对精准扶贫政策实施的具体意见，并对村民们之前的生活状况和实施精准扶贫

---

① 引自湖南省人民政府扶贫办网站（www.hnsfpb.gov.cn），2015 年 5 月 12 日。
② 引自《龙山县 2015 年国民经济和社会发展统计公报》，2016 年 6 月 1 日。

后的生活状况进行细致的考察，获取了较为丰富和全面的第一手材料。

3. 文献法。在座谈和实地考察的基础上，通过龙山县精准扶贫办公室等相关单位收集了该县关于精准扶贫的相关政策文件、各个部门关于龙山县精准扶贫工作的若干实施方案以及部分学者关于龙山精准扶贫工作的研究成果等。从总体上掌握了龙山县有关精准扶贫实施的具体情况。

一　龙山县目前的贫困人口现状

龙山县作为国家扶贫开发工作重点县和湖南省扶贫攻坚湘西地区的主战场，经过30年的艰辛努力，使全县贫困山区旧貌换新颜，30年历史跨越，扶贫开发焕发着勃勃生机，结出了累累硕果。193个特困村村民基本解决温饱问题，10万多人走出绝对贫困的圈子，部分人基本实现富裕小康生活。但由于历史、地理等原因，发展水平仍然不高，脱贫攻坚任务还很繁重。

（一）龙山县精准扶贫面临的形势

1. 贫困人口多。龙山县是典型的农业县，目前全县有贫困村240（合并后有贫困村227）个，占全县总村数的51.94%，建档立卡贫困户40675户，15.52万人，贫困发生率29.65%，是湘西州建档立卡贫困户最多的县。[1]

2. 贫困程度深。主要表现在已经脱贫的村和人口，由于经济基础十分脆弱，存在着随时返贫的可能。2015年全县还有183个经济薄弱村。[2]此外，还有大量的丧失劳动能力的老弱病残的人口，在贫困人口总数中，残疾人为3743人，五保户有1606人，低保户20115人。从人口年龄结构分析，龙山县人口老龄化趋势更加明显。2013年60岁以上老人有90045人，2014年60岁以上老人有93051人。[3]

---

[1] 引自陈雄《新闻故事：尚心望脱贫记》，龙山县人民政府网，2017年1月20日。

[2] 龙山县扶贫开发办：《龙山县着力三大创新　谱写驻村扶贫新局面》，2015年11月12日。

[3] 《龙山县圆满完成2014年人口年报统计工作》，2015年2月2日。

3. 返贫率高。经过多年的努力，虽然部分群众已经脱贫，但是由于减贫后的人口温饱标准偏低，资本积累甚少，基础设施差，抵御自然灾害能力很弱，产业结构单一，人口素质偏低，市场意识淡薄，因灾、因病、因婚、因学等返贫率高。①因灾返贫。由于龙山县属于典型的农业县，十分依赖天气，遇到干旱、水涝等自然灾害，导致粮食和经济作物减产，农民减收而返贫。②因病返贫。贫困群众得重大疾病，医药费按农合比报销后，而根据不同的医院有封顶线以及特殊用药等，一些重大疾病仍有数千甚至几万元没有着落，给患者背上经济包袱而返贫。③因婚返贫。因为受传统观念的影响，在为子女操办婚事时，开销大，费用多。④因学返贫。一些家庭子女上的学校差，学费高，导致返贫。

4. 贫困人口困境复杂。呈现"三多三少两难靠"，即困难家庭多，留守家庭多，患病家庭多；种田收入少、多种经营少，技术农民少；集体经济难靠，龙头大户难靠。

5. 贫困人口观念落后。由于交通闭塞、市场意识不强等因素的影响，缺乏自力更生、艰苦创业精神，"等、靠、要"思想严重，加之受语言障碍和科技素质不高的影响，限制了外出劳务输出，贫困户增收解困难度较大。

（二）贫困人口的主要特征

1. 劳动能力弱。在建档立卡贫困户户均人口 3.8 人，户均劳动力仅 1.6 人。劳动力中主要是妇女，成年男子但凡有劳动能力也都外出打工，"滞留"在农村的劳动力主要是老年人、妇女甚至是未成年人。

2. 家庭负担重。目前"滞留"在农村的这部分人中，除了其劳动能力弱外，还存在着家庭负担过重的问题。由于在社会转型过程中，农村在某种程度上并没有跟上时代的步伐，表现在农村的家庭负担过重，尤其是家庭在教育、养老、医疗方面负担过重。

3. 卫生及健康状况差。由于农村普遍缺乏卫生常识和以方便为主的生活习惯，尤其是长期存在厕所卫生条件差，饮水不卫生，又加大了疾病发生和传播的概率。据调查，31% 的贫困户家庭有智障、残疾或大病人员。这与他们的生活习惯关联性极大。

4. 受教育程度低。尽管现代的农村也普遍地较为重视子女上学问题，但具体到贫困家庭则是完全相反。他们受到农村传统的生育观念的影响，生儿育女是为了防老，他们普遍地不重视，更准确地说没能力供孩子上学。据统计，龙山县农村平均受教育年限不足六年，文盲半文盲占32%。而这种现象主要集中在贫困家庭。

5. 老龄化现象严重。据统计，龙山县贫困人口中65岁以上老人占总贫困人口的38%，且空巢现象严重。这是一个既带有普遍现象的致贫问题，又是一个重要的社会问题，呼吁在实施精准扶贫的过程中，从社会管理体制解决农村的养老问题。

6. 掌握农村实用技术程度较低。由于没有接受教育或接受教育时间有限，使得贫困者既存在着思想观念上的问题，又不同程度存在缺乏技术的问题。尽管有关单位和部门已经开展了多轮次的培训，但他们中的相当一部分人仍没有掌握实用的生产技术，或是掌握了但掌握的程度极低，用当地通俗的话说，就是能够"比划比划"而已。

（三）龙山县致贫原因分析

我们通过对龙山县实地考察和对贫困农户走访，对当前农村扶贫对象致贫原因进行深入剖析，发现在当前龙山县农村，主要有整体上的制约因素和不同家庭的具体的贫困原因。

1. 从整体上讲，制约龙山县农村经济社会发展的因素，主要有以下几方面。

（1）贫困地区自然条件差、基础设施落后。应该说，作为国家级贫困县，扶贫工作早已开始进行。但经过多轮的扶贫建设，自然条件和基础条件较好的地方都基本完成了扶贫建设的目标任务，剩下的都是自然条件恶劣、脱贫基础不稳、贫困人口较多、扶贫任务十分艰巨的边远高寒山区，也就是说都是一些难啃的"硬骨头"，扶贫成本更高。也正是由于自然条件差，又导致交通不便。据统计，2013年末公路通车里程2547.58千米。其中，国道76.5千米，省道551.75千米，县道332.25千米，乡道954.59千米，村级公路672.49千米。[1] 境内高速和铁路正在修

---

① 引自《龙山县2013年国民经济和社会发展统计公报》，湖南省统计局，2014年4月11日。

建中，目前龙山县所辖范围内，仍然还有 1256 个自然寨（村）未通公路，在已通的 315 条村级公路中还有总共 395.5 千米未硬化，即所谓"断头路"，可以说是通而不畅。由于道路未通，致使约 5.5 万人未摆脱肩挑背负的历史。本地特产优势也因此而未形成产业。柑橘产业因无龙头企业带动，很容易受市场影响；百合产业没有形成链条，产品数量大而加工规模小；牲猪、山羊等畜牧业受自然资源和市场的影响，始终没有做大做强；中药材受气候、地理条件限制，发展有局限性，直接影响着农民的家庭收入和开发积极性。

此外，一些与人民群众生活密切相关的生活设施还没有完全到位，如全县仍有 29587 户未实现安全饮水，28680 户饮水困难。住房方面还有 5309 户是危房户，78 个村未进行农网改造，27 个村未建有村部楼，110 个村未建有卫生室等。这些都严重制约着农村经济发展。

（2）因政策调整因素致贫。龙山贫困地区本身经济基础十分缓慢，产业发展十分薄弱，大多都是因地制宜发展起来的。在已有产业中，有一些产业，如烤烟产业等由于政策因素，发展空间不大。更为严重的是，生活在大山深处的农民，有相当一部分人从事着种地吃饭、砍柴为生的生产方式，国家实施退耕还林生态林禁伐政策后，生活在山区的农民，他们这种依靠"种田吃饭，砍树谋生"的日子随之结束，在某种程度上说，这些农民失去了已经熟悉了的"种田"劳动方式，又没有及时地对他们进行劳动方式更新培训，处于事实上的"失业"状态，加上国家对生态林补偿标准不高，使得这部分农民因政策调整致贫，属于典型的守着绿水青山过穷日子的贫困户。

2. 具体到不同家庭的贫困原因，主要有以下几个方面。

（1）因缺乏创业资金致贫。在村居住的返乡农民工和未就业的初、高中毕业生中，他们头脑清晰，致富积极性高，但缺乏前期创业资金，借钱、贷款无门，只能打点小工，发展一些传统种养殖业，维持基本的生活保障，贫困现状长期得不到改变。

（2）因缺乏科技信息致贫。农村网络等先进、快捷、信息量大的传媒方式几乎没有，报刊等平面媒体也不普及，仅有电视等相对传统的传播媒体，这就造成了媒体传播的方式和手段先天不足的问题，信息不畅，农民严重缺乏科技信息，技术指导不到位，农民种植、养殖等后劲不足。

（3）因病致贫。在一个普通家庭中，如果有一人患上大病，或者意外的交通事故、工伤事故等，这其中的任何一种状况出现，都可能使一个家庭支出巨额开销，而这个开支是任何一个普通家庭所无法承受的，首先是这个家庭负担加重，生活质量不同程度地下降；其次是家庭成员的心理受到严重冲击，要抽出人手专人照理。

（4）因智障致贫。在走访的过程中多次遇到的现象是，老一代有智障，儿子有智障，娶个媳妇也有智障，生的孙辈也有智障，这种现象在农村多有存在，像这样的家庭，生育和生活已进入恶性循环，即使国家在一定范围内给予一定的救济，也只能使这样的家庭维持基本的生活而已，这样的家庭在很大程度上、在长时期内很难脱贫致富。

（5）因老致贫。现在农村出现了这样几种情况：一是家中没有儿子只有几个女儿，女儿长大后又出嫁了；二是由于家庭贫困儿子娶不起媳妇，儿子入赘到女方家；三是有的子女不尽赡养老人义务，你推我诿，素质低下，眼光短浅。以上几种情况的出现，加之老人年老体弱，无法从事生产劳动，没有经济收入，造成老人生活来源无保障，生活非常困难。

（6）因教致贫。主要是指农村孩子上大学导致的贫困。对于农村来说，由于大学学费相对较高，一般一个三类学院本科生四年需各种费用最低不少于8万元，一般家庭难以承担，不得不举债上大学。穷苦出身的农民在心中一直都有这样一个念想，都希望子女能依靠上学寻找出路，再穷也要供子女上学，他们为供子女上学都背上了沉重的经济负担。从而在农村形成了"谁家出了个大学生，谁家就成了贫困户"的怪现象。然而在农村供孩子上学就像一场赌博，高中的费用已经给家里带来沉重的负担，孩子能否考上大学还是未知数，孩子考上大学家里会背上一个更大的包袱，大学毕业能否找到好工作仍是未知数，面对这些未知数，家长需要拿出大笔钱去"赌"，一旦这场赌博以失败告终，对于有的农村家庭而言，有可能要用许多年甚至一辈子的时间来还债。近几年我们在教育扶贫工作开展过程中，发现家庭贫困、符合教育扶贫资助的学生家庭很多是"超生游击队"，大部分都是2—3个子女在攻读高中、大学。

（7）因意外因素致贫，如各种灾害等致贫，这类因素尽管占的比重很小，但也不可轻视。

此外，由于在农村还普遍地存在着一些陋习，如结婚要彩礼等而导致贫穷的。时下农村结婚由于形成攀比风气，彩礼成本居高不下。目前，在龙山县平均为男子结婚大概需要10—15万元（不包括楼房）。聘礼一般为6万元，首饰服装4万元，待客5万元。有些贫困家庭结婚后负债累累。

致贫因素具体比例见下图：

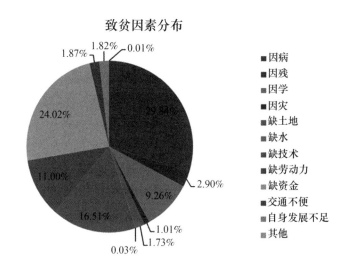

总之，因不可抗拒因素致贫，如因老、因病、因残致贫等，这是各地都普遍存在的致贫因素。但在龙山，由于生活环境恶劣，基础设施建设滞后，医疗卫生跟不上，导致这类致贫因素占到当地致贫的三分之一以上，尤其是因病致贫占的比重最大。其次贫困山区由于应对自然灾害的能力通常是较弱的。再次是因经济技术因素致贫，通过调查了解，因缺技术、缺劳动力、缺资金，以及交通条件落后是致贫的最主要原因，也是精准扶贫的关键。

二　龙山县精准扶贫的实施现状

（一）龙山县对精准扶贫工作的组织与领导

健全机构是实施精准扶贫的组织保证，龙山县委、县政府根据省、州对"精准扶贫"工作的要求，加强对精准扶贫工作的组织与领导。

1. 健全领导机构，完善工作机制。结合本地区的实际成立了高规格的精准扶贫攻坚领导小组。领导小组以县委书记为组长，县委、人大、政府、政协相关领导为副组长，县直成员单位的主要领导和乡镇书记为成员。领导小组下设精准脱贫攻坚办公室、扶贫开发办公室、住村办公室等三个办公室，"五个一批"工作组、资金整合组两个工作小组和"十项工程"指挥部（发展教育脱贫指挥部、发展生产、转移安置、医疗保障、政策、基础设施配套、乡村旅游与发展、公共服务）。从而确保整个精准扶贫工作高效运转。

各乡镇（街道）及时调整充实扶贫工作力量，严格执行一把手负责制，全面加强对扶贫开发工作的领导，及时组建脱贫攻坚领导机构。县乡村三级形成了县级负责决策部署安排、乡级负责工作对接、村级负责具体实施的一级抓一级、层层抓落实的工作局面。从机构上确保推进精准扶贫工作的顺利进行。

建立县级领导"联乡包村帮户"工作机制，由县级领导担任联系乡镇的驻村扶贫工作队队长，在联系贫困乡镇、扶持贫困村、帮扶贫困户的基础之上，负责总体协调、调度所在乡镇驻村扶贫工作。全县142个联村单位、100个扶贫工作组、395名县直单位扶贫队员以及3633名党员干部对4万余户贫困户进行结对帮扶，实现了单位驻扶贫村、干部结对贫困户两个全覆盖①；对全县扶贫系统行政或事业编制进行扩充，21个乡镇（街道）设立扶贫和民政事务服务站，配备专职工作人员；大力聘选科技特派员，对科技特派员经费提高到人均一年2万元。进一步巩固和健全政府、社会相互支撑，专项扶贫、行业扶贫、社会扶贫"三位一体"的大扶贫格局，全面形成脱贫攻坚强大合力。

建立健全结对帮扶机制。全面落实县级领导联系乡镇（街道）、单位联村（社区）、村企结对、队员住村、大学生村官（扶贫志愿者）和党支部第一书记（村主任助理）帮带的"五位一体"工作责任制，实行"1＋2"驻村扶贫模式，每个工作组同时联系两个贫困村开展驻村扶贫工作，做到贫困村不脱贫，工作组不脱钩。建立健全退出机制。完善扶贫

---

① 梁君：《在全县精准脱贫攻坚誓师大会上的讲话》，龙山新闻网，2016年3月14日。

开发信息系统，对扶贫对象进行动态管理，做到有进有出、精准脱贫。各乡镇（街道）根据年度脱贫任务有针对性地扶持贫困户，助其脱贫，通过政策扶持和自我发展达到脱贫标准的贫困户，经上级部门认定，退出信息系统，但在精准脱贫攻坚期内，要继续跟踪帮扶，防止返贫。①

2. 加强精准扶贫队伍建设和管理，着力提升精准扶贫工作者素质。由于精准扶贫工作是一项政策性和政治性都很强的工作，为确保精准扶贫工作落实到位，不走样、不变形，龙山县在实施扶贫工作中高度重视精准扶贫干部队伍素质的提升，把参与精准扶贫工作者的业务素质提升作为推动精准扶贫工作水平的重要抓手。①精准选拔精准扶贫工作人员。主要从对熟悉农村工作，善于做群众工作，协调推动能力强，作风扎实，不怕吃苦，甘于奉献的干部中选派，担任驻村工作队员，组成驻村精准扶贫工作队，队长由扶贫单位班子成员担任。②健全干部驻村管理机制。从思想教育、考核导向等方面入手，让各级参与精准扶贫干部做到真正用心扶贫、潜心扶贫。③加大参与精准扶贫人员的培训力度。定期开展培训，在培训内容设置上，把党和国家方针政策与扶贫业务知识相结合；在培训重点上，把扶贫干部培训与贫困村产业规划编制相结合，不断提高精准扶贫人员政策水平、执行能力。④推进"队组管理"，实行"以乡组队、以村建组"，建立"公推海选"队组管理模式。即从县直单位"推选"素质高、能力强、工作经验丰富的优秀干部担任工作队员。目前，已公开选拔61名青年干部到扶贫村担任党支部第一书记和村主任助理。

3. 注重基层党组织建设，充分发挥党建在精准扶贫工作中的核心优势和传统作用。健全党员干部联系和服务群众制度，切实发挥基层党组织在推动发展、服务群众、凝聚人心、促进和谐中的战斗堡垒作用，选好配强村级领导班子，突出抓好村党组织带头人队伍建设。①"精准"配备村、支两委班子。村支两委要建立党员、干部人才库，选拔出村民普遍认可，有能力、能作为的年轻人作为两委班子的后备人选进行考察培养，并将培养合格的人员及时调整充实到村、支两委班子中，不断增强两委班子的凝聚力、战斗力。②"精准"选拔村组干部。着力选拔具有开拓创新精神、能够适应产业发展需求、能够引领产业发展方向、能

---

① 梁君：《在全县精准脱贫攻坚誓师大会上的讲话》，龙山新闻网，2016 年 3 月 14 日。

够在新形势下有能力驾驭经济发展的人才进入村组干部，发挥能人作用。③"精准"发展基层党员。村党支部通过严格把好考察关，切实做到宁缺毋滥，成熟一个发展一个，合格一个发展一个。着力发展那些有社会责任感、有政治使命感、有担当、讲政治、顾大局、热心公益事业、乐于助人、公道正派又有一技之长的人入党，并充分发挥党员的先锋模范作用。

4. 强化精准扶贫工作专项督查。

（1）实行了最严格的督查问责制度。把脱贫攻坚工作纳入了全县绩效考核重要内容，加大了指标权重，对贫困人口减少率、精准识贫及动态管理信息化水平、农业规模经营、贫困户小额信贷比例、村集体经济收入达标率、村支两委群众满意度等精准扶贫考核指标进一步量化，进行全程动态考核监管；强化考核结果运用，将考核结果与效能考核、评优评先、干部任用挂钩，把脱贫攻坚实绩作为选拔任用干部的重要依据。

（2）坚决对财政扶贫项目资金实行"零容忍"。全面贯彻落实《湖南省扶贫开发工作条例》，使扶贫工作逐步步入法制化轨道，实现有法可依，有法必依。在分配项目上，进一步健全了扶贫项目资金管理制度，完善了财政扶贫项目管理办法，推行了阳光操作，做到了扶贫资金分配"四公开"，即资金来源公开、资金投向公开、操作程序公开、分配结果公开；在实施项目上，实行了一把手终身负责制，执行了项目启动现场会议制，所有财政扶贫项目在实施前，都必须召开由县扶贫办项目管理人员、扶贫工作队员、乡镇主要领导和分管领导、村组干部和所有村民代表参加的项目现场会，讨论确定项目实施内容，实地察看项目实施前现场；在执行财政扶贫资金县级报账制上，进一步完善了县级财政报账制，落实了财政扶贫资金村钱乡（镇）管制度；在监督执纪问责上，对违规使用财政扶贫资金的问题，坚决实行"零容忍"，对落实扶贫政策有偏差的问题，严格按照相关规定问责到位。

（二）龙山县精准扶贫工作的组织实施

龙山县根据中央、省、州精准扶贫精准脱贫的文件精神，按照"六个精准""五个一批"脱贫要求，结合县情实际，紧紧围绕着2017年整体脱贫、2020 年全面建成小康社会这一总体目标，扭住 240 个（合并后 227 个）重点贫困村、151933 名贫困人口两个关键，把握基础设施改善、群众增收致富、培育新型农民三个重点，认真组织实施精准扶贫"十项工程"，做到因户施策、因人施策，扎实开展精准扶贫工作。

1. 强化顶层设计，着力编制规划。在宏观层面，精准扶贫攻坚领导小组通过深入分析研究，制定了龙山县《关于推进精准扶贫、实现精准脱贫的实施意见》，坚持精准扶贫、精准脱贫基本方略，以建档立卡 240 个贫困村为主战场，制定脱贫任务书、列出时间表、绘制作战图。2016 年脱贫摘帽 50 个贫困村，脱贫 3.43 万人。2017 年脱贫摘帽 76 个贫困村，脱贫 3.38 万人。预计 2018 年脱贫摘帽 57 个贫困村，脱贫 1.73 万人。预计 2019 年脱贫摘帽 57 个贫困村，脱贫 1.9 万人，实现全县所有农村贫困人口达到"两不愁、三保障"的目标。预计到 2020 年，与全省全州同步进入小康。具体操作层面，驻村扶贫工作队在找准致贫原因、明确脱贫方向的基础之上，召开村民代表大会和村支两委会议，广泛征求意见，全面编制扶贫村 2015—2020 年扶贫开发实施规划和年度工作计划，进一步确定项目规模、年度计划、资金投入。

2. 理清精准扶贫工作思路。①确立了"五到村""六到户"精准扶贫工作思路。即：规划编制到村、资源整合到村、单位帮扶到村、选派书记到村、精准考核到村；干部帮扶到户、产业扶持到户、科技培训到户、项目直补到户、基础设施到户、公共服务到户。因村因户综合施策，把扶贫措施落实到村、到户、到人，开展真扶贫和扶真贫。目前，龙山县 142 家县直帮扶单位干部职工与 15 万多名贫困人员建成结对帮扶对子，确保每个重点贫困村都有单位对口帮扶，每户贫困户至少有 1 名帮扶责任人。②推进"目标考核"。既对联村单位驻村扶贫工作、县直资金整合单位的资金整合情况实施考核，也对乡镇驻村办、扶贫队员以及公选队员进行考核。③推进"责任落实"。实行"领导挂点、单位包村、干部住村"制度，严格落实"干部住村"工作制度，确保工作队员每月开展驻村扶贫时间 20 天以上，其中住村时间 15 天以上，做到与农民"同吃、同住、同劳动"，既表明了精准扶贫的决心，又树立了工作队员良好形象。

3. 创新精准扶贫工作模式。龙山县为达到"整乡推进、连片开发"，实现所有行政村经济社会均衡发展目标，广泛动员和凝聚社会力量参与扶贫，全面构建政府、社会和个人"三位一体"的"立体扶贫"工作模式，形成多点发力、各方出力、共同给力的大扶贫格局。主要包括：①"两个全覆盖"模式。县里成立了驻村工作领导小组办公室，在全县组建125个驻村扶贫工作组，公开选拔一批扶贫村党支部第一书记或村主任助理，对全县240个贫困村和183个经济薄弱村实现了单位驻扶贫村、干部结对贫困户两个全覆盖。②"1+2"驻村扶贫模式。即县级领导包乡镇（街道）、单位联村（社区）、村企结对、队员驻村、大学生村官和党支部第一书记（村主任助理）帮带，每个工作组同时联系两个贫困村开展驻村扶贫工作，做到贫困村不脱贫，工作组不脱钩，推动扶贫工作常态化开展、立体化推进。③创新扶贫模式。能最大限度发挥基层党组织战斗堡垒作用，通过支部引领、生产帮助等方式，带动贫困户发展生产，教育贫困群众克服"等、靠、要"的思想，激发贫困群众致富愿望，增强他们加快脱贫的信心。

4. 构建精准扶贫合力机制。按照"整合资源、统筹规划、渠道不乱、任务不变、各司其职、各记其功"的原则，建立健全资源整合机制。包括：①积极整合相关部门涉农资金，重点支持贫困村摘帽、贫困户脱贫，形成了"各做一道菜，共办一桌席"的制度模式，推进了水、电、路等基础设施建设和产业发展、贫困学生救助，有效解决了群众行路、饮水、上学、看病等难题。②进一步整合交通、电力、水利、国土、烟草、住建、环保、教育、卫生等行业部门项目资金向扶贫村倾斜。如2015年全县共整合资金4.12亿元，整合项目23类2180个。③坚持"政府主导、多元投入、社会参与和群众自主创业"原则，采取全方位、多途径、多载体扶贫方式，积极引导社会各界扶贫志愿者参与扶贫事业，强化社会参与，吸引更多社会资本，全县形成了专项扶贫、行业扶贫、社会扶贫"三位一体"的大扶贫格局。

5. 突出"三个精准"，构建大扶贫格局。做好精准扶贫工作，首要任务就是分析并找准农村贫困家庭的致贫原因。扶贫要做到真扶贫，扶真贫，使党的扶贫政策效应覆盖到每一个贫困户，突出做好精准识别、精准施策、精准帮扶，构建大扶贫格局。

（1）精准识别，底子摸清。精准识别，就是按照统一标准，通过规范的流程和方法，找出真正的贫困村、贫困户，了解贫困状况，分析致贫原因，摸清帮扶需求，为扶贫开发瞄准对象提供科学依据。开展精准识别既是做好精准扶贫工作的前提，也是推进精准脱贫工作的关键所在。按照"实事求是，因地制宜，分类指导，精准扶贫"的基本原则，对全县所有行政村的基础设施、产业发展、社会公共事业、基层组织建设、教育扶贫五大类四十余小项进行规划摸底。

①规范操作流程，突出狠抓精准识贫工作。按照国家贫困标准和条件，公开筛选确立扶贫对象的程序，实行全过程公示、公告，确保贫困户认定的透明公平。通过群众申请、入户调查、民主评议、公示监督、确认审核，在全县各乡镇、村扎实开展精准识贫工作，初步评选出 5.2 万农村贫困户、15.15 万农村贫困人口。

②严格把关精准识别出真正的贫困人口。按照"六个一律剔除"即"家庭成员中有国家公职人员的；有小轿车、皮卡车、农用车及其他四轮以上客、货运车辆、工程车辆和客、货运船舶的；在户籍地以外的城镇拥有房产的（支持国家建设、政策性搬迁的除外）；建有三层以上（含三层）楼房，且完成基本装修的；属于工商企业法人或合股、合资办工商企业的，或有固定场所经营的个体工商户；村支书、村主任、村综治专干、村计生专干（有纳入新农合规定的重大疾病、重大灾害的除外）"上述六种条件之一的一律剔除的要求，运用"五评法"（评住房条件，按照两层砖房、一层砖房、一般木房、危房、无房统计打分；评生产资料，按照做生产、不做生产、做生产交通方便、做生产交通不方便统计打分；评劳动能力，按照家庭劳动力人数统计减分；评教育负担，按照家庭学生就学的人数加分；评健康状况，按照一、二级残疾、16 种大病、常年服药慢性病、三级残疾统计打分）先后开展了两次精准识别"回头看"工作，对贫困属性进行再识别，切实校准了贫困人口，为下一步做好建档立卡和精准帮扶工作打下了坚实的基础。

③完善建档立卡信息系统。按照"五个一批"（生产发展一批、易地搬迁一批、保障兜底一批、发展教育一批、生态补偿一批）、"六个精准"（扶贫对象精准、项目安排精准、资金使用精准、措施到户精准、因村派人精准、脱贫成效精准）的要求，完善了所有在册贫困户的家庭现状、基本资源、致贫原因、脱贫意愿等贫困系统信息，并按"五个一批"进

行了分类,做到"一户一措施、一户一目标",确保实现对贫困户的精准施策和精准帮扶。

④建立监测评估体系。根据贫困户动态化管理的要求,对稳定脱贫的及时退出,对返贫需扶持的及时纳入,引入第三方识别机制,通过入户正面抽查及侧面辅助分析贫困户银行存款、子女就学、医院就诊、用电量等情况的方式进行逐一核实,确保贫困人口识别的精准度。

(2)精准施策,分批扶贫。坚持开发扶贫与救济扶贫"两项驱动"。精准扶贫的重点是精准施策,在分类梳理的基础上,再按照"一户一策"进一步细化,把帮扶领导、帮扶部门与扶贫对象"捆绑"起来,一户一套帮扶措施,一村一个脱贫计划,一包扶贫到户、二包产业发展,严格落实责任制,做到不脱贫、不脱钩,并确保透明管理,实行扶贫对象公示制度。这样做到既充分尊重老百姓意愿,又反映当地自然情况和经济发展水平,既帮其需、助其急,又扶其所长,对症下药、精准滴灌、靶向治疗。

①通过政策兜底一批。对低保户、五保户等丧失劳动能力的贫困人口,加大扶贫资金投入,织牢社会保障"网",完善大病保险政策,增加大病报销比例和救助力度,实行政策"兜底"和救济扶贫。

②通过扶持生产和就业发展一批。坚持以贫困人口为主要对象,以产业发展为支撑,以改善基础设施条件为重点,对缺资金、缺技术和因学致贫的贫困人口,发展参与性强的特色产业,依托当地资源禀赋和产业基础,大力推进产业扶贫,帮助他们发展生态农业、特色养殖、休闲旅游等特色优势产业,增强造血功能,实现稳定增收脱贫。

③通过移民搬迁安置一批。对交通不便的贫困人口,要按照"政府引导、自觉自愿、因地制宜、分步实施"的原则,结合生态移民、危房改造、避险安置、新型城镇化和扶贫易地搬迁等举措,有计划、有步骤、有组织地把他们逐步搬出来,挪出"穷窝"。

④通过社会救助帮扶一批。进一步制定完善社会扶贫政策体系,通过政策效应,引导各种资源向贫困地区配置、各种市场主体到贫困地区投资兴业,确保扶贫成效到位。一是建立帮扶责任制。实行县领导联乡镇、单位联村、干部联户,做到帮扶全覆盖,只要贫困村不脱贫,帮扶单位不脱钩,领导就不断线。二是鼓励全社会参与扶贫。企业、社会组

织及爱心人士，引导农村致富带头人以"传帮带"的方式帮助贫困户脱贫致富。三是落实行业部门责任。加强资源整合力度，全面做好村级道路畅通、饮水安全、农村电力保障、危房改造、特色产业增收等重点工作，组织引导各种资源要素向贫困地区、贫困村、贫困农户聚集，集中解决突出问题。

⑤通过教育帮扶一批。"扶贫必先扶智，治穷必先治愚"，"授人鱼不如授人渔"，"一技在手，小康拥有"。开展"教育扶贫"，充分发挥教育在精准扶贫工作中的发展优势。扶贫工作的根本目的在于不仅要让脱贫人口能够"站起来"而且还能够"走得更远"，富起来。要真正改变"底层上升通道受阻，一代穷世代穷"局面，切断贫困"代际传递"的困局，就要发挥教育在精准扶贫中的发展优势。在精准摸底的过程中，贫困对象（此类扶持对象 27269 名）中之所以贫困，一个最主要原因就是贫困对象缺技能。针对这类贫困对象除了建档立卡鉴别为贫困户外，在帮扶措施上就是开展教育帮扶。县财政每年安排资金 6000 万元，用于建档立卡贫困户、低保户家庭的学生学费、生活费资助。

大力实施"雨露计划"。智力扶贫提升劳动力素质。龙山县始终把提高贫困劳动力素质、发展劳务经济作为加快脱贫致富步伐的一项战略性措施来抓。"十二五"期间，县财政投入扶贫资金 3048.9 万元，着力开展教育科技扶贫，累计对贫困村的 5196 名"两后生"进行职业学历教育，提高了学历水平，对 244 名村科技骨干、202 名村主干、46484 名农民进行农村实用技术培训，使他们掌握一项实用技术，对贫困村 13762 名学生进行救助，帮助他们完成了学业。

加大推广农业实用技术培训力度。在全县农村特别是贫困村积极开展优质烤烟栽培、红薯良种引进、马铃薯脱毒试种、柑橘高位换接、种草圈养牛羊技术、橘橙柚高产培管等 45 项实用技术的推广和科技培训工作。在农业实用技术上加大扶持力度，聘请农业技术专家和组织全县农、林、畜技术员在全县多次巡回培训，共举办各类实用技术 213 期，参训农民达 14 万多人次，发放各类技术资料 20.87 万册。

强化转移劳动力培训手段。龙山县坚持以学校为平台，以培训为基础，以输出为手段，以稳定就业为目标，突出劳务技能培训工作。先后选送贫困村青年科技骨干 2950 多人参加安江农校、省农大、省农校举办的农业科技培训班，培养出了一批科技骨干。利用田间课堂、参观现场、举办现场演示会、办班培训等理论教学与实践相结合的多种培训办法，培训10.2万余人次。对留守劳动力加大了种、养、加工等农业生产实用技术培训，增强了贫困群众依靠科技脱贫致富的能力。通过为贫困家庭子女提供职业技能教育，拓宽劳动力转移通道，并稳定就业，实现"培训输转一人，脱贫致富一家"的目标。

解决贫困学生读书难问题。以解决各类贫困学生读书难为关键，大力开展教育扶贫，保障学生正常上学。

重视基层文化。加大对贫困户的正面宣传教育力度，建立基层文化阵地，通过政策宣讲、典型宣传和思想政治工作，引导贫困地区人民群众解放思想、转变观念、提振信心，激发穷则思变的斗志，自力更生，艰苦奋斗，用自己智慧的头脑和勤劳的双手创造美好生活。

（3）精准帮扶，确保成效。泽果村有人口786人，贫困人口298人，4个自然寨，6个村民小组，劳动力430人，田830亩，土2320亩，退耕还林3640亩，经济林124亩，宜林荒山2500亩。2014年末人均纯收入1780元。村支两委成员组成人员5人，党员22人，党员平均年龄53岁。全村外出务工人员660人，留守儿童89人，贫困大学生2人。

该村主要致贫原因：一是该村自身环境原因，泽果村位于山坡上，无河流经过，通村公路到2017年才全面硬化，村组公路还在建设中；二是自身发展能力不足，无大面积平地，无支柱种植业，无安全充足的饮用水源；三是基础薄弱，全村劳动力人口少，无支柱产业支撑，无河流，无灌溉水源。

桃源村位于石牌镇最北边与湖北省宣恩县沙道沟红旗村毗邻，是一个典型的边界村，村内共八个村民小组，246户、1107人，其中贫困户49户、贫困人口179人，多年来一直没有扶贫单位在该村开展扶贫帮困工作。主导产业不突出，交通基础设施条件差，资金、人才、技术匮乏，成为制约该村发展的主要因素。①

精准帮扶，在"点"上落实。该县紧抓贫困人口每一个"点"，坚持

---

① 《龙山县民族事务局深入桃源村扶贫帮困》，龙山县民族事务宗教局，2015年11月9日。

"精准识别、精准帮扶、精准管理"，全县142家县直帮扶单位干部职工与151626名贫困户建成了帮扶对子，确保了每个重点贫困村都有单位对口帮扶，每个贫困户至少有1名帮扶责任人。各驻点村聚焦精准结对、精准帮扶，加大结对帮扶力度，全县3633名党员干部共结对帮扶贫困户40636户，发放慰问救济金361万元，资助贫困学生3355名，提供小额贷款569万元，注重贫困人口的情况差异，按照精准脱贫"五个一批"进行分类，收集汇总基础信息。改"给钱给物"式的直接扶持为产业开发、移民搬迁、教育培训、医疗救助等多样化的扶持，力保扶贫的"雨露"精准洒向每个贫困户。[①]

对建档立卡户，采取"1 + N"帮扶模式，即每户1名帮扶责任人，家庭成员每人都有帮扶措施。拿尚心望来说，儿女享受教育补助，每年各1000元，自己和妻子转移就业在外务工，每月工资接近6000元，父母还享受低保等补助。全家免缴城乡居民医疗保险，住院医疗总费用报销比例达到85%，阻断"因病致贫"。[②]政府"兜了底"，致富靠自己。龙山县实施农民工返乡创业，在创业培训、发展产业资金、销售渠道各方面都有扶持。尚心望一听，心想回家创业既能得到政府的扶持，又能照顾家人，便报了名，成为龙山县第一批返乡创业的农民工。

6. 实施"十项"工程。实施由政府主导，社会各方面广泛参与的，体现龙山精准扶贫特色的发展生产脱贫工程、乡村旅游脱贫工程、转移就业脱贫工程、易地搬迁脱贫工程、教育发展脱贫工程、医疗救助帮扶工程、生态补偿脱贫工程、社会保障兜底工程、基础设施配套工程、公共服务保障工程这十项。

（三）龙山县精准扶贫工作取得的成绩

自开展精准扶贫以来，龙山县委、县政府坚定不移地贯彻落实中央、省、州精准脱贫攻坚的决策部署，始终将精准扶贫作为最重大的政治任务、最重要的发展要务、最宏伟的民生工程，把脱贫攻坚作为"一号工

---

① 李志强：《龙山"点线面"结合统筹推进精准扶贫》，龙山县民族事务宗教局，2016年8月30日。

② 陈雄：《新闻故事——尚心望脱贫记》，龙山新闻网，2017年1月20日。

程"，政策扶持力度、攻坚举措精度、责任落实硬度、合力攻坚强度前所未有，形成合力。精准扶贫精准脱贫工作取得了阶段性成绩。2014 年度，龙山县扶贫办被评为湖南省扶贫系统先进单位。

1. 完成了精准识别工作。一是精准识别贫困人口。龙山县经过精准识别工作，认定现有村 227 个，建档立卡贫困户有 40636 户、151933 人。二是先后开展了两次精准识别"回头看"工作，对于已经建档立卡的贫困农户，按照"六个一律剔除"标准，共清出不符合条件的 18138 户、51033 人，同时，将符合贫困户条件但未识别为贫困户的农户，严格按照评住房条件、评生产资料、评劳动能力、评教育负担、评健康状况"五评法"摸底识别，登记造册。新纳入符合条件的贫困户 14394 户、48353人。三是对省认定龙山县 2014 年脱贫的 21984 人和 2015 年脱贫的 23680人进行了退出标识。通过精准识别工作，全部澄清了底子，锁定了目标。

2. 完善建档立卡信息系统。完成了全县贫困人口的规模控制及建档立卡信息系统数据清洗工作，贫困人口规模误差控制在 200 人以内。按照"五个一批""六个精准"的要求，完善了所有在册贫困户的家庭现状、基本资源、致贫原因、脱贫意愿等贫困系统信息，并按"五个一批"进行了分类，其中"生产发展一批"22983 户 80445 人、"易地搬迁一批"3461 户 13013 人、"保障兜底一批"3765 户 13179 人、"发展教育一批"7842 户 9557 人、"生态补偿一批"6243 户 26857 人。同时，分村落实了"五个一批"到户明细表，做到"一户一措施、一户一目标"，确保实现对贫困户的精准施策和精准帮扶。

3. 减贫成效显著。2014—2016 年三年累计减贫 18607 户 71870 人，其中 2014 年减贫 5736 户 21253 人、2015 年减贫 5741 户 23531 人，2016年经省扶贫办认定成功减贫 7130 户 27086 人、摘帽 35 个贫困村，减贫人数居湖南省前列，精准扶贫工作取得了显著的成绩。[①] 为 2017 年实现"贫困县摘帽、所有贫困村推出、所有贫困户脱贫"的目标任务打下了扎实的基础。

4. "十项工程"有序进展，已全部完成出台了各个工程的实施方案。

---

① 龙明中：《龙山县召开精准脱贫攻坚专题调研会》，龙山县民族事务宗教局，2017 年 1月 18 日。

（1）发展生产脱贫工程。四年共投入财扶资金 2.16 亿元，累计扶持特色种植业 7.5 万亩，其中烤烟 6.5 万亩、蔬菜 1.6 万亩、油茶 1 万亩、百合繁育良种基地 0.5 万亩、商品百合基地 2.6 万亩、柑橘品低改 1.2 万亩；累计扶持以猪、牛、羊为主的特色养殖业 23 万头（只），扶持网箱养鱼 170 口，直接带动农户增收 16.4 亿元，贫困户人均增收 4000 元。

完成了产业到户调查摸底和产业对接调研，出台了发展生产脱贫扶持政策，完成了 2016 年发展生产脱贫农户的项目安排。新增贫困户小额信贷扶贫额度达 958.17 万元。实施了西吴村烤烟、王道溪村百合等 18 个百亩以上产业示范园建设，大力推进了稻田综合种养项目，重点推广了 3 个"湘西为村"电商扶贫试点村，里耶镇比耳村电商扶贫模式被新华社专题采访。

（2）乡村旅游脱贫工程。投入财扶资金 1118 万元，推进了乌龙山村、捞车河村、六合村 3 个乡村旅游扶贫示范村建设。

（3）转移就业脱贫工程。出台了《龙山县劳务输出交通路费补助发放实施细则》，与广州市、深圳市、佛山市、东莞市、长沙市签订了劳务输出协议，完成建档立卡贫困劳动力转移就业 2850 人。

（4）易地搬迁脱贫工程。易地搬迁扶贫是帮助那些因自然条件恶劣和生产生活环境受限致贫的群众，从原住地搬至自然条件和生产生活环境相对较好地方，从根本上摆脱困境的重要扶贫形式。龙山县出台了易地扶贫搬迁配套政策，完成了 10885 名搬迁对象的核查工作，2016 年 1081 户、4186 人的集中安置点选址、初步设计工作，确定了 5 个集中安置区和 6 个行政村集中安置点。

（5）教育发展脱贫工程，完成了 24335 名建档立卡贫困户学生、6539 名低保家庭学生资助的审定工作。完成了 12 所新、改、扩建乡镇中心幼儿园的前期工作。对符合条件的扶持对象 27269 名贫困生的生活补贴已全部发放到位。标准为：学前教育每生每年补助学费 1000 元；省级示范性高中、普通高中每生每年补助学费 2000 元、1600 元；学前教育、小学、中学、高中（职中）每生每年补助生活费 1000 元、1500 元、2000元、2500 元；对大学生新生中本科生一次性救助 5000 元，对专科生一次性救助 4000 元，确保了每一位贫困生都能上得起学；推进了 2 所城镇学校、10 所乡镇中心幼儿园改扩建工作，改造农村学校 15730 平方米；申报了 90 名免费师范生培养指标，制订了农村特岗教师培养计划。

（6）医疗救助帮扶工程。完成了 960 余万元的大病保险二次追补及 4 所乡镇卫生院建设的前期工作。贫困人口享受医疗救助及大病保险的达 24276 人。

（7）生态补偿脱贫工程。完成了 7244 户、26569 人生态补偿对象的识别工作。完成了 9485 亩巩固退耕还林成果、7125 亩石漠化综合治理、退耕还林成果项目和 14 个生态村建设。造林 4.5 万亩以上，森林覆盖率稳定在 62.12% 以上，森林蓄积量年增长 0.38% 以上，森林火灾受害率控制在 1‰以下。支持贫困群众依托森林资源发展林业特色产业。加快生态扶贫步伐，从生态功能转移支付中切块安排 2000 万元，优先聘用林区贫困户守山护林。①

（8）社会保障兜底工程。实行了对集中供养的特殊群体在县内住院治疗医疗费全免，对低保等困难对象医疗费用的自付部分按 50%—70% 的比例给予了报销，将农村居民最低生活保障补贴标准线提到了每月 220 元。

（9）基础设施配套工程。制定了龙山县 2016 年度精准脱贫基础设施配套工程实施方案。四年共投入财扶资金 11908.1 万元、整合部门资金 19500 万元，对贫困村水、电、路等基础设施进行建设，其中新整修渠道 256.6 千米，建蓄水池 19255 立方米；实施高低压改造 1365 千米；新整修村组级公路 1459 千米，硬化村级道路 696.5 千米，新修产业路 845 千米，硬化联户便道 1155 千米。完成了 240 个贫困村的基础设施情况全面摸底排查，建立了信息台账，启动实施了 52 个贫困村电网改造工作，现已完成了 24 个。完成了 80 个通光网宽带行政村、16 个贫困村无限宽带行政村的前期工作，启动了 26 个通信基地新建和改造工程。

（10）公共服务保障工程。实施发村间道（背街小巷）、路灯、安全饮水、垃圾收集处理、农村危房改造、村民文化活动场所等为重点的"千件民生实事"工程。完成了 37 所农家书屋出版物补充更新，有序推进了 2 个美丽村庄建设、14 个村综合文化服务中心建设和 5 个乡镇农贸

---

① 李世选：《龙山县实施"十大工程" 努力提升人民群众幸福指数》，龙山县民族事务宗教局，2016 年 3 月 24 日。

市场标准建设等工作。扎实做好"送戏下乡"公益电影放映、"两馆一站"免费开放工作，丰富群众文化生活。狠抓棚户区改造，新建棚改房1600套，保障性住房2582套，改造农村危房1500户。①

（四）龙山县精准扶贫的特点

龙山县根据中央、省、州精准脱贫的文件精神，按照"六个精准""五个一批"脱贫要求，结合实际，认真组织实施精准扶贫"十项工程"，做到因地制宜、因户施策、因人施策，在精准扶贫工作的具体实践中，呈现出了许多自身特点。

1. "点"、"线"、"面"三个层面展开精准扶贫。①精准扶贫，在"点"上落实。该县紧抓贫困人口每一个"点"，全县142家县直帮扶单位干部职工与151626名贫困户建成了结对帮扶对子，确保了每个重点贫困村都有单位对口帮扶，每个贫困户至少有1名帮扶责任人。②结对帮扶，从"线"上加强。为确保扶贫措施落实到位，该县确立了规划编制到村、资源整合到村、单位帮扶到村、选派书记到村、精准考核到村的"五到村"和干部帮扶到户、产业扶持到户、科技培训到户、项目直补到户、基础设施到户、公共服务到户的"六到户"帮扶思路，因村因户综合施策，把扶贫措施落实到村、到户、到人。围绕改善村民生产生活条件，同时，该县突出以水、电、路为主的基础设施建设。③多措并举，在"面"上突破。2016年以来，各驻村工作组坚持以抓党建促脱贫攻坚，贫困村共调整村支书13名，调整村支两委23名。培养后备干部160名，新发展党员114名，确定入党积极分子247名，增强了基层党组织的凝聚力和战斗力。此外，抓住扶贫村整体发展这个"面"，该县各驻村扶贫工作组创新产业扶贫方式，因地制宜发展优势农业产业，共成立农村合作社67个，完成土地流转15516亩，发展牛羊养殖16.7万头、特色种植68458亩，建立电商扶贫村7个、光伏扶贫村8个。②

2. 立足"扶贫"、要求"脱贫"、目标"致富"实施精准扶贫。精准

---

① 同上。

② 李志强：《龙山"点线面"结合 统筹推进精准扶贫》，龙山县民族事务宗教局，2016年8月30日。

扶贫要立足完善数据，澄清底子，对贫困人口的识别做到了更精准更精确，但不是目的，而是为了锁定扶贫目标，使扶贫更具有针对性。这是精准扶贫的基础性工作。在摸清贫困人口的同时，具体分析致贫原因，细化和明确脱贫具体方案和措施。这是精准扶贫的关键。龙山县研究制定了贫困人口的脱贫实施方案，对每一户贫困户、每一位贫困人员如何脱贫进行科学规划，将贫困人口脱贫措施落实到每一户每一人。包括对集中供养的特殊群体实行兜底脱贫，提高农村居民最低生活保障补贴标准线。通过发放慰问救济金（物资）、资助贫困学生的救助脱贫。2015 年龙山全县 3633 名党员干部共结对帮扶贫困户 40636 户，发放慰问救济金361 万元，资助贫困学生 3355 名。① 易地搬迁、转移就业等既有救助又有发展的形式脱贫等。在实现基本脱贫的基础上，龙山县精准扶贫的目标是引导包括现有贫困村（户、人）走向富裕的目标。这既是龙山县贯彻落实党的十八大及十八届三中全会精神的具体体现，也是龙山县全面建设小康社会的目标和要求。为此，龙山县编制了"十三五"精准扶贫总体规划和"五个一批"单项规划，下发了精准扶贫实施意见。按照因地制宜、因户施策、因人施策的原则，围绕发展生产、发展乡村旅游、开展劳务培训及输出等形式，扶持一批有贫困人口参与的特色农业基地和标准园、示范园、精品园，带动贫困户实现就地脱贫。主要建设"十大现代农业产业样板工程"，即一个万亩柑橘标准化生产示范基地、一个万亩高山反季节蔬菜基地、一个千亩中药材标准化生产示范基地、一个千亩超级稻高产示范基地、一个百合产业园、一个八面山生态休闲农业示范园、一个现代烟草农业示范园、一个武陵山龙凤现代农业示范园、一个惹巴拉绿色农业示范区、一个"互联网＋农业"建设项目。

3. "十项工程"扶贫，微观上精准扶贫，宏观上发展扶贫。实施由政府主导，社会各方面广泛参与的、体现龙山精准扶贫特色的"十项工程"中，可以分为微观上"精准"扶贫和宏观上发展扶贫两部分。从微观"精准"扶贫上讲，社会保障兜底工程、医疗救助帮扶工程等，属于传统意义上的基础性扶贫。作为国家级贫困县，龙山县在这些扶贫方面

---

① 李志强：《龙山"点线面"结合统筹推进精准扶贫》，龙山县民族事务宗教局，2016 年8 月 30 日。

也积累了经验，并把这些经验运用于精准扶贫，坚持社会保障与扶贫开发的有效衔接，既体现了扶贫工作的持续性特点，也反映了扶贫工作的规律性。基础设施配套工程、公共服务保障工程等扶贫工程，这既是政府管理职能、服务职能在扶贫方面的体现，也是惠民工程，更是贫困山区扶贫艰巨性反映和要求，是将社会建设与扶贫开发的有机结合，宏观上直接影响该地区的持续发展。而发展生产脱贫工程、乡村旅游脱贫工程、转移就业脱贫工程、易地搬迁脱贫工程、教育发展脱贫工程、生态补偿脱贫工程等，为贫困农民创造就业机会、提供就业岗位，促进农民增收，增强其造血功能。促进了扶贫工作从单点扶贫向连片开发转变、从"输血"向"造血"转变、从解决温饱向全面提升生产生活质量转变。宜养则养、宜种则种、宜游则游、宜出则出、宜转则转，确保每户都有增收渠道。

4. "六个一律""五评法""一进二访三联四送"活动等彰显精准扶贫方法创新。龙山县在开展精准扶贫工作的具体实践中，解放思想，勇于创新，探索出了既符合本地实际又有可推广性的精准扶贫工作方法。如在精准识别"回头看"工作中，龙山县在坚持湖南省精准扶贫系统的统一要求（四个剔除）的基础上，结合实际情况，从严制定进出标准，增强了贫困户识别可操作性，即不符合条件的六种情况（即：家庭成员有国家公职人员的、家庭有4轮以上车辆和客货运船舶的、在户籍地以外拥有房产地产的、有三层及以上楼房的、有经营实体的、是村四大主干，在实际操作过程中还包括贫困户中的死亡人口、外嫁人口）一律剔除，符合条件的农户按"五评法"（即：评住房条件最差的、评生产资料最短缺的、评劳动能力最弱的、评教育负担最重的、评健康状况最差的）一律进入；原来未整户纳入系统的按实际家庭人口一律补齐；做到不讲关系，不顾情面，不打折扣，不开口子，该纳入的一个不漏，该剔除的一个不少。"六个一律""五评法"切实校正贫困人口，剔除了原建档立卡系统中的部分不符合贫困条件的农户，新纳入了部分贫困农户，不但缩短了调研摸底的时间，贫困识别精准到户、到人，而且还强化了程序监督、群众监督。又如为实施精准扶贫，努力使贫困村建成全面小康，该县结合省委"一进二访"部署，深入开展"一进二访三联四送"活动，即进村入户、访困问需、访贫问计；领导联乡、单位联村、干部联户；

送资金、送项目、送科技、送温暖。这既是脱贫致富"问诊"，为全面建成小康"把脉"，找准致贫原因，细化脱贫措施，确定了脱贫项目，确保扶贫精准，做到定向发力的重要举措，实现贫困户帮扶全覆盖，也是一项改进作风顺应群众期盼的民心工程。又如依托"湘西为村"平台，全县选定了3个电子商务扶贫试点村通过QQ群、微信群等"互联网＋"平台，打开了全县的销售渠道，将贫困村脐橙、柑橘、百合、蔬菜、中药材、土家腊肉等特色产品远销全国多地，让电商扶贫成为贫困村农民致富的一条新途径。

三　龙山县精准扶贫的经验及建议

（一）龙山县精准扶贫的主要经验

1. 领导重视，组织机构健全。精准扶贫的主体是政府，要使精准扶贫工作扎实见效，必须是党委和政府高度重视。龙山县委、县政府高度重视精准扶贫工作，坚持把精准扶贫作为最大的政治任务和民生事业，作为县委、县政府的头等大事来抓，全面压实扶贫工作责任。龙山县按照习近平总书记关于精准扶贫系列指示精神和"两不愁三保障"的要求以及湖南省"脱贫攻坚七大行动"的部署，聚焦目标，凝聚合力，强化措施，扎实推进精准扶贫、精准脱贫工作。出台了《龙山县易地扶贫搬迁工程配套政策》《龙山县 2016 年生态补偿脱贫工程扶持政策》《龙山县生态补偿转岗脱贫护林员选聘工作方案》及《龙山县生态补偿转岗脱贫护林员管理考核办法》等相关政策。龙山县第十二次党代会提出了加快脱贫步伐，全面建成小康龙山的宏伟目标，对精准脱贫攻坚工作提出了2017 年要摘掉贫困县帽子，要把精准脱贫作为"第一民生工程"，摆在中心位置，统揽全县工作大局，贯穿始终的具体要求。为了确保扶贫工作的顺利进行，龙山县成立了县精准脱贫攻坚领导小组，形成了县委、县政府抓总，精准脱贫攻坚办、扶贫办、驻村办具体负责推进的工作机制。

一是实行县、乡、村三级党政"一把手"负总责的扶贫开发工作责任制，层层签订了脱贫攻坚责任书，层层立下了军令状，一级一级压实责任，一级一级传导压力。

二是成立了县精准脱贫攻坚领导小组，由县委书记任组长，县长任第一副组长，所有常委和副县长任副组长，下设脱贫攻坚办公室，并组建了"四个一批"工作小组和"十大工程"指挥部，负责统一指挥和部署全县扶贫开发工作。

三是各乡镇（街道）、村（社区）级相应成立了以党委（党支部）书记任组长、乡长（镇长、主任）任第一副组长的精准脱贫领导小组，组建了扶贫开发办公室，并配备了3—5名扶贫工作专干，具体负责全乡镇的精准扶贫工作。

四是全面推行了驻村帮扶制度，四年累计派驻218个扶贫工作组，其中省、州、县分别为12个、36个、170个，全县形成了"县负总责、部门联动、镇村主体"的领导体制和"村为重点、工作到组、扶贫到户、责任到人"的工作机制。

2. 精准施策，实施机制高效。在建立健全组织机构的基础上，龙山县委县政府又确立了精准扶贫的工作机制，确保政策措施到位，工作扎实有效。

（1）建立科学的考核激励机制。制定严格的精准扶贫考核办法，实行平时考核、年度考核和任期考核制，适时形成通报。实行考核与奖罚挂钩，对扶贫成效突出的，予以奖励，提拔重用；成效差的，予以处罚；扶贫联系村不脱贫的帮扶单位不撤退，贫困农户不脱贫的结对帮扶干部不脱钩。加大问责追责力度，对精准扶贫考核排名三类末位的进行黄牌警告，连续两年排名三类末位的实行"一票否决"。

（2）建立扶贫资金管理机制。扶贫资金管理效率不仅是提高扶贫开发效率的中心环节，也是提高扶贫效益的关键。严格执行财政扶贫资金管理办法，实行专户储存、专账核算，专人管理、封闭运行和"一支笔审批"，对扶贫资金的来源、使用、节余及使用效率、成本控制、利益分配等作出详细计划、安排、登记及具体报告，确保每一分钱都发挥其应有的作用。建立绩效考评制度并实行问责，禁止搞政绩工程、长官工程。坚持每批每个项目建成后，严格按照国家和省州的有关要求，按时、按质完成绩效评价和验收考核工作。

（3）建立后续管理机制。积极探索、研究强化后续管理的新途径、新办法，推行、完善管理责任制，帮助建章立制，着力培养群众在后续管理上的参与意识和主体意识。开展经常性的回访、检查和监督，对管理缺位、不到位的村寨，限期整改，巩固好建设成果。

3. 制定了科学的考核办法。将精准扶贫开发成效与绩效考评相结合，让贫困村领导干部更多地专注扶贫开发的正反向奖励激励约束（奖惩），扶贫工作的绩效直接决定干部的升迁，做不好要承担明确的政治责任。

一是建立多维度考核体系，坚持既看眼前又看长远，既看发展又看基础，既看显绩又看潜绩。

二是创新考核方式，采取重点与一般、定性与定量考核相结合，随机抽样、网络评价。

三是建立奖优罚劣的激励机制，把扶贫重点乡镇领导干部的政绩、升迁与扶贫绩效挂钩；对扶贫成效显著的乡镇，给予表彰和奖励，在资金、项目上给予倾斜。

四是对扶贫攻坚贡献突出的干部，予以提拔重用，引导干部全力"扶真贫、真扶贫"。

五是对脱贫摘帽工作不重视、措施不得力、成效不明显的贫困乡镇主要领导，不得给予评先评优，并视情况予以组织调整。

六是除重大自然灾害外，对巩固脱贫成果不力、退出后又出现反弹、贫困发生率不降反升的，对扶贫进展迟缓的乡镇的扶贫工作开展不力的进行问责。对弄虚作假、欺上瞒下的，则依照有关规定严肃处理。

（二）龙山县精准扶贫存在的主要问题

虽然龙山县扶贫开发工作取得了阶段性成效，但是目前龙山县的扶贫开发工作还存在很多突出问题，成为导致贫困的主要原因，严重地制约着全县脱贫步伐。

1. 发展环境脆弱，导致扶贫难度大。目前龙山剩余贫困人口主要分布在生产生活条件更加严峻的地区，区位条件不利，人均资源不足，劳动力素质偏低，收入来源单一。龙山基础设施、人力资本和金融资本的占有量与增长率落后于其他地区，形成"经济发展滞后惯性"，是连片特困地区中经济最为落后的区域之一。产业扶贫过程中，由于农业生产的自然风险，农业市场的自发性、盲目性等弊端始终存在，农业公共服务体系、社会保障体系尚不健全，贫困群众因灾、因病等致贫、返贫现象时有发生。

2. 财政投入不足，导致扶贫效率低。目前国家对龙山扶贫开发存在渠道较多、整合不够等现象，强调普惠、缺少因地制宜等。国家扶贫开发资金投入不足，龙山群体贫困均位于土地条件差、开发难度大的山区，开展同样的项目，例如基础设施建设投资项目，投入山区的项目资金数量要远远高出平原地带数倍。再加之这里需要扶贫开发资助的范围较大，目前国家给予的现行扶贫资金远不能满足实际需求。地方财力有限使得配套扶贫资金难以到位。国家现行财税体制导致县、乡一级财政难以安排配套资金用于扶贫开发，也导致对现行扶贫开发目标的实现大打折扣。一方面是投入精准扶贫资金总量小且结构不合理。从 2015 年扶贫村的投入情况看，部分扶贫村资金投入总量较小，个别村除了财政扶贫资金以外，基本没有投入；扶贫村普遍存在基础设施项目投入大、到户扶持项目投入少的问题，基础设施与到户项目投入比例为 4:1。另一方面是贫困户产业项目实施较难。普遍存在贫困户劳动力和自我发展能力弱、产业项目跟进节奏较慢、项目规划未与贫困户充分衔接等问题，导致当年规划的脱贫项目实施情况不理想，有的贫困户甚至未实施当年规划的脱贫项目。

3. 后续管理薄弱，导致扶贫问题多。扶贫工作在后续管理中出现的问题越来越多，部分乡（镇）、村重建轻管现象仍然存在，乡（镇）在争取资金建好项目后，后续管理工作抓得不够，导致项目村所制定的各种管理规定流于形式，责任没有落实到户、到人，部分项目利用率不高，致使工程的整体效益不能充分发挥。例如，从目前各扶贫点后续管理的情况看，项目实施单位把后续管理工作交由当地的村干部负责，没有具体的管护要求和配套经费，致使出现如农家书屋经常无人光顾，公共卫生无人打扫，公共设施无专人管护等现象，而党和政府的政策以及有关部门宣传推广的一些创业致富、产业发展等措施更是难以贯彻落实。

4. 认识有差距，合力形成不够。有的部门没有吃透中央省州关于精准扶贫文件精神，片面认为精准扶贫只是扶贫部门的事，主动参与和配合不够。有的乡镇（街道）履行精准扶贫职责不够，过于依赖扶贫工作队和村支两委，工作中有畏难情绪。有的扶贫队和村干部热衷于基础设施和公共服务项目，对于到户产业项目扶持热情不够。对扶持谁、怎么扶、谁来扶等工作认识模糊不清。尤其是个别村在 2015 年 9 月开展的建档立卡"回头看"工作中，对县里的工作要求落实不到位，没有坚持标准和程序，还在搞平均主义，拆户拼户现象依然存在。

5. 贫困户主观脱贫意识、发展意识不强。部分贫困人口文化素质低、思想保守、安于现状，缺乏发展动力，过分依赖于国家诸多惠农政策的实施和兑现，等靠要等依赖思想依然严重。另外，有相当一部分的贫困户仅仅满足于现有的技术水平和生产经验，发展观念十分落后。不愿主动学习生产技术、接受新生事物。如在推进"互联网＋"扶贫的过程中，部分贫困户参与积极性不高，不愿学习新知识、新技能。

6. 社会参与度不高，氛围不浓。部分农村新型经营主体、专业合作组织的社会责任感不强，重项目争取，轻扶贫带动，缺少主动参与社会扶贫的意识，怕被贫困户拖累。能人带动作用发挥不够。贫困户与企业、专业协会、公司、大户等新型经营主体的利益联结机制不完善，相互之间缺乏信任，没有达到风险共担、利益共享的目标。

7. 基础薄弱历史欠账多。一是基础设施欠账多。龙山县属纯山区农业县，山大沟深，群众居住分散，虽然经过多年努力，使农业生产基本条件有了一定改善，但目前仍有部分行政村没有通组级路，产业路更是严重缺乏，农业机械等不能正常使用，农村农业生产水平低下，边远村组农业生产依然停留在广种薄收阶段。二是产业开发层次低。受生产力水平等各种因素的制约，龙山县产业开发基地规模小，龙头企业少，产业链条短，科技含量低，中介组织不健全，农产品增值空间小，牲畜等靠出卖活体盈利，小杂粮等只能初步筛选，没有深层次加工，利润很低。

8. 农村人才缺乏，劳动力流失严重。由于农村的发展前景远不如城市的发展空间大，现如今的年轻人在下地劳作与城市打拼两者之间，会更愿意选择后者。因此造成了农村劳动力老龄化，年轻的劳动力大量流向城市，对农村的发展致富造成了一定的阻碍。

9. 社会保障机制不健全。农村的生活环境较差，农民收入不高，再加上社保、医保等体制的不健全，人们一旦生病将会给家里造成或大或小的负担，加深贫困程度。

（三）对龙山县精准扶贫的建议

1. 大力加强精准扶贫政策的宣传。在调研中我们发现，不论是从事精准扶贫的工作人员还是基层群众，一方面大家都十分肯定和支持精准扶贫政策，说是扶贫这么多年来，终于找到了扶贫的公开透明、针对性强的最好对策措施。但另一方面，他们同时都认为这是一项实施起来难度较高的工作。一般来说，越是具体的工作难度就越大，精准扶贫工作的难就难在精准上。

从精准扶贫工作者来看，目前的农村仍然是典型的人情社会，整个村（寨）是由一个姓或几个姓的家族组成的，他们彼此之间都十分熟悉，正所谓"抬头不见低头见"，且每家每户收入及日常生活除极个别外，大多不相上下。由于农民收入具有明显的不确定性，农村抗各种风险能力较弱的现实，一些在贫困线上下摇摆不定的农户和人员是否是贫困户（人）几乎很难断定，因为他们随时都有可能成为贫困户，又随时可以摆脱贫困。这给精准扶贫工作带来的难题在于越是精准难度就越大，给参加精准扶贫的工作人员带来左右为难的情况。而更大的问题在于村民，由于农村中大多数人的思想观念仍然是"不患寡而患不均"的小农意识，加之以往的扶贫主要采取普惠的方式，已经习惯了"占公家便宜"的依赖心理，等、靠、要思想严重。而精准扶贫一下子就打破了他们中的相当一部分人"理所当然"的要"占的便宜"的习惯认知。他们心理上较难在短时间接受这种现实，自然会很不舒服，不由得心生怨恨，抱怨上面的政策"不公"，抱怨自家的邻居抢了他们的"好处"。而被精准识别为贫困户的也十分难为情，不论怎么说被认定为贫困户（人）并不是什么脸面有光的事，甚至有一种在众人面前抬不起头来的感觉，同时还会因此落下左邻右舍的抱怨。另外还有部分旁观者，抱着事不关己，高高挂起的心态，看热闹，又以经验担心政策是好政策，在执行过程中会变形走样，有可能会撕裂村民之间的感情。

因此，针对目前村民的思想状况，建议应在农村加大对精准扶贫工作的政治意义、实践价值、政策导向、目标任务等各个方面进行广泛的宣传。坚持正确舆论导向，通过标语、广播、电视、报刊、网络等形式，广泛宣传脱贫攻坚的决策部署、政策举措和精准扶贫、精准脱贫的做法经验，进一步激发调动广大贫困群众的积极性和主动性，形成墙上有标语、广播有声音、电视有图像、报纸有文字、网络有消息的宣传态势，为脱贫攻坚营造良好氛围。

同时，要高度关注村情民意，完善信息交流机制。在调研中，我们发现农村中的大多数人都是十分关注精准扶贫工作的，座谈交流中，他们既表达了自己对于精准扶贫工作的看法和主张，也流露出丝丝失落，那是因为他们的意见不能引起重视。因此，我们希望关注村情民意，完善信息沟通交流机制。

2. 探索精准扶贫的长效机制。应该说，现在正在开展的精准扶贫，是全面建成小康社会的最基本的观测点和最基础的依据。能否如期全面建成小康社会，关键是看精准扶贫工作能否顺利实现，正如习近平总书记所强调："小康不小康，关键看老乡。"

（1）要建立脱贫考核的长效激励机制。考核机制是推动工作的"方向标"，建议结合各地区的贫困程度制定更具操作力、个性化、具体化的考核措施，特别是对国家贫困县的考核要降低对 GDP 指标、财政收入增长等指标的考核权重，着重增加扶贫减贫的考核权重，把贫困县党政领导班子和领导干部经济社会发展实绩考核纳入全面建成小康社会考核体系，真正形成以扶贫减贫为导向的长效考核评价机制。同时，针对当前贫困县不愿、不敢"摘帽"的现象，建议建立脱贫"摘帽"激励机制，出台相关优惠政策，对提前脱贫"摘帽"的，原定扶持政策不变、投入力度不减，并给予适当奖励，让贫困县敢"摘帽"、愿"摘帽"。

（2）要建立扶贫资金管理机制。扶贫资金管理效率不仅是提高扶贫开发效率的中心环节，也是提高扶贫效益的关键。严格执行财政扶贫资金管理办法，实行专户储存、专账核算、专人管理、封闭运行和"一支笔审批"，对扶贫资金的来源、使用、节余及使用效率、成本控制、利益分配等作出详细计划、安排、登记及具体报告，确保每一分钱都发挥其应有的作用。建立绩效考评制度并实行严格问责，禁止搞政绩工程、长官工程。坚持每批每个项目建成后，严格按照国家和省州的有关要求，按时、按质完成绩效评价和验收考核工作。

（3）要建立后续管理机制。积极探索、研究强化后续管理的新途径、新办法，推行、完善管理责任制，帮助建章立制，着力培养群众在后续管理上的参与意识和主体意识。开展经常性的回访、检查和监督，对管理缺位、不到位的村寨，限期整改，巩固好建设成果。

（4）要建立健全农村的保障机制。在城乡收入差距不断扩大的情况下，只有建立健全农村社会保障机制，在坚持效率优先的前提下，通过对不同阶层和劳动者按不同的比例发放社会保障金，使农民享有公民应有的民生权利，不仅为农村发展的社会保障，也为精准扶贫提供长效机制。

3. 教育扶贫应有新举措。教育扶贫是带有根本性、全局性、长期性和基础性的扶贫工作。但如何做好教育扶贫工作既是一个实际工作，又是一个事关长远的大课题。我们在同从事教育扶贫的相关单位和工作人员座谈的过程中，他们都高度肯定近几年来，龙山县在教育扶贫方面作出的努力和取得的成绩。一致认为，尽管龙山县是一个贫困县，但龙山县在教育的投入上尤其是教育扶贫的投入上高度重视，尽最大努力走在湖南省乃至全国前面，这是有目共睹的实事。

在此基础上，大家认为，要想真正达到教育扶贫的目的，就应该探索和尊重教育的规律和教育扶贫的规律。

（1）教育具有基础性和先导性。扶贫应先扶志，志不达则穷不灭。因此，要把教育扶贫放在精准扶贫的优先地位。一是在全县农村特别是贫困村大力推广农业实用技术，加大科技培训力度。推广超级稻栽培、优质烤烟栽培、红薯良种引进、马铃薯脱毒试种、柑橘高位换接、种草圈养牛羊技术、橙柚高产培管实用技术等农业实用技术。聘请农业技术专家和组织全县农、林、畜技术员在全县巡回培训，并发放各类技术资料。二是选送贫困村青年骨干参加各类农业科技培训班，以县集中利用田间课堂、现场参观、理论教学相结合的办法举办各类实用技术培训。

（2）要重视教育的环境和办学的环境。在我国社会转型的过程中，反映在教育方面的发展趋势是，优质的教育资源相对越来越集中到发达和比较发达的地区，教育集中化的发展趋势十分明显。主要表现为越是落后贫困的地区，教育资源越缺乏，教育质量越落后，是一种恶性循环；而相对发达的地区，教育资源也就越充足和富余，教育质量也就越高，表现为良性循环。这一发展趋势越是贫困地区越突出，在龙山县也不例外。同时，家长和学生也愿意选择办学条件较好、教育质量较高的学校。这集中体现在许多外出务工的家长，只要条件许可，他们首先想到的是把孩子接出来，到城市就读。根据教育发展趋势并尊重家长及学生意愿，我们建议，教育扶贫要更新观念，转变就地就近办学观念，树立异地办学新理念。这既顺应了教育发展的趋势，满足了家长及学生的心愿，又符合贫困县办教育的实际情况，能集中有限的教育资源和资金，真正把教育扶贫做实。

（3）要重视教育的培养人才目的。教育扶贫要重视选拔更多的本地学生走出去到外地接受更好、更高的教育，尤其是高等教育。这就要求办教育要有大视野，教育扶贫同样要有大视野。目前，龙山县对本地考上大学的新生中本科生一次性救助 5000 元，对专科生一次性救助 4000 元，表面上是不少了，但也只是能够确保每一位贫困生都能入得起学，并不能保证顺利完成学业。因此，应动员社会各界的力量加大对本专科学生的补助力度。

4. 要充分发挥党建在精准扶贫工作中的优势。农村基层党组织既是农村精准扶贫工作的组织者、领导者和带动者，又是党和政府实施精准扶贫过程中联系群众的中间桥梁，在农村精准扶贫工作中起着不可替代的作用。调查中，我们从群众的期盼中热切感受到，越是贫困的村（寨），党组织的凝聚力就越强；越是贫穷的人，越是坚定跟党走的信念。他们坚信只有党的领导才能最终解决自己的贫困，过上幸福美满的生活。在实施精准扶贫的过程中，也要求中国共产党的组织和党员"不忘初心，继续前进"，依靠党的力量帮助需要帮助的广大农村的贫困人员攻坚克难。因此，要加强农村基层党组织建设，充分发挥基层党组织在精准扶贫工作中的战斗堡垒作用。同时，努力发展那些热心公益事业、有一定技能的年富力强的同志加入党组织，尽最大可能发挥党员（能人）的先锋模范作用。

5. 要把精准扶贫工作纳入新农村建设，从全面建成小康社会奋斗目标的整体战略上谋划。从中国共产党的执政规律上讲，自中国共产党成立以来，95 年间，凡是党从人民的根本利益出发作出的战略决策，不论遇到什么样的困难和挫折，我们都能攻坚克难，最终达到预期的目标，这也是党赢得人民群众充分信任的原因之一。党的十八大以来，党提出精准扶贫工作，是从全面建成小康社会这一战略布局而提出的具体目标之一。因此，不能离开全面建成小康社会这一战略目标，搞"单打一"的所谓精准扶贫工作，要把扶贫与建设、发展有机结合，整体谋划，做到在发展中扶贫，以发展促扶贫，才能真正达到精准扶贫的目的。

从社会发展规律上看，贫困分为绝对贫困和相对贫困，一般情况下，一个社会在其发展的过程中，当生产力发展水平还处于比较低的阶段时，贫困主要表现为绝对贫困，但随着社会生产力的发展，绝对贫困会逐步减少，而相对贫困就突出出来成为社会问题，从某种意义上说，只要没有达到马克思所说的生产力高度发达的程度，相对贫困问题都可能存在。与之相适应，政府的一项主要职能就是扶贫。

因此，期望在一个时期内，完全消除贫困，对于消除绝对贫困来说，是现实的也是可行的。今天我们讲的精准扶贫，某种意义上主要就是消除绝对贫困，对于逐步减少相对贫困而言，只能在一个一定的标准下，才有意义。因此，作为扶贫的主体，政府和社会应有长期扶贫的思想准备和制度及体制安排，具体到我国现阶段的精准扶贫，应把精准扶贫工作纳入我国的新农村建设，从全面建成小康社会奋斗目标的整体战略上谋划。

四　龙山县精准扶贫展望

随着国家把武陵山片区确立为区域发展和扶贫攻坚"先行先试"区域，武陵山片区要充分把握机会，依据地区扶贫开发的特殊性规律，积极探索扶贫开发新途径和新机制。由输血式扶贫向造血式扶贫转变，通过政府自上而下主导、社会广泛参与支持，共同构建社会大扶贫和区域综合扶贫开发模式，形成区域资源整合、市场导引、特色产业支撑、基础设施先行、政府政策保障的扶贫开发路径，切实提高扶贫工作效果。

春华秋实，2011 年 11 月，中共中央、国务院印发的《中国农村扶贫开发纲要（2011—2020 年）》和党的十八大吹响了新一轮扶贫开发、全面建设小康社会的号角，国家武陵山片区区域发展与龙凤示范区建设的启动实施，为龙山扶贫开发工作带来了新的机遇。过去 30 年的励精图治、艰苦奋斗，真情帮扶，龙山实现了历史巨变，积累了宝贵的经验和精神财富。在全面建成小康社会的历史征程中，扶贫开发工作者们在县委、县政府的坚强领导下，在全县广大群众、社会各界广泛参与和积极支持下，将坚定信心，携手共进，真抓实干，开拓创新，开创出一条适合龙山发展的扶贫开发之路。

当前和今后一段时期，龙山已进入后发赶超的黄金期、脱贫攻坚的决战期、转型升级的关键期，尤其是随着交通瓶颈的彻底破解、区位由劣势向优势的重大转变，为龙山迎来了大发展、大跨越的历史性机遇。各级各部门一定要以昂扬向上的斗志、奋发有为的激情、百折不挠的干劲，埋头苦干、真抓实干、创新大干，全力以赴加快发展、提质发展、和谐发展，奋力推动实现龙山在武陵山区县域发展中崛起。

2016年9月中旬召开的龙山县第十二次党代会，确定了一个清晰的时间表：到2017年，确保贫困人口全部脱贫、贫困村全部退出、贫困县顺利摘帽。会上，自治州州委常委、州委宣传部部长、龙山县委书记周云提出，龙山已进入脱贫攻坚决战期，要坚持把精准脱贫作为"第一民生工程"来抓，坚决打赢精准脱贫攻坚战。

一要加快完善现代化基础设施体系。全力加快交通、水利、电力、通信等基础设施建设，从根本上破解龙山县基础瓶颈制约和公共服务不足问题，为提质发展打下更加坚实的基础。力争"十三五"期间，基本形成"八纵六横一环"的交通运输网络，构建现代化的水利设施、信息通信和能源保障体系。二要着力构建特色优势产业体系。大力发展生态文化旅游业，大力发展现代商贸物流业，大力发展特色现代农业，大力发展特色新型工业。三要在新的更高起点上推进新型城镇化。要按照建设宜居、宜业、宜游、宜养"四宜"城镇要求，加快构建以县城为中心，里耶为次中心，重点乡镇为节点的新型城镇体系，力争2020年城镇化率达到50%以上，实现城区面积40平方千米、人口30万人左右。要全力做大做强做美县城，以龙凤融城为平台，以周边乡镇为依托，着力构建"两带四轴五区"空间布局（两带：酉水河风光带和果利河风光带；四轴：高铁片区经华塘片区至酉水河风光带的城市发展轴，老城区经高级中学至酉水河风光带、工业集中区的城市发展轴，老城区经城东入城口至高速公路出口的城市发展轴，老城区经教体中心至来凤民族路的城市发展轴；五区：华塘行政服务区、城东休闲生活区、高铁物流集散区、工业集中区、老城商贸文化区），打造武陵山区重要窗口城市。①

为实现精准脱贫目标，龙山县实行"倒计时"，全力推进发展生产脱贫工程，确保实现"不愁吃不愁穿"；结合乡村旅游开发、小城镇建设和农村贫困劳动力转移，全力推进易地搬迁脱贫工程，确保实现"住房安全有保障"；全力推进发展教育脱贫工程，确保实现"义务教育有保障"；全力推进医疗救助帮扶工程，确保实现"基本医疗有保障"；全力推进社会保障兜底工程，确保2017年贫困人口全部脱贫。②

参考文献

［1］习近平总书记在中央扶贫开发工作会议上的重要讲话。

［2］中共中央办公厅、国务院办公厅：《关于创新机制扎实推进农村扶贫开发工作的意见》。

［3］《中国农村扶贫开发纲要（2011—2020年）》（中办发〔2013〕25号）。

［4］《中共湖南省委关于实施精准扶贫加快推进扶贫开发工作的决议》。

［5］《中共湘西自治州委、湘西自治州人民政府关于加快推进扶贫开发工作的意见》（州发〔2014〕1号）。

［6］湘西州委、州人民政府下发：《关于打赢精准扶贫攻坚战的意见》。

［7］《龙山县易地扶贫搬迁工程配套政策》。

［8］《龙山县2016年生态补偿脱贫工程扶持政策》。

［9］《龙山县生态补偿转岗脱贫护林员选聘工作方案》。

［10］《龙山县生态补偿转岗脱贫护林员管理考核办法》。

［11］李世选：《龙山县实施"十大工程"努力提升人民群众幸福指数》，龙山县民族事务宗教局，2016年3月24日。

［12］唐任伍：《习近平精准扶贫思想阐释》，《人民论坛》2015年

---

① 参见《叶红专一行调研龙山县经济社会发展情况》，红网（长沙），2016年8月1日。

② 《龙山"倒计时"推进精准脱贫》，《湖南日报》2016年9月25日。

10 月。

［13］徐鹏：《精准扶贫如何"精准"》，《人民日报》2016 年 1 月 6 日 05 版。

［作者简介：陈运普（1965—　），男，河南省漯河人，三峡大学马克思主义学院教授、博士，主要研究方向：马克思主义中国化；陈晓璇（1994—　），湖北省宜昌人，三峡大学马克思主义学院硕士研究生；贾阳升，湖南龙山县召市镇党委书记］

重庆市酉阳土家族苗族自治县
精准扶贫调研报告

引　言

　　对于我国当前的社会建设与发展而言，实施扶贫开发是非常重要的内容，也是帮助群众摆脱贫困，奔向幸福生活的有效方式。2013 年 11月，习近平总书记赴湖南湘西调研扶贫攻坚时首次提出精准扶贫，随后，中共中央办公厅在《关于创新机制扎实推进农村扶贫开发工作的意见》中，将建立精准扶贫工作机制作为六项扶贫机制创新之一在全国推行。2015 年 2 月 13 日，习近平总书记主持召开陕甘宁革命老区脱贫致富座谈会指出，扶贫不是一句空口号，得有真办法、实举措、硬功夫才行。

　　多数学者将精准扶贫界定为，通过对贫困户和贫困村精准识别、精准帮扶、精准管理和精准考核，引导各类扶贫资源优化配置，实现扶贫到村到户，逐步构建扶贫工作长效机制，为科学扶贫奠定坚实基础。精准扶贫的核心理念应包括精准识别、精准帮扶、精准管理和精准考核。其中，精准识别指按照民主、科学和透明的程序准确地将贫困村、贫困户和致贫原因识别出来，使真正符合帮扶政策的个体得到有效扶持，其是精准扶贫的基础工作；精准帮扶是指重视贫困村与贫困户的特殊现实，充分考虑贫困村和贫困户的致贫原因，在尊重当地实际情况的基础上，设计具有针对性、有效性的帮扶措施和手段；精准管理意味着运用信息化的手段对贫困户、贫困村和扶贫部门进行监督与管理，包括对建档立卡农户的扶持实施动态化管理，对扶贫资金与项目等工作进行督促，从而推动扶贫工作的进展；精准考核是通过量化考核，精准评价不同层级扶贫部门的工作成效，通过对贫困人口信息系统的监测，及时识别贫困户和贫困村、查看帮扶和管理取得的成效，以及扶贫资金和项目的使用与落实情况，以此调动驻村干部扶贫工作的积极性，确保精准扶贫真实有效。①

"精准扶贫"已经成为国家扶贫开发工作的新战略、新举措，其核心要义在于"要坚持因人因地施策，因贫困原因施策，因贫困类型施策，区别不同情况，做到对症下药、精准滴灌、靶向治疗，不搞大水漫灌、走马观花、大而化之"。为了深入研究精准扶贫战略在我国连片特困地区的武陵山区的落实情况，我们选取了地处武陵山区且贫困程度较深的酉阳土家族苗族自治县（以下简称"酉阳县"）作为研究样本，在深入了解其精准扶贫工作现状的基础上，分析其精准扶贫工作取得的成效和存在的问题，并试图给出有益于酉阳县精准扶贫工作的建议，同时通过精准扶贫的"酉阳经验"，为其他类似地区及国家的精准扶贫战略找出可供借鉴之处。

一 酉阳县的贫困现状

（一）酉阳县的自然历史概况

酉阳县有全市唯一的老革命根据地，境内的南腰界曾是贺龙、任弼时、王震、萧克等率中国工农红军二、六军团会师并创建的老革命根据地。龙潭镇是中国共产党早期革命家、杰出的工运领袖赵世炎烈士的故乡。酉阳县历史文化悠久，建县制已有两千多年的历史，曾是八百年州府所在地。酉阳县位于渝鄂湘黔四省市结合部，东邻湖南省龙山县，南与秀山县、贵州省松桃、印江县接壤，西与贵州沿河县隔江（乌江）相望，西北与彭水县，正北与黔江区、湖北省咸丰、来凤县相连。东西宽98.3千米，南北长119.7千米。酉阳幅员5173平方千米，是重庆市面积最大的区县。下辖桃花源、钟多2个街道，龙潭、麻旺、酉酬、大溪、兴隆、黑水、丁市、龚滩、李溪、泔溪、酉水河、苍岭、小河、板溪14个建制镇和涂市、铜鼓、可大、五福、偏柏、木叶、毛坝、花田、后坪坝、天馆、宜居、万木、两罾、板桥、官清、南腰界、车田、腴地、清

---

① 杨秀丽：《精准扶贫的困境及法制化研究》，《学习与探索》2016年第1期。

泉、庙溪、浪坪、双泉、楠木 23 个乡，278 个行政村（含 8 个社区）。酉阳县总人口 86.04 万人，其中少数民族 17 个，共 79.04 万人，占总人口的 91.86%。其中土家族 69.3 万人，占总人口的 80.54%，苗族 9.74 万人，占总人口的 11.32%。除此之外，尚有回族 24 人、壮族 171 人、布依族 84 人、满族 30 人、侗族 138 人、白族 24 人、黎族 53 人。

酉阳中药材资源丰富。境内有中药材资源 1200 余种，名贵中药材 18 种，其中青蒿世界第一、玄参全国第一、白术全国第二，是全国著名的杜仲、厚朴、黄柏"三木"药材生产基地。

表 1　　　　　2014 年酉阳县及其所处的渝东南地区和重庆市人口、土地面积和经济发展总量①

单位：亿元/平方千米/万人/元

区县、市\要素	酉阳	彭水	石柱	黔江	秀山	武隆	渝东南	重庆市
GDP	110.42	108.8	119.95	186.31	126.5	119.98	791.52	14265.4
土地面积	5173	3903	3012	2402	2462	2901	19853	82403
总人口	86.04	51.59	39.21	45.66	50.2	34.81	276.58	2991.4
人均 GDP	19531	20903	30321	40804	25199	34404	28618	47859

（二）酉阳县的经济发展状况

酉阳县是国家级贫困县，酉阳与黔江、石柱、秀山、彭水、武隆同属于"老少边穷"地区，依照《重庆市（武陵山片区、秦巴山片区）农村扶贫开发规划（2011—2020 年）》，到 2020 年，稳定实现扶贫对象不愁吃、不愁穿，基本公共服务主要领域指标接近全市平均水平，武陵山、秦巴山连片贫困地区建成全国统筹城乡扶贫开发示范区。

1. 公共基础设施建设较为落后。由于受自然条件约束和历史原因制约，酉阳县长期处于相对闭塞的环境，人流、物流和信息流不畅，交通不发达，这些因素直接限制了酉阳县经济的起步和跨越。表中选

---

① 表 1—表 4 的数据均参见王傲雪、张涛《推进渝东南地区经济社会发展的建议》，《中国国情国力》2015 年第 11 期。

择的年末公路通车里程、新建改造乡村公路里程和行政村通畅率三个指标，反映出酉阳县交通运输业的改善状况。尤其是行政村的通畅率直接影响到酉阳县农村与经济文化中心的联系程度。落后的交通和通信条件是目前酉阳县迈向工业文明、信息文明和融入国内外循环体系的主要障碍。

表2　　　　　　　　　2014年酉阳县及其所处的渝东南地区
公共基础设施建设情况

区、县　　　　　　　　要素	酉阳	彭水	石柱	黔江	秀山	武隆
年末公路通车里程	2983	4150	3336	2757	2356.8	3818
新建改造乡村公路里程（千米）	542	700	361	374	461	382
行政村通畅率（％）	73.33	100	85	100	88.76	84.9
广播覆盖率（％）	98.8	90.64	99	100	90	100
电视覆盖率（％）	99	96.95	99	100	99.92	100
专利申请授权件数（件）	77	162	103	116	73	88
医疗卫生机构数（家）	55	46	39	42	37	32
每万人拥有床位数（张/人）	37	41	54	64	47	42
城乡医疗参保人数（万人）	75.33	58.34	46.69	45.5	54.84	35.25
城镇登记失业率（％）	2.98	3	2.74	2.52	3.67	1.58

2. 产业结构处于"二、三、一"格局。产业结构是指各产业的构成及各产业之间的联系和比例关系，具体表现为三大产业的比值。一个国家或地区的产业结构（包括产值结构和劳动力结构）随着社会经济发展和工业化过程推进，会逐步由第一产业向第二、三产业演进。当前，包括酉阳县在内的整个渝东南地区的产业结构仍处于"二、三、一"格局，区域内产业发展不均衡，优势产业不突出，与东部地区差距较大。其中酉阳县的第一产业比重最高，达到19.8%。酉阳县曾以"工业立县"为目标，付出了惨痛的环境代价。目前包括酉阳县在内的整个渝东南地区共同走绿色崛起的道路，发展生态旅游业，取得了比较明显的成效（见

表3）。

表3　　　　2014年酉阳及其所处的渝东南地区旅游业发展水平

单位：万人次/亿元/%

要素　　　　　　区县、地区	酉阳	彭水	石柱	黔江	秀山	武隆	渝东南
全年游客接待量	700.02	1042	522	535.96	207.3	1908	4915.28
实现旅游综合收入	25.01	33.5	26.11	19.19	8.4	56.64	168.85
旅游收入占第三产业比重	67.5	82.7	67.2	30.1	19.2	100	60.6

3. 市场发育水平和对外开放程度偏低。对地区市场发育水平一般采用社会消费品零售总额进行衡量，对外开放水平则以进出口贸易总额进行衡量。渝东南地区社会消费品零售总额占重庆市的5.7%，在五大功能区中排名最末，市场规模偏小，酉阳县与渝东南地区的平均情况大体一致，这表明包括酉阳县在内的整个渝东南地区对外开放和与世界经济接轨严重失衡，难以充分利用"两种资源"和"两个市场"，借助"第三条腿"的力量促进本区域的经济发展存在很大障碍。

表4　　　2014年酉阳及其所处的渝东南地区社会消费与对外开放水平

单位：亿元/万美元/%

要素　　　　区县、市、地区	酉阳	彭水	石柱	黔江	秀山	武隆	渝东南	重庆市
社会消费品零售总额	40.41	50.31	47.36	60.02	50.98	40.75	289.83	5096.2
进出口贸易总额	20000	1525	1917	5500	2500	1490	32932	9545000
贸易依存度	11.53	0.89	1.01	1.88	1.26	0.79	2.65	42.62

4. 城镇化率偏低。城镇化是各个国家伴随实现工业化、现代化过程中的一种社会变迁过程的客观反映。城镇化受工业化和经济社会发展所带动，它的推进也反过来促进经济社会的发展。2014年，我国的城镇化率已经达到54.77%，城镇常住人口达到74916万人。重庆市城镇化率高

于全国水平，达 59.6%。但酉阳县仅为 29.66%，不仅远低于全国和重庆市的平均水平，也低于渝东南地区的平均水平。

5. 劳动力受教育水平不高。目前，酉阳县的教育严重落后，人均受教育程度低。截至 2011 年，酉阳县成人文盲率达 9.02%，高中及以上学历占比不足 8%，高学历劳动力缺乏，严重阻碍了各地高技术含量行业的发展。

6. 扶贫开发任务重。酉阳县境内山高谷深，将高山地区的居民整体搬迁到低山、中山和平坝地区，帮助他们摆脱贫困一直是政府扶贫工作的重要任务。从财政扶贫专项投入资金来看，酉阳年均投入资金力度较大，充分显示了酉阳县委、县政府对精准扶贫工作的重视。但酉阳县为国家级贫困县，地处典型的集"老、少、边、山、穷"为一体的区域，其农村贫困人口高达 10.3 万人，是渝东南片区内平均水平的近两倍，精准扶贫的任务十分繁重。

二　酉阳县精准扶贫的主要措施及成效

酉阳县委、县政府高度重视脱贫攻坚工作，以扶贫开发统揽经济社会发展全局，在顶层设计上费心血，在资源整合上出实招，在干部作风上下功夫，在创新方法上做文章，因地制宜、因户施策；点面结合、统筹推进；众志成城、全力攻坚。成功通过了 2015 年重庆市上考核验收，2015 年全年 50628 人成功越线，38 个村实现整村脱贫①，打赢了脱贫攻坚第一战。酉阳县脱贫攻坚工作主要的措施体现为"四个四"，即构建了"四大体系"，夯实了"四大基础"，强化了"四大保障"，创新了"四大举措"。

（一）构建了"四大体系"

酉阳县为了落实重庆市委 2017 年基本完成精准扶贫工作的总体任务要求，从组织保障等几方面分别构建了"四大体系"。

1. 构建了有力的指挥体系。酉阳县成立了由县委书记、县长亲自挂

---

① 以下数据如无特殊说明，均属课题组 2016 年 7 月到酉阳县扶贫办等部门调研时获得。

帅，四大家"一把手"和相关领导全力参与的县扶贫开发领导小组，着眼全局，通盘考虑，统筹指挥，全力调度。领导小组下设办公室，落实定期联席会议制度，综合协调各成员单位统筹推进各项工作。精心制定脱贫攻坚责任清单，细化目标任务，实行挂图作战，动态管理。从全县干部中优选扶贫办主任 1 名、主任助理 2 名以及 10 余名工作人员，充实扶贫开发领导小组工作力量。

2. 构建了有序的推进体系。酉阳县围绕重庆市委 2017 年基本完成任务、2018 年打扫战场的总体战略，在深入调研论证的基础上制定了县域分年度分区域的脱贫目标任务，并以此为牵引，着力抓宣传发动、方案制订和组织保障三个环节，为打好扶贫攻坚战奠定扎实基础。

（1）宣传发动打牢思想基础。分别召开县委常委（扩大）会、县扶贫开发领导小组会议、全县扶贫攻坚动员大会，对中央的战略部署和全市扶贫攻坚工作会议精神进行传达学习；利用媒体向社会广泛宣传扶贫攻坚的好形势、好政策和好传统，在全社会形成人人知道扶贫、人人关心扶贫、人人参与扶贫的好局面。

（2）制订方案提供政策支撑。酉阳县立足三年脱贫摘帽，研究制定了全县脱贫攻坚规划，明确了攻坚总任务、总思路，精心编制"十个精准"扶贫工作方案，这十个方案分别为：《关于精准推进基础设施建设的实施方案》《关于精准落实产业扶持措施的实施方案》《关于精准实施教育扶贫的实施方案》《关于精准推进人口转移就业的实施方案》《关于精准实施高山生态扶贫搬迁的实施方案》《关于精准开展医疗卫生扶贫的实施方案》《关于精准落实低保"兜底"政策的实施方案》《关于提供金融扶贫支持的实施方案》《关于精准建立结对帮扶机制的实施方案》《关于加强精准扶贫精准脱贫组织领导的实施方案》。2015 年 9 月 15 日，县委书记亲自主持召开县扶贫开发领导小组会议审议，对"十个精准"扶贫工作方案逐一进行审核。随后，县委、县政府组织人员条理化编印《酉阳县精准扶贫到户政策汇编》手册，做到帮扶干部人手一册，明确入户帮扶政策抓手，确保干部吃透政策，找准方法。编印 6 万余份《精准扶贫到户政策宣传单》，直接发放到贫困农户手中，解决扶贫政策宣传"最后一公里"的问题，确保到户帮扶政策贫困农户全覆盖、全知晓、全掌握，开展进村入户宣传，群众掌握政策，倒逼落实。县委书记路伟、县长陈文森等领导同志与有关专家和部门一道逐一"过堂"会审了39个乡镇量身定制的脱贫方案，务求精准性、可操作性、时效性。达不到要求的方案，要求乡镇（街道）再次研究，重新制定，直至过关。全力整合市政府办公厅扶贫集团、市国资系统对口帮扶、东西协作扶贫资源。上下联动，内外协作，分线分片有序推进。酉阳县从各部门和乡镇（街道）遴选出650名驻村扶贫工作队员。

3. 构建了有效的责任体系。落实县级领导包乡、部门包村、干部包户帮扶责任制。36名县领导对应负责39个乡镇的脱贫攻坚，一线指挥，现场指导；102个部门单位对应负责130个贫困村的整村脱贫；39个乡镇党政主要负责人为扶贫开发工作第一责任人，以乡镇为主战场，建立了县级领导包乡、部门包村、干部包户的责任制，形成了人人有责、人人尽责的横到边、纵到底的责任体系。

4. 构建了科学的考核体系。酉阳县研究出台了《全县脱贫攻坚考核办法》和《全县脱贫攻坚考核细则》，建立常态化督查考核机制。实行捆绑考核，乡镇不脱贫、整村没销号、贫困户未越线，相关联系领导、部门、帮扶责任人一票否决。

考核办法对不同的考核对象实行不同的考核内容。对乡镇，主要从组织保障、项目推进、脱贫成效、资料规范、奖惩得分等方面进行考核。对县级相关部门则主要从共同指标、专项指标和奖惩得分等方面进行考核，对第一书记，主要从建强基层组织、推动精准脱贫、为民办事服务、提升治理水平、党员精准脱贫示范工程、执行制度纪律、信息报送和奖惩得分等几方面进行考核。对驻村工作队主要从建章立制、政策宣传、帮扶措施、数据信息、资金管理、项目推动、到岗到位等方面进行考核。对农业科技人员主要从规划编制、培育典型、技术服务、信息报送、履职情况、奖惩得分等方面进行考核。

考核方式则采取平常督查、半年考核和年终考评的方式进行考核，如半年考核中，主要采取查、看、听、评方式。查，即查阅工作台账、工作日志、会议记录、民情日记、相关表册、自查报告和工作总结等资料。看，即实地察看贫困村基础设施建设、立村（到户）产业培育、民生保障、社会事业发展、脱贫成效等情况。听，即由考核组主持召开考核会议，乡镇党委组织党员、村组干部、村民代表参加会议，听取"第一书记"、驻村帮扶工作队和农业科技人员半年及年度述职报告、工作总结。评，即民主测评，由参加会议的干部群众对"第一书记"、驻村工作队、农业科技人员进行测评，量化评分。

（二）夯实了"四大基础"

为了顺利推进精准扶贫工作，酉阳县夯实了"四大基础"：①夯实了思想基础。全县各级各部门积极转理念、转方式、转作风，抓扶贫工作的认识更加统一，思想更加统一，行动更加统一，形成了合力攻坚的良好格局。②夯实了信息基础。重抓建档立卡和动态调整，建立常态化到户调查和帮扶机制，扎实开展"一户一表一册"分类统计，进行数字化管理，做到了贫困对象准、致贫原因明、帮扶措施实。③夯实了硬件基础。以130个贫困村为重点，以整村脱贫项目为支撑，重点重抓以道路为核心的扶贫基础配套。全年启动村通畅公路建设400千米，组通达公路420千米。实现39个乡镇4G通信网络全覆盖，38个贫困村光纤到村。水利、电力、文化等基础设施同步覆盖。④夯实了产业基础。紧扣扶贫发展生态经济，培育了润兴牧业、琥珀茶油、和信青花椒等扶贫龙头企业38家，发展特色产业基地100万亩，建成12个乡村旅游景点，开发系列农特产品200余个，线上线下销售综合发力，一、二、三产业加快融

图1　酉阳县黑水镇利用扶贫搬迁发展乡村旅游

合，特色效益农业、乡村旅游、农产品加工业成为拉动贫困户持续增收的"三大引擎"。

图2 苍岭镇发展山羊产业助推贫困户脱贫

图3 天山堡村畅通工程解决高海拔村民出行难问题

（三）强化了"四大保障"

为了顺利推进精准扶贫工作，酉阳县强化了"四大保障"。

1. 强化了人力保障。全县"一盘棋"，人人来扶贫。领导小组办公室充实了21名干部，围绕帮困不漏户、户户见干部、长期有干部的目标，兼顾帮扶干部的出生地、工作性质、个人特长等因素，组建了130个驻村工作队。同时，2546 名干部对应帮扶 32377 户贫困户，270 名挂职扶贫工作人员专职专干，驻村工作队队员与原单位工作彻底脱钩，吃住在村、工作在户，直至全县扶贫攻坚全面结束。建立起"县—乡—村—户"四级扶贫人力保障机制。

2. 强化了财力保障。一年来，县政府强力统筹，按照渠道不乱、性质不变、打捆使用原则，最大限度整合行业部门政策资源，全力保障脱贫攻坚持续投入。全年累计整合、精准下达扶贫资金 17.4877 亿元。

3. 强化了项目保障。本着五年项目、三年实施原则，突出产业发展、基础设施、民生保障等领域，着力规范和简化项目审批流程，推动项目快速有效落地，全年共实施各类扶贫开发项目达 2000 多个。

4. 强化了政策保障。坚持以贫困家庭为基本工作单元，立足"十个精准"，落实教育、产业、搬迁、医疗卫生、培训就业、低保兜底、保险"七个到户"。发放教育补助资金 2101 万元；完成高山生态扶贫搬迁 12000 人，其中，贫困人口 7900 人。为贫困农户购买了"五大保险"。整合资金 2500 万元，分"正在治疗"和"因病负债"两类情况精准统计，分类救济。按照"两线合一"要求，将 14169 人纳入低保兜底，保障基本生活。

（四）创新了"四大举措"

重庆酉阳县在精准扶贫中创新了四大举措，这四大举措分别是：创新实施"民办公助"、金融扶贫、精准扶贫 APP 管理平台、"点面"结合。其中，金融扶贫和精准扶贫 APP 管理平台是其最为典型的两个创新，本文着重介绍这两个方面的创新。

1. 创新实施"借款启动—奖补巩固—信贷提升"产业到户的金融扶贫方式

在金融扶贫方面，酉阳县采取"三步走、全程扶"方式，变生活性帮扶为生产性帮扶、资金性帮扶为资本性帮扶，引导贫困群众走上创业之路。达到了既消除"等靠要"思想，又激发干事创业热情，既破解资金难题，又改善金融生态环境"一箭四雕"的效果。贫困户要持续增收，稳定脱贫，必须拔出穷根，植入产业。2015 年以来，酉阳县本着先行试点、循序渐进、稳妥推开原则，创新金融扶贫方式，采取"改补为借＋改补为贷"的金融扶贫方式，大力实施"借款启动、奖补巩固、贷款提升"产业扶贫到户工程，分三个阶段为贫困户，以及对贫困户有带动能力的大户、涉农涉贫经营主体发展产业提供金融支持，有效激活了农村资源要素，激发了贫困群众的干事创业热情。

（1）金融扶贫制度创新的基本内容

酉阳县金融扶贫创新的基本内容主要包括三个方面，也是金融扶贫的三个步骤。

第一步：借款启动。贫困家庭要创业，首先面临启动资金来源问题，考虑到贷款不符合准入条件，补助资金又必须产业在前的现实问题。酉阳县创新方式，以乡镇为单位，切块财政扶贫资金 3500 万元"改补为借"，建立扶贫产业到户借款基金池。专门为有发展意愿、有预期项目、无启动资金，且暂不符合贷款准入条件的建卡贫困户提供产业借款。借款无利息，无抵押，但必须有借有还、滚动循环。

第二步：奖补巩固。借款只是启动资金，贫困户把产业干起来了，但后续管理资金若无法跟上，产业就有中途夭折的风险。为此，酉阳县本着"应补尽补、有业必奖"原则，切块财政扶贫资金建立扶贫产业到户奖补基金。县级层面重点对全县发展油茶、中药材、山羊三大主导产业的贫困农户，以及对贫困户有示范带动效应的产业大户，给予"建一补一""养一补一""种一补一"资金补助。其他产业则由乡镇负责，采取以奖代补方式，不论贫困农户发展何种产业，只要具备一定基础、一定规模，都给予资金奖励。

第三步：贷款提升。就是在"借款启动""奖补巩固"基础上，切块部分财政扶贫资金注入兴农担保公司，建立"政府＋担保＋银行＋保险"四级联动机制，以担保机构为项目实施主体，建立风险补偿和财政贴息制度，引导银行以 10 倍以下放大效应，为具备一定产业基础、还想扩大产业规模的贫困户，以及对贫困户有实际带动效应的大户、涉农涉贫经营主体提供担保贷款，贫困户贷款由财政全额贴息。其他两类则根据其对贫困户的带动程度给予相应比例贴息。

（2）金融扶贫制度创新的可行性分析

第一，符合政策导向。2015 年 11 月 23 日的中央政治局会议指出，要加大金融扶贫力度，鼓励和引导金融机构加大对扶贫开发的金融支持力度。这句话传递出两个信号，一是扶贫是政治任务，要政府主导；二是扶贫是经济工作，需金融支撑。习近平同志在 1992 年出版的《摆脱贫困》一书中就反复强调：扶贫攻坚不是简单地给政策、给钱给物，而是物质脱贫与精神脱贫双管齐下，引导贫困群众自力更生、创业就业、发展经济。借款启动、奖补巩固、贷款提升扶贫产业到户工程，扶持对象直指贫困农户，扶贫资金的性质没有改变，只是在使用方式上突出了灵活性、激励性、撬动性、滚动性，让贫困户创业"借贷有门"，符合国务院扶贫领导小组办公室下发的《关于创新发展扶贫小额信贷的指导意见》、重庆市下发的《关于探索开展扶贫小额信贷工作的通知》精神。"改补为贷"启动试点时，也得到了时任重庆市副市长刘伟同志等领导的签批和肯定。

第二，信用风险可控。"借款启动"方面：采取"四审批两担保"方式实施借款。"四审批"即：由帮扶责任人、村委会、驻村干部、乡镇人民政府按先后顺序，对有借款意愿的建卡贫困户进行四级审核，签字确认。审核内容包括贫困身份、发展意愿、创业项目、创业规模、借款额度、还款能力等。"两担保"即：对通过审核的借款对象，由帮扶责任人、建卡贫困户政策性收入（包括种粮直补、退款还林补助等）作为担保。同时，对借款对象发展产业达到"改补为贷"准入条件的，采取"以借还贷"方式收回借款，确保基金安全滚动使用。奖补巩固方面：完全没有改变财政扶贫资金使用方式，不存在任何风险。"贷款提升"方面：有"借款启动""奖补巩固"先遣资金的提前介入，贫困户已有产业基础和预期收益，降低了银行贷款的回收风险。贷款使用实行支付令制度和帮扶干部全程跟踪制度，根据项目实施进度，分期分批放款，款放完时，即创业项目建成之时。同时，金融系本身有非常严密的贷款监管和催收体系。对于可能出现的违约情况，按照银行 5%，保险 70%，风险基金 25% 比例共担风险。银行、保险公司是盈利性经营机构，他们敢于接受这样的风险比例，足以证明其对借贷融合制度设计的信心。

第三，试点非常成功。"借款启动"方面：从 2015 年 9 月启动以来，截至 2015 年 12 月，各乡镇已累计发放借款 2100 万元，9800 多贫困农户直接受益；尤其值得一提的是可大乡吴家村贫困户借贷非常积极，该村34户贫困户采取抱团借款、联合贷款、先借后贷等方式发展产业，在家贫困户借款率达81%，成功培育油茶基地3000多亩，牛、羊、鸡等养殖户28户，真正实现了在家贫困户自主创业全覆盖。"奖补巩固"方面：建立主导产业县上补、其他产业乡镇补的奖补机制，采取实物到户补助方式，引导贫困农户发展产业。截至2016年1月，向3400户贫困户兑现了产业补助资金1020万元，另外3500万元产业补助资金正在逐步启动过程中。"贷款提升"方面：累计为420户贫困户发放贫困户创业担保贷款1536万元。为61家涉农涉贫经营主体提供担保贷款1.0359亿元，带动贫困农户1560户、5240人实现增收。《重庆日报》2015年11月26日头版刊发了题为"酉阳：金融扶贫解决扶贫'缺血之痛'"专题报道，对酉阳县借贷融合金融精准扶贫模式进行了详细解读。

实践证明，酉阳县借款启动、奖补巩固、贷款提升扶贫产业到户工程的制度设计是科学的，受贫困群众欢迎的，在全市扶贫领域是一种示范创新。

（3）金融扶贫制度创新的重要作用

酉阳县推行借款启动、奖补巩固、贷款提升扶贫产业到户工程，无论是对阶段性扶贫攻坚，还是对农村长远发展，都有着极其重要的作用。

第一，对阶段性扶贫攻坚主要起到"两解决、一激发；两检验、一促进"的作用。

两解决：一是解决扶贫资金使用效率问题。产业是解决贫困农户持续增收的根本，但启动资金又是限制贫困户发展产业的关键瓶颈。根据最新统计，全县有创业愿望的贫困农户达5438户，资金需求在3亿元左右。但上级财政扶贫资金主要集中在基础设施和民生保障领域，对扶贫产业的投入严重不足，若再一次性直补到户，根本就是杯水车薪。"借款启动"体现扶贫资金使用的精准性，让借款基金滚动循环，让无启动资金贫困群体创业成为可能。"奖补巩固"则体现扶贫资金使用的公平性，让凡是有创业初步成果的贫困农户都得到后续资金注入，给予适度奖励。"贷款提升"则体现扶贫资金使用的放大性。通过金融机构介入，发挥财政扶贫资金的杠杆作用，撬动更多银行资金注入产业，助推有潜力、有实力的贫困农户和涉农企业把产业做大做强。三种方式结合使用，极大地提高了扶贫资金使用效率，满足贫困户创业的融资需求。二是解决贫困群众借贷无门问题。贫困户无资产、无抵押，在现行的社会环境和金融制度下，真的是借贷无门。借奖补贷产业扶贫到户对象特定，直指贫困农户和扶贫产业，不需抵押；借款无息，额度原则上在2万元以下，三个工作日放款；奖补资金"应补尽补"，"该奖尽奖"，一户不漏。贷款贴息，额度在5万元以下，只需"三提供一到场"（提供身份证、户口本、结婚证；到商业网点签字），一周之内可获得贷款。可让发展产业的贫困户全方位、多渠道获得创业融资扶持。

一激发：就是激发贫困群众自力更生、干事创业热情，形成先富带后富，能人带穷人的扶贫格局。客观地说，酉阳县部分贫困群众的等靠要思想是非常严重的。这源于其对多年来的救济式、补助式、慰问式扶贫的依赖性。通过借贷融合金融扶贫模式，为贫困农户自主创业提供金融服务，改"输血式"扶贫为"造血式"扶贫，变生活性帮扶为生产性帮扶、改救济性帮助为资本性帮助，可全面激活贫困户的内生动力和发展能力。可大乡从启动之初没有一户想借贷，到后来借出108户，贷款10户，并且户户自主创业，只用了不到一个月的时间。实践证明，贫困户是有创业原动力的，只是需要政策正面引导。

两检验：一是检验干部的作风。不到贫困农户家里去，去了不促膝谈心，不认真调研，循循善诱、反复启发，借奖补贷扶持政策就无法落地。二是检验干部的能力。借款容易，借了干什么，能不能收回，要考能力；补助对象众多，怎么补才公平，怎么补才有效，更考能力；贷款有严密的制度设计，但贷款对象的确认、审核、资金监督、贷款收回，责任都在干部，也十分考验能力。所以，能不能落实好借款启动、奖补巩固、贷款提升扶贫产业到户工程，是对乡镇干部，特别是有帮扶责任干部作风和能力最好的检验。

一促进：就是促进贫困家庭把项目干起来，把产业发展起来，实现持续增收，稳定脱贫。这是酉阳县实施借款启动、奖补巩固、贷款提升扶贫产业到户工程的根本目的。

第二，对农村长远发展起到三个关键作用。

酉阳县实施的借款启动、奖补巩固、贷款提升扶贫产业到户工程对农村长远发展起到三个关键作用。一是有利于构建直通"三农"的融资体系。通过在实践过程中不断发现问题、解决问题，优化完善借、补、贷制度设计，逐步降低对干部素质的依赖性，形成常态化、模式化、制度化扶贫产业到户体系，可以让财政扶贫资金、银行资金更加高效、便捷、畅通地进入农村，发展农业，惠及农民。二是有利于形成良好的农村金融生态环境。通过借贷并用，让诚信经营者获利，让不守诚信者受罚，让贫困群众感知金融的严肃性和普惠性，在潜移默化中提升诚信意识和道德水平，培育契约精神，最终形成人人守法守信、诚实经营、创业创新的农村金融生态环境。三是有利于特色产业培育。通过借补贷资金全方位、多渠道扶持，拧开金融流向农村的"水龙头"，引导各类资金回流农村，助推产业发展，逐步建立起"贫困农户能创业、特色产业得发展；涉农企业可贷款、支柱产业得壮大"的新格局。

2. 启用精准扶贫 APP 管理平台，创新实施精准扶贫动态管理

2015 年 10 月 17 日，酉阳率先在全市启用精准扶贫 APP 管理平台。帮扶干部到没到村，干没干事、扶持政策到没到户，何时到户、贫困群众增没增收，怎么增收，通过精准扶贫 APP 管理平台，可以随时随地上传、查询、监督、管理，扶贫工作变得更加精准化、公开化、动态化。

（1）精准扶贫 APP 管理平台的主要功能

精准扶贫 APP 管理平台将互联网思维与精准扶贫工作有效结合，充分利用移动互联网、云计算、大数据等现代化技术，采取"纵横结合、静动结合"思路设计，具备扶贫移动办公、精准信息查询、动态数据挖掘、帮扶工作追溯、脱贫过程管理、项目推进监督六大功能。只要手机扫描平台二维码，即可进行下载安装，操作简单、使用方便。

（2）精准扶贫 APP 管理平台的模块

精准扶贫 APP 管理平台设计了基本情况、脱贫动态、扶贫措施、工作管理、信息采集五大模块：①基本情况模块。主要展示"县—乡—村—组—户"五级扶贫信息档案，可提供实时更新和查询。②脱贫动态模块。根据贫困户的收入组成、产业现状、历史数据，通过云计算方式，自动预测贫困户的脱贫潜力，统计分析各乡镇扶贫资金使用及项目推进情况。③扶贫措施模块。直观掌控各乡镇、驻村工作队、帮扶责任人十个精准扶贫措施到村、到户情况。准确掌握各类扶贫措施在各乡镇的覆盖比例，统计每类扶贫措施的具体扶持对象。④工作管理模块。提供各

乡镇和全县帮扶责任人帮扶过程详情记录，并通过云计算，准确测算各乡镇、帮扶责任人进村入户次数及排名。⑤信息采集模块。实现一线帮扶工作人员工作模块化，采用快速录入、拍照留证方式，实时实地上传工作动态，实现高效真实公开的贫困户脱贫信息采集。

（3）精准扶贫 APP 管理平台的分级授权

精准扶贫 APP 管理平台实行分级授权管理模式。采取一人一用户名、一人一密码机制，授予县级主管领导和部门浏览查询监督权限；授予乡镇（街道）管理员对本乡镇数据信息的后台管理和对本乡镇动态进行浏览查询监督的权限；授予村组干部、驻村干部、帮扶干部、挂职扶贫专干实时上传动态信息数的权限，以及查询本村、本人帮扶责任人信息数据的权限。

作为"互联网＋扶贫"的精准扶贫 APP 管理平台，彻底解决了到户监督难、政策落地难、增收掌握难等问题。建立贫困农户常态化电话询问调查机制，每月对贫困户开展地毯式电话调查，包括帮扶到位情况、帮扶情况、工作满意度等。建立入户现场督查机制，成立联合督查与交叉督查工作组，采取明察暗访、跟踪督查、定点检查等方式，对广大帮扶干部工作开展情况进行督促检查，使脱贫动态效果尽在掌握之中。扶贫工作变得更加精准化、精细化、公开化。

另外，酉阳县创新实施"民办公助"和"点面"结合的主要内容分别为：创新实施"民办公助"是指坚持政府主导，群众主体原则，采取"政府出资、群众投劳、共同建设、自主管理"方式，引导农村群众大干基础设施，弥补扶贫"短板"。体现了扶贫政策的公开公正公平性，增强农村群众的主人翁意识，提高了扶贫资金使用效益。全年群众投工投劳达 30 多万人次。创新实施"点面"结合，是指按照上级要求，坚持以贫困家庭为基本工作单元，推动精准扶贫，精准脱贫；同时兼顾面上协调可持续，着眼全面小康大干基础设施、发展生态经济，惠及人民群众，呈现出整体带动，点面互促的良好态势。

图4　精准扶贫手机 APP 界面

三　酉阳县精准扶贫面临的主要问题

　　总体来看，酉阳县目前的精准扶贫工作取得了较好的成效，但必须清醒认识到酉阳县的精准扶贫工作任务十分艰巨，即使是在真正脱贫后，如何防止返贫，实现全县的全面小康仍然是一项艰巨的工作任务。围绕这些目标任务来审视和思考酉阳县既有的精准扶贫工作，在宏观和微观方面，还存在一些不容忽视的问题。

（一）酉阳县精准扶贫面临的外部环境障碍

1. 如何应对"经济新常态"下区域发展带动减贫效应削弱

一般认为，影响农村减贫的两个最重要因素分别是：一是持续的经济增长和农村劳动力的流动，带来了大幅度的非农收入的增加，从而带动了部分贫困人口的增收①；二是2000年以后，农村扶贫战略的瞄准重点从县域范围下沉到乡村，尤其是以整乡推进、整村推进的模式，在乡、村两级进行了大规模的产业扶贫，通过产业发展也带动了贫困人口的增收。② 但自2013年起，我国进入"经济新常态"，经济增长速度转为中高速增长，经济结构不断优化升级，经济增长动力从要素驱动、投资驱动转向创新驱动。经济新常态给扶贫工作带来的影响有两点：①经济增长速度放缓将降低减贫效应。经济增长速度减低导致通过区域经济发展带动贫困人口脱贫的能力相对会减少。投资增长减少带来带动贫困地区扶贫开发和贫困人口就业能力的减弱。②传统的依靠高投入、高消耗、高污染主导性产业扶贫开发模式，必然被新常态下以环境保护为核心的生态绿色产业为主导的扶贫开发和减贫动力新体系所替代。③ 在二者的共同作用下必然导致产业结构变化，进而带来就业结构、就业方式以及扶贫政策出现新变化，农民收入来源结构也随之改变。贫困地区如何适应这种新变化是一个现实挑战。

2. 如何科学合理解决新时期贫困地区的多维贫困问题

随着我国经济水平的提高、国家治理思维的不断进步，国家对贫困的认识早已突破传统的经济导向的单维贫困理念，开始注重教育、健康、文化等可持续发展领域，《中国农村扶贫开发纲要（2011—2020年）》提出扶贫攻坚要更加注重转变经济发展方式，更加注重增强扶贫对象自我发展能力，更加注重基本公共服务均等化，更加注重解决制约发展的突出问题，努力推动贫困地区经济社会更好更快发展。但从扶贫攻坚的实

---

① 李小云：《我国农村扶贫战略实施的治理问题》，《贵州社会科学》2013年第7期。

② 汪三贵：《在发展中战胜贫困——对中国30年大规模减贫经验的总结与评价》，《管理世界》2008年第11期。

③ 万君、张琦：《区域发展视角下我国连片特困地区精准扶贫及脱贫的思考》，《中国农业大学学报》（社会科学版）2016年第5期。

践来看，仍然还局限在以收入为主的经济领域。这点在我国集中连片特困地区的扶贫工作中较为突出，有人从片区规划具体实施的"十项重点工程"来看，完成情况较差的都是与农村文化、信息化建设、医疗健康有关的项目。连片特困地区的扶贫成效多集中于经济发展层面，其他层面仍然落后于国内其他地区，据此指出集中连片地区处于物质资本、社会资本、人力资本、政治资本合构的"空间贫困陷阱"之中，认为要重视贫困地区的多维发展，经济状况的改变只是减缓贫困的必要条件，而非充分条件。[1] 并且人力资本等条件的落后，反而能够一定程度上削弱扶贫开发成效，影响反贫困进程。[2] 酉阳县地处我国集中连片贫困地区的武陵山区，如何通过片区攻坚，实现本县的多维减贫，也是未来酉阳扶贫攻坚面临的挑战之一。

3. 如何在行政区划、条块分割体制下实现酉阳县与武陵山片区的协调发展

行政区划对酉阳县的扶贫攻坚的顺利推进有较为强烈的约束作用。从 2011 年以来我国整体的扶贫攻坚实践来看，虽然扶贫攻坚的初衷有打破行政区划局限，促进扶贫资源、生产要素在区域间自由流动的含义，但由于扶贫绩效考核体系、地方政府经济行为的存在，跨区域的合作氛围、制度环境还仍然没有建立起来，甚至连一些跨区域的扶贫产业市场机制都尚未建立。条块分割，严格意义上并非酉阳县扶贫攻坚单独面临的问题与挑战，而是我国区域经济发展面临的共性问题，由于存在"条块体制"，扶贫资金"钱出多门"，被机械地分割为若干"条条"。到执行层面，县、乡、村三级，各类扶贫项目、资金均呈碎片化状态，基层很难整合利用，扶贫项目的低水平重复建设大量存在，导致扶贫资金的使用效率大打折扣。虽然目前国务院办公厅出台了《关于支持贫困县开展统筹整合使用财政涉农资金试点的意见》，各地出台了一些有关扶贫项目、资金整合的新举措，但实际上，由于项目审计制度的存在，打破区

---

① 郑长德：《基于包容性绿色发展视域的集中连片特困民族地区减贫政策研究》，《中南民族大学学报》（人文社会科学版）2016 年第 1 期。

② 陈琦：《连片特困地区农村家庭人力资本与收入贫困——基于武陵山片区的实证考察》，《江西社会科学》2012 年第 7 期。

域扶贫攻坚的条块分割还任重道远。① 这样的外部环境无疑会影响到酉阳县精准扶贫工作的开展。

4. 农村金融法律法规不完善、金融扶贫中竞争主体缺失

金融扶贫是酉阳县扶贫工作的特色，但我国农村金融法律法规不完善与金融扶贫中竞争主体缺失两大问题在很大程度上影响着酉阳的精准扶贫工作。

农村金融法律法规的主要制度缺失表现在以下几个方面：①农村弱势群体权利倾斜保护制度缺失，不仅农村弱势群体的基本金融权利缺乏全面规定，而且义务主体也不明确，权利救济机制缺失。②我国农村金融扶贫激励约束制度缺失，对具体激励方式及外部激励与内部激励方式之间的协调等缺乏制度构建。约束制度的设计不仅缺乏对政府金融扶贫责任机制的规定，更是缺乏对商业金融机构、合作金融机构及社会组织等主体的金融扶贫义务与责任的规定。③我国农村扶贫金融风险控制机制缺乏，实践中被扶贫对象违约现象多发，扶贫信贷等风险高。④我国农村金融实施制度缺失。我国农村金融扶贫法律制度缺乏实施程序、法律责任、监督及纠纷解决机制等规定，保障实施配套制度也不完善。权力边界的不清晰必然会阻碍金融机构的业务往来，也难以避免政府对金融组织的不当干预。

农村金融改革也未能很好地推动金融主体之间的竞争，反而使得中国农业银行逐渐远离农村金融，从而使得农村信用合作社在农村金融领域处于垄断地位。垄断导致农村金融的低效率性以及不可持续性。大型商业性银行不愿或不能涉足农村金融，合作性银行改革不彻底，只依靠政策性金融机构以及政府的力量来支撑农村金融扶贫工作的开展是不能健康持续发展的。农村金融市场竞争主体的缺失很大程度上制约着农村金融扶贫的可持续发展。

（二）酉阳县精准扶贫面临的具体问题

酉阳县精准扶贫工作面临的具体问题主要包括以下六个方面。

---

① 万君、张琦:《区域发展视角下我国连片特困地区精准扶贫及脱贫的思考》,《中国农业大学学报》(社会科学版) 2016 年第 5 期。

1. 部分扶贫工作结构主体的认识不足

部分贫困户、合作社（企业）及银行观念相对保守，参与精准扶贫的积极性还不够高。首先，很多贫困户把贷款等同于救济款，认为是政府给他们免费且不用偿还的资金。还有一些贫困户知道银行贷款需要偿还，还会产生利息，贷款意愿不强，同时也怕因贷款加重负担。其次，一些合作社（企业）认为资金运用必须拥有完全的自主权，担心贫困户入股后会以股东的身份干涉合作社（企业）的经营，给日常管理带来麻烦。最后，部分银行工作人员对精准扶贫的认识还不够"精准"，宣传工作还需进一步加强。

2. 扶贫硬件支撑不足

酉阳县本届政府用四年时间修了十年的路，投入之大可见一斑。但农村基础设施建设欠账依然很大，这主要是历史欠账。周边的秀山、黔江正在扫尾组通畅，而酉阳县目前还处在干村通畅、组通达工作阶段。以贫困家庭为基本单元很必要，但农村基础环境的整体改善也很重要。如果错过了难得的扶贫攻坚机遇期，2018 年之后，酉阳县可能仍然是农村山河依旧，路不畅，电不通，看病贵，上学难。所以接下来，酉阳必须坚持点面结合、投贷结合，全力以赴改善基础设施，弥补历史欠账。

3. 产业发展难，持续增收支撑不足

产业扶贫是与农村改革与发展紧密结合的一项系统工程，但包括酉阳县在内的各级政府对参与产业扶贫、实行农业产业化经营的龙头企业、产品基地和服务组织等在财政、信贷、税收、物资、能源、出口等方面给予的政策支持力度还有很大的提升空间。如开通农产品绿色通道的政策，部门协作条块之间、部门之间的关系处理，行业分割、部门封锁、相互制约等问题都不同程度存在。产品的市场销售经济效益状况决定着产业扶贫的最终成效。但当前流通网络的不完善、产品专业批发市场的缺乏、农村产业经纪人队伍建设的滞后、订单农业机制不完备等市场体系问题都影响着产业扶贫的成效。各乡镇和贫困农户都明确有产业发展目标，但是存在多数农户重产出、轻投入、松管理的问题。特别是农产品基地，科学种植、科学管理存在一定差距，农业科技推广机构由于多种原因表现为推广网络弱化，技术人员帮扶热情不高，难以经常到生产一线进行技术指导，集中技术、集中力量、集中资金抓好产业扶贫合力不够。在调研中发现，部分贫困群众的收入结构很单一，大多以务工和传统种养业为主，其返贫风险很大。要向立足全县谋划产业，立足资源发展产业，带动贫困户大干产业。如宜居镇的茶叶、可大镇油茶已成规模，群众参与度高，受益面广。实践证明，各乡镇都有自己的特色资源，必须因地制宜、主动作为，把发展产业，特别是发展到户产业作为头等大事，把"一乡一业""一村一品"真正干起来，让组组有产业，户户见项目。

4. 制度设计与落实落地之间有差距，扶贫政策支撑不足

脱贫攻坚是政治任务，需要政策支撑。为此，酉阳县出台了"十个精准"工作方案，但各个乡镇和部门在落实政策方面程度参差不齐。比如借款启动，部分乡镇实施得很好，调研显示像可大、毛坝、车田、双泉、宜居等乡镇，在确保政策不走样的前提下，还作了大胆创新，探索出抱团借款、实物借款、以贷还借等新模式，有效地激发了贫困农户的创业热情。但个别乡镇图省事，平均发钱了事。再比如培训扶贫，有资金，有政策，有需求，但培训组织精细化不够，覆盖面不广，贫困群众想学的学不到。再比如"民办公助"，大溪镇、钟多街道、官清乡就运用得很好，大溪镇无论便民路，还是产业路，都是统一标准，先建后补，村容村貌大改善，整村脱贫资金用活用实出了成效，老百姓投工投劳了，还交口称赞。但一些乡镇还是图省事，找个公司一包了事，资金也不公示，群众也不知晓，本来为民的事情，结果老百姓不认同。所以，扶贫政策必须落实，必须结合实际创造性地落实。

5. 对"精准"的含义认识有差距，过硬作风支撑不足

精准的前提是直面群众，所有的扶贫政策，只有精准了，才会有实效。但在攻坚过程中，依然存在不敢精准、不愿精准、不会精准的问题。乡长吴庆武能落实，凌晨五点陪同贫困户渤海牛场买牛，这叫执行力，群众敬！黑水镇愿精准，扶贫政策，不藏不掖，召开群众会，资金怎么补？产业怎么干？大家共同商量。宜居乡会精准，全乡种茶叶，补助变种苗，亲自采购，送到田间地头，贫困户自行栽种，乡上统一验收，产业有效到户。由此可见，精准需要用脚步去丈量，用汗水去浇灌，敢与不敢，愿与不愿，会与不会，全看担当，全看作风，全看是否敢于面对群众，发动群众。而个别乡镇就没有做到这一点。丢掉精准，就容易脱

离群众，也很难做好扶贫工作，还可能会失去民心。

6. 农村劳动力转移与市场化背景下扶贫开发有效手段不足

工业化和市场化的推进，农村劳动力的转移对于扶贫开发工作有多重影响。一方面，包括贫困户在内的众多农民通过劳动力转移提高了收入，减少了贫困人口的数量，并且劳动力转移就业与人力资源培训等也是扶贫部门常用的专项扶贫措施；另一方面，农村劳动力大量向城镇转移导致的农村日益空心化，这也给扶贫部门在贫困村的扶贫项目实施提出挑战。精准扶贫在帮扶方式上属于开发式扶贫，对象范围为在扶贫标准以下具备劳动能力的农村人口。在出现空心化的村庄，劳动力短缺的现象较为普遍存在，而劳动力短缺也是不少贫困家庭致贫的重要原因。扶贫部门以增收为直接目标的产业扶持手段如发展经济作物、推广家畜养殖等，在贫困村层面和贫困户层面都面临项目实施主体缺失或人力资本不充分而导致的失效风险，这将直接影响扶贫资源所能发挥的效果。

四　完善酉阳县精准扶贫的建议

酉阳县委、县政府一直强调，脱贫攻坚是重大的政治任务，同时也是重大的战略机遇。为了推进酉阳县的精准扶贫工作，重庆市在国家政策允许的范围加强了对酉阳县扶贫工作的投入，五年项目三年安排，五年资金三年下达，"政府 + 市场""财政 + 金融"的扶贫"组合拳"，方方面面都为酉阳县扶贫开"绿灯"。为此，酉阳县必须坚持将脱贫攻坚放在县域经济社会发展大局中去思考，放到统筹城乡发展中去谋划，树立起超越脱贫基本任务之上的更高价值追求。在实际操作中敢于改革创新，瞄准农业农村，紧盯贫困群众，突出基础设施、产业培育、城乡建设、公共服务四大重点领域，坚持点面结合、投贷结合，利用好大政策、营造好大环境、整合好大资源、推进好大项目，确保到 2017 年脱贫摘帽之时，顺利完成 130286 人、130 个贫困村越线脱贫基本任务。为了实现酉阳县委、县政府确立的三大目标，一是农村环境大改善，村村新农村，组组路通畅，户户便道连，家家水到缸；二是特色产业大发展，全县有主导，乡镇有主业，村组见规模，户户见项目；三是群众生活大保障，上得好学，看得起病，住有好房，都能上网。我们提出以下几方面的建议。

（一）以多维贫困为视角，提升扶贫内涵精准度

不论是个体的贫困还是群体、区域的贫困，理论界和实践界对于贫困的认识都经历了收入一维贫困到能力、权利、文化等多维贫困的变迁。虽然多维贫困的理论已日臻成熟，现行诸多地方仍以效率为单一的标准看待贫困问题，以经济效益考察扶贫攻坚政策的事实效果。因此，从扶贫效果的维度来看，扶贫攻坚不仅要解决单一维度的区域性经济问题，也要解决能力、权利、文化等多维贫困问题，重点至少应当关注三大维度的贫困：①经济维度。无论是传统的贫困理论还是多维贫困理论，经济维度都是衡量贫困程度的重要指标，扶贫攻坚仍然要立足本区域经济发展、贫困人口的收入增长。②基础设施维度。基础设施既直接关系到贫困人口的生活质量，也决定贫困地区区域发展的水平和质量。③人力资本维度。重点在于教育、健康等公共服务领域。人力资本既是片区经济可持续发展的重要保障，也是贫困人口生计发展的基础。贫困家庭、个体所拥有的人力资本的数量、质量以及流动性，基本决定贫困家庭和个体是否能够可持续脱贫。结合酉阳县委、县政府的工作计划，酉阳县在其已经取得经验的基础上，接下来应该做的工作有以下几个方面。

1. 制定好三张表

（1）制定好脱贫攻坚项目表。脱贫攻坚必须以项目为载体。要实现扶贫基本任务和"三大目标"，资金总盘子是多大？需要哪些项目来支撑？落实到哪些领域和乡镇？必须结合"十三五"规划进行策划包装；同时，分财政投资、银行融资、社会引资三个方面确定资金来源，并形成《全县脱贫攻坚项目总表》。此外，每年实施哪些项目？也必须精准测算、找准摸实，并落实具体的责任领导、责任部门单位和责任乡镇。这件事情完成后，挂图作战才有支撑。

（2）制定好脱贫攻坚资金表。要牢固树立机遇意识、创新意识，坚持投贷结合，依靠项目争取资金、整合资金，形成具体的资金整合明细表。①整合好财政扶贫资金。各部门财政扶贫资金必须按照性质不变、渠道不乱、打捆使用原则，进行统筹调度，确保资金使用突出重点，发挥实效，各部门要顾全大局，全力配合支持。②整合好金融扶贫资金。

这块是重点，金融机构现在都希望履行扶贫责任，三大目标，仅靠政府的投入无法实现，必须有金融的参与。县扶贫办、金融办、银监办要牵好头，加大对接力度，一月报送一次进展情况，力争农发行授信的80亿元逐年落地。③整合好社会扶贫资金。尤其是要对接整合好市扶贫集团成员单位、圈翼帮扶、东西协作、市国资委的帮扶项目，2016年要确保到位1.5亿元以上。

（3）制定好项目实施责任表。在统筹规划项目的基础上，领导小组办公室要抓好统筹协调，迅速拟定年度脱贫"越线、销号、摘帽"三张清单，明确具体标准要求和工作任务，给乡镇部门提供操作指南。同时，配合相关部门单位围绕基础设施、产业培育、城乡建设、公共服务四大重点领域，结合每年实施的具体项目清单，出台细化的实施方案和操作办法。

2. 抓好产业到户，实施特色产业"四大工程"

不干事，等救济，无法脱贫；只打工，不创业，难保不返贫。产业到户是酉阳县各乡镇脱贫攻坚的头等大事，必须全力抓，抓紧抓，持续抓。务必干好两件事：一是发展好"一乡一业""一村一品"助推产业到户。要以辖区资源为依托，村组为单位，所在地贫困户为重点，规划好本乡镇的产业项目，尽量围绕全县六大主导产业，结合本乡镇实际情况选择产业发展方向。要加大招商引资力度，积极引进企业，培育合作组织，发展产业大户；要鼓励村组干部开展"双带"行动，大力发展村级集体经济。二是要落实好政策确保产业到户。从2016年开始，酉阳县应固化实施"借款启动—奖补巩固—信贷提升"扶贫产业到户工程，各乡镇灵活运用和落实政策，提供全程资金帮扶，确保贫困群众户户见产业，户户能持续增收。借款启动上，各乡镇需要切实把上年下拨的到户借款基金，以及59个互助社资金用活用好，针对贫困群众有借有还，滚动循环。奖补巩固上，年初各乡镇据实上报的到户实物产业奖补的资金需求，县政府应全部兑现。信贷提升上，按照程序常态化开展，对产业到户小额贷款，乡镇必须加大审核把关力度，既要有效调动本辖区贫困群众创业积极性，又要维护好辖区的金融生态环境。以信贷为纽带，加快完善涉农经营主体与农村群众、贫困农户利益联结机制，严格落实"贷前审查—贷中监管—贷后验收"制度，积极稳妥为涉农经营主体提供金融支持，促进特色产业做大做强。

实施特色产业"四大工程"是解决面上主导产业支撑的问题。需要将产业与扶贫有机结合，推动农业供给侧改革，瞄准市场，紧盯需求，推动效益农业规模化、品牌化发展。一是培育一批农业龙头加工企业。要坚定不移实施农产品变商品工程，围绕山羊、中药材、青花椒、蔬菜、油茶、茶叶六大主导产业完善扶持政策，培育村级集体经济，重点发展好对贫困群众带动力强的特色产业。二是创建一批特色效益农业基地。坚持以绿色、有机、富硒为方向，全力打造"6＋N"特色效益农业，加快推进山羊、中药材、青花椒、蔬菜、油茶、茶叶、苦荞、麻旺鸭、冷水鱼基地建设，各乡镇围绕上述产业新增一批基地，引导贫困群众参与，实现一乡一品、一村一特、一户一业。三是培育一批特色乡村旅游业。要将有乡村旅游资源的行政村、自然村纳入"大桃花源景区"范畴进行统一规划，充分挖掘民俗文化、自然景观、农事体验等特色资源，采取"以奖代补""信贷提升"方式，引导农村群众，特别是贫困户通过开办农家乐、参与农特旅游产品生产销售、从事游客服务等方式多渠道分享"旅游红利"。四是培育一批农产品互联网电商营销平台。坚持企业主体、政府鼓励原则，以"卖出去"为方向，以"卖个好价钱"为目标，利用好现有的电商平台体系，向贫困村延伸。

3. 实施基础设施"四大工程"

为了进一步做好酉阳县的扶贫工作，酉阳县应结合县情，实施基础设施"四大工程"：①实施一批村组公路硬化工程。这既是贫困群众所盼，也是农村发展所需。资金问题，主要通过投贷结合，整合"银行融资＋整村脱贫资金＋交通部门和烟草部门专项资金＋办公厅扶贫集团帮扶资金"予以解决，其中，整村脱贫资金及追加补助资金，优先投向通组公路。酉阳县委领导小组办公室牵头，县扶贫办、交委、城乡建委、烟草公司、农发行等部门和单位，以及各乡镇具体负责，成立专门的村组公路硬化工作组，对乡镇需要建设的村组公路硬化里程和线路进行准确统计，确定资金来源，及时下达项目计划，分期分批加快建设。实施过程中，能"民办公助"的必须"民办公助"，尽量将建设资金转化为群众的务工收入。②分批实施农村公交到村工程。县交委负责，乡镇配合，积极争取市交委支持，按通公交统一标准完善防护栏等必要设施，为通公交创造必要条件。同时，要运用市场化手段，结合财政补助政策，调配好线路指标和票价，分两个年度制定行政村通公交设施方案，加快推进农村公交到村工作。③分批实施便民路到户工程。县扶贫办、农委、财政局牵头，各乡镇具体负责，对村寨进行全面统计，按标准测算资金需求量，拟定实施方案。要加大向上争资力度，切块市国资委支持酉阳县的基础设施建设资金，采取"民办公助"和"以奖代补"方式，坚持"支持先干、带动后干"原则，引导农村群众自建便民路。④分批实施农村人居环境整治工程。农村环境问题日益凸显，必须加紧整治。以130个贫困村为重点，涵盖全县278个行政村，逐村制定环境整治规划，落实具体项目，大力实施"五改两建"工程（改路、改水、改厕、改厨、改圈，建污水、垃圾收集系统）。建设资金由城乡建委、环保局、扶贫办和烟草公司等部门单位投贷结合统筹解决，各乡镇组织群众采取"民办公助、先建后补"方式实施；环境日常管理性经费按照"谁受益，谁出资"原则，由村民委员会采取"一事一议"方式制定管理办法自行解决，乡镇可以实施奖励性补贴。

4. 抓好教育、保险保障和就业培训到户，实施公共服务"四大工程"

抓好教育到户是指在县扶贫开发领导小组办公室设立专门的教育扶贫工作协调组，有效统筹县扶贫办、交委、民委、团县委、人力社保、民政等部门和单位的教育扶贫资源，严格按照国家相关要求，统一补助标准，坚持公平公正、简化流程、阳光操作原则，确保贫困家庭孩子人人得补助，人人受教育。一要推动扶持政策公开。分学龄阶段，对国家在教育扶贫方面的具体政策进行条理化梳理罗列，包括补助对象、补助额度、补助范围、补助时间、补助方式等，编印政策宣传单，发放到有学生的贫困家庭，并通过县电视台、报社进行公开宣传。二要推动扶持对象公开。教育部门不能私自设置享受扶持门槛。扶持对象只能是贫困家庭的学生，每批次补助资金发放情况以花名册的形式，在学校、村委会进行公开公示，接受群众监督。三要简化环节程序。在严格执行上级规定流程的基础上，要加强与扶贫部门对接，尽量简化办事流程，杜绝贫困户到处打证明、跑部门的现象。补助资金直接到人，并以学校为单位，进行公示告知。

抓好保险保障到户是指在2015年为贫困农户购买了"五大保险"的

基础上，及时整改理赔不及时，不到位问题。各乡镇加大保险政策宣传力度，保险明白卡发放到每位贫困户手中，并引导贫困户学习赔付条款，遇到情况及时报案。相关保险公司履职尽责，及时按标准理赔到户。积极落实国家医疗扶持政策，继续分"正在治疗"和"因病负债"两类情况进行医疗救济，确保其按标准享受到基本医疗保险、大病医疗保险、大病医疗救助等扶持政策；要探索设立县级医疗救助基金，对通过以上政策仍无法支撑的因病致贫户进行补助救济到户；同步建立疾病预防控制体系，各乡镇全力配合卫生部门，实施必要的疾病预防管理工作，确保贫困对象和农村群众无病先防，小病先治，源头控制因病致贫。最后，对因残、部分因病等缺劳动力的低保户，要阳光透明落实好最低生活保障，辖区乡镇要加强对低保户，特别是生活不能自理低保户的生活性帮扶救济，确保其穿得暖、吃得饱、住得安全。

劳动力转移就业，是当前最有效的扶贫手段之一，因而需要抓好转移培训就业到户工作。酉阳县有庞大的外出务工群体，其中不乏贫困群众。由人力社保局牵头，各乡镇配合，要以乡镇为单位，对外出务工贫困户，要切实掌握其务工去向、职业技能、收入状况等基本信息，进行数字化管理，搞好跟踪服务及维权等工作，并与扶贫、教育、民政等部门建立信息共享，有效落实好"十个精准"帮扶政策。对在家贫困户，由人力社保局牵头，农委、教委、畜牧发展中心等单位配合，切实抓好技能培训，要在2015年的基础上扩大技能培训覆盖面，培训要体现实用性，特别是抓好种植养殖技能、驾驶技能、工程机械技能培训，满足贫困户创业就业技能所需。

在抓好教育、保险保障和就业培训到户的基础上，实施公共服务"四大工程"：①提升便民服务中心。要围绕便民利民目标，结合市上标准，对现有便民服务中心进行改造升级，按照全覆盖要求建好村便民服务中心。确保每个服务中心都有服务场所、服务项目、办事流程、运行机制和工作队伍。②健全村卫生室。目前，全县行政村基本都有卫生室，但大多处于半闲置状态。要整合政策资源，对现有的278个行政村村卫生室进行改造升级，健全其基本功能、机构设置、人员配备、业务管理、财务管理，确保规范运行，实现农村群众小病不出村目标。③力争建设一批村幼儿园。县教委牵头，各乡镇高度负责，本着尽力而为、量力而行、实事求是原则，对全县村级幼儿园进行统一规划，坚持政府办学与社会办学相结合，落实国家补助政策，力争建成一批农村幼儿园。④规范村文化活动场所。运行好农家书屋，确定专人管理，建立按时开放和免费阅读制度，培育农村群众阅读和学习习惯。建设农村文化活动广场，配齐相关健身康体活动器材，免费向当地群众开放；利用村文化活动广场建设农村节庆集会、婚丧嫁娶活动中心，引导农村群众移风易俗，形成文明风尚。培育农村文化社团组织，给予必要补助经费，由农村群众自发组织、自主管理，活跃农村文化氛围。

（二）以精准扶贫 APP 管理平台为载体，重构精准扶贫管理机制

在管理机制的完善方面，继续以精准扶贫 APP 管理平台为载体，借助网络平台及时更新扶贫信息，实行动态化管理，为扶贫开发工作提供决策支持，为帮扶绩效考核提供最重要依据。同时，建立一支强有力的扶贫核查队伍，对扶贫对象进行全方位、全过程的监测和管理，实时反映帮扶绩效。建立精准扶贫申诉机制，为贫困对象提供维权渠道，防止扶贫对象无故"被脱贫"现象的出现。在微观举措方面，注重建立农村扶贫对象退出机制，及时清退那些已经摆脱贫困的人群，防止他们挤占扶贫资源。开展脱贫对象跟踪调查，及时了解和反馈脱贫对象脱贫后的生产、生活情况，防止返贫。对再次返贫的人群，及时给予贫困再识别和帮扶。

在考核机制的完善方面，主要做好以下几个方面的工作：①建立并完善扶贫工作和扶贫任务县级人民政府负主责的机制，加强扶贫工作考核与县域经济考核、党政领导班子考核之间的有效衔接。对全县的考核应由主要考核 GDP 转换为考核以贫困发生率、贫困人口生产、生活、就业等为主要内容的扶贫成效，把扶贫成效作为贫困县领导班子考核的主要指标之一。②建立资金分配的正向激励机制，构建分工明确、权责匹配、运行规范、管理到位的项目资金监管机制，提高资金使用绩效，杜绝挪用资金行为。③对贫困户和贫困村识别、扶持、管理成效及贫困县农村扶贫开发工作进行量化考核，奖优罚劣，保证各项扶贫政策落到实处。④建议建立扶贫部门、社会、第三方等组成的"三位一体"监督体系。重庆市级扶贫部门应加强贫困村、贫困户识别及动态管理的抽检核

查力度，建立制度化、常态化的长效工作机制；充分发挥媒体及社会的监督作用。

（三）以多元保障为支撑，完善社会参与激励机制

首先，在保障方面，酉阳县委、县政府应该在现有法律法规的基础上，充分利用其民族自治县的立法权，继续完善扶贫方面的制度建设，特别应加强扶贫资金监管、扶贫工作考核方面的立法，为扶贫工作的开展提供完备的法律法规支持。建立一支严格按照扶贫法律法规办事的扶贫执行和监督考核队伍，规范扶贫行为。统一各项扶贫资金，实行扶贫资金下放到县，做到扶贫资金按照县级规划和需求合理分配。其次，在社会动员方面，有效动员党政机关、企事业单位、人民团体、公益性组织、社区、社会公众等社会力量参与扶贫。逐步形成定点帮扶、对口帮扶、结对帮扶、社会帮扶、志愿服务等多种形式的社会扶贫新格局。搭建合作扶贫网络平台和载体，积极调整社会扶贫内部结构，优化外部扶贫合作，衔接政府合作。凝聚资源和力量，有效整合扶贫资金和项目；创造社会扶贫合作共赢舆论环境，培养扶贫主体参与扶贫的意识和责任。落实诸如利益优先考虑、利润分配、物质奖励、职位晋升、投融资、税费减免等各项扶贫开发优惠政策，完善扶贫荣誉表彰体系，给予扶贫参与者较高的社会地位，激励社会主体广泛参与精准扶贫工作。[①]

五　酉阳县精准扶贫的启示

（一）"阶梯形创业式"金融扶贫模式具有可复制性

酉阳县金融扶贫采取"三步走、全程扶"方式，变生活性帮扶为生产性帮扶，变资金性帮扶为资本性帮扶，引导贫困群众走上创业之路。达到了既消除"等靠要"思想，又激发干事创业热情，既破解资金难题，又改善金融生态环境"一箭四雕"的效果。2015 年以来，酉阳县采取

---

① 庄天慧、陈光燕、蓝红星：《精准扶贫主体行为逻辑与作用机制研究》，《广西民族研究》2015 年第 6 期。

"改补为借 + 改补为贷"的金融扶贫方式,大力实施"借款启动、奖补巩固、贷款提升"产业扶贫到户工程,分三个阶段为贫困户和对贫困户有带动能力的大户以及涉农涉贫经营主体发展产业提供金融支持,有效激活了农村资源要素,激发了贫困群众的干事创业热情。该金融扶贫制度符合国家扶贫政策导向,即扶贫攻坚不是简单地给政策、给钱、给物,而是物质脱贫与精神脱贫双管齐下,引导贫困群众自力更生、创业就业、发展经济。信用风险可控,即由帮扶责任人、村委会、驻村干部、乡镇人民政府按先后顺序,对有借款意愿的建卡贫困户进行四级审核,签字确认,对通过审核的借款对象,由帮扶责任人、建卡贫困户政策性收入(包括种粮直补、退款还林补助等)作为担保。同时,对借款对象发展产业达到"改补为贷"准入条件的,采取"以借还贷"方式收回借款,确保基金安全滚动使用。奖补巩固方面也完全没有改变财政扶贫资金使用方式,不存在任何风险。在有"借款启动""奖补巩固"先遣资金的提前介入,贫困户已有产业基础和预期收益的基础上实施"贷款提升",加上金融系统本身有非常严密的贷款监管和催收体系进一步降低了金融风险,对于可能出现的违约情况,按照银行5%、保险70%、风险基金25%比例共担风险。

借款启动、奖补巩固、贷款提升扶贫产业到户工程的实施,既解决了扶贫资金使用效率问题,又解决了贫困群众借贷无门问题,很好地激发了贫困群众自力更生、干事创业的热情,形成先富带后富,能人带穷人的扶贫格局。与此同时,借奖补贷扶持政策能否真正落地也检验干部的作风。贷款对象的确认、审核、资金监督、贷款收回,责任都在干部,也检验了干部的能力。这对于完善直通"三农"的融资体系,改善农村金融生态环境,培育特色产业都具有重要意义,课题组研究后将酉阳县的这种金融扶贫模式命名为"阶梯形创业式"的金融扶贫模式。经济欠发达的酉阳县探索的这种金融扶贫模式并不需要特别高的门槛,全国绝大多数的贫困县都可以学习借鉴,因而这种金融扶贫模式具有可复制性。

(二) 用法治手段助力精准扶贫

1984—2011 年,中共中央、国务院就扶贫开发问题,先后发布《关于帮助贫困地区尽快改变面貌的通知》《关于尽快解决农村贫困人口温饱问题的决定》《关于进一步加强扶贫开发工作的决定》《关于加强贫困地区经济开发工作的通知》《国家八七扶贫攻坚计划》《中国农村扶贫开发纲要（2001—2010 年)》《中国农村扶贫开发纲要（2011—2020 年)》七个文件，明确扶贫开发的基本方针、目的意义、内容途径和政策保障等，特别是国家新十年《扶贫开发纲要》明确提出，2020 年稳定实现扶贫对象不愁吃、不愁穿，保障其义务教育、基本医疗和住房的奋斗目标，重视生态建设，改善公共卫生等非收入性贫困，强调要进一步完善社会保障制度问题。党和国家制定并实施的扶贫政策是符合客观规律的、成熟的、成功的，使贫困人口脱贫实践取得了举世瞩目的成绩，备受民众欢迎，也为法律在实践中的全面实施奠定了客观基础。将党的政策法律化，能够充分体现广大人民群众的意志和利益，能够使法律全面正确地反映事物发展的客观规律，并且通过立法渠道将其上升为全国人民必须遵守的法律规范，使精准扶贫法治化，不仅可以促进扶贫工作的开展，也可以使扶贫工作落到实处。重庆酉阳县的精准扶贫工作能够取得显著的成效，其中一个重要的原因就是其扶贫工作从一开始就制定了一套完整且规范的制度，并得到了较好的执行。为了进一步推进精准扶贫，需要法治手段助力，对于法治助力精准扶贫，我们赞同杨秀丽的观点。① 法治助力精准扶贫工作主要体现在以下几个方面。

1. 明确和强化政府部门的主体法律责任

生存权保障理念，即为贫困人口提供最低限度生活的保障已成为政府的一项责任。若从法律的角度对精准扶贫中的政府责任进行界定，政府责任至少应包含权利保障、资金保障和服务保障等内容。

进入精准扶贫阶段，必须对中央和地方各级政府的扶贫职责进行界定，分层次界定扶贫职责，各司其职、各担其责，并以法律的形式予以确定。中央政府的扶贫职责主要是进行基础设施建设，以解决省与省之间因发展不平衡带来的贫困问题；省级（市、县）政府应落实好上级扶贫政策、扶贫资金和扶贫项目，主要职责是解决下一级政府（县、乡）之间因发展不平衡带来的贫困问题；乡级政府是解决农民家庭贫困问题

---

① 杨秀丽：《精准扶贫的困境及法制化研究》，《学习与探索》2016 年第 1 期。

的直接执行者，落实扶贫政策的基层政府的主要职责是将县扶贫政策、扶贫资金和扶贫项目落实到贫困村、组、户，解决本乡贫困村、组、户的贫困问题。扶贫工作走上法治轨道，从法律上明确扶贫开发的责任主体，规定扶贫的决策者和执行者的责任，对于严重失职者追求法律责任，以杜绝扶贫工作中产生的腐败和扶贫不均带来的消极影响，这样才能保证扶贫的效果。

2. 完善扶贫资金多渠道筹集与管理的法律规范

扶贫资金筹集和管理直接影响到扶贫效果，在中国精准扶贫立法的过程中，首先，要明确扶贫资金的管理主体，使事权和财权高度统一。其次，扶贫资金管理权限要下放，做到扶贫资金在基层的整合，提高扶贫到户的效率。实际中，扶贫项目和扶贫方式应由县乡政府根据实际情况自主确定，扶贫资金的管理应进一步下放到县级政府。建立扶贫项目的资金管理制度、健全扶贫资金的监管机制以及责任追究机制，中央和省级政府负责依法监督、检查、考核和评估资金的使用，才能提高精准扶贫的针对性和效果。最后，要探索多渠道筹资模式，一方面，要探索地方政府与金融机构扶贫的合作模式；另一方面，要大力发展专业性的民间组织参与扶贫到户工作，扩大筹资范围，并以法律的形式加以规范和制约。

3. 通过法律明确扶贫工作对象

扶贫法治化要求精准扶贫对象应当瞄准所有的贫困人群，不应有所遗漏，基于城乡统筹、缩小城乡差别的视角，综合性界定扶贫人群。按照以往农村扶贫开发条例的内容，扶贫对象锁定为农村具有劳动能力的农户，这存在一定的扶贫盲区，非农村、因病、因残和年老丧失劳动能力的，甚至是发达地区都存在贫困人口。现阶段，中国的贫困人员分布更加分散，无论城镇，还是农村，导致贫困的原因越加趋同，与此相应的扶贫模式也从开发式扶贫向综合保障型扶贫转变，社会保障和公共服务均等化建设成为保障贫困人口平等享有生存权和发展权的重要工程。综合保障扶贫是集社会政策、行业扶贫、区域政策于一体的综合治理格局，以扶贫开发为重要方式、以社会扶贫为重要补充的多角度、全方位的扶贫机制。精准扶贫法治化的首要任务是依靠法律来规范扶贫对象，加强精准扶贫法治化建设，不仅可以实现扶贫开发工作规范化、长期化和可持续，还可以为贫困群众脱贫致富提供有力支持。

结　语

　　重庆市酉阳县精准扶贫取得了显著成效，主要表现为：构建了有力的指挥体系、有序的推进体系、有效的责任体系、科学的考核体系这"四大体系"；夯实了思想基础、信息基础、硬件基础、产业基础这"四大基础"；强化了人力保障、财力保障、项目保障、政策保障这"四大保障"；创新了民办公助、金融扶贫、精准扶贫APP管理平台、"点面"结合这"四大举措"。在诸多扶贫创新举措中，其金融扶贫、精准扶贫APP管理平台是其精准扶贫取得显著成效的重要支撑性举措。就其金融扶贫而言，其经验是将财政与金融有机结合，建立两个扶贫基金池，大力推行"改补为贷"+"改补为借"双线运行金融精准扶贫，变生活性帮扶为生产性帮扶、改救济性帮助为资本性帮助，让有限的扶贫资金循环滚动放大使用，为广大贫困农户和对贫困农户有带动作用的涉农涉贫经营主体提供金融支持，有效地激发了贫困群众干事创业的热情和扶贫内生出的动力，收到了很好的效果。对农村长远发展也起到了构建直通"三农"的融资体系、形成良好的农村金融生态环境和特色产业的培育三个关键作用。其建立的"互联网＋扶贫"的精准扶贫APP管理平台彻底解决了扶贫干部到户监督难、政策落地难、增收掌握难等问题。

　　在取得显著成效的同时，酉阳县精准扶贫既面临着如何应对"经济新常态"下区域发展带动减贫效应削弱，如何科学合理解决新时期贫困地区的多维贫困问题，如何在行政区划、条块分割体制下实现酉阳县与武陵山片区的协调发展，农村金融法律法规不完善，金融扶贫中竞争主体缺失等不利的宏观环境。又面临着部分扶贫工作结构主体的认识不足，扶贫硬件支撑不足，产业发展难而使得持续增收支撑不足，扶贫政策支撑不足，过硬作风支撑不足，农村劳动力转移与市场化背景下人力资本不足导致的扶贫开发有效手段不足。

　　为进一步做好酉阳县精准扶贫，课题组建议酉阳县接下来应以多维贫困为视角，提升扶贫内涵精准度，这是酉阳县精准扶贫工作的核心内容，主要要求为：制定好脱贫攻坚项目表、脱贫攻坚资金表、项目实施责任表；抓好产业到户，实施一批村组公路硬化工程、分批实施农村公交到村工程、分批实施便民路到户工程、分批实施农村人居环境整治工程"四大工程"；抓好教育、保险保障和就业培训到户，实施便民服务中心、健全村卫生室、力争建设一批村幼儿园、规范村文化活动场所"四大工程"，以提升公共服务水平。与此同时，继续以精准扶贫 APP 管理平台为载体，以扶贫监督问责为保障，构建精准考核管理机制；以多元保障为支撑，完善社会参与激励机制。

酉阳县创立的"阶梯形创业式"金融扶贫模式，达到了既消除"等靠要"思想，又激发干事创业热情，既破解资金难题，又改善金融生态环境"一箭四雕"的效果，具有可复制性，值得推广。酉阳县精准扶贫取得显著成效的实践证明，精准扶贫还应借力法治手段，目前亟须通过法律予以规范的是明确和强化政府部门的主体法律责任、完善扶贫资金多渠道筹集与管理、明确扶贫工作对象等几大方面。

参考文献

（一）论文

［1］杨秀丽：《精准扶贫的困境及法制化研究》，《学习与探索》2016 年第 1 期。

［2］李小云：《我国农村扶贫战略实施的治理问题》，《贵州社会科学》2013 年第 7 期。

［3］汪三贵：《在发展中战胜贫困——对中国 30 年大规模减贫经验的总结与评价》，《管理世界》2008 年第 11 期。

［4］万君、张琦：《区域发展视角下我国连片特困地区精准扶贫及脱贫的思考》，《中国农业大学学报》（社会科学版）2016 年第 5 期。

［5］郑长德：《基于包容性绿色发展视域的集中连片特困民族地区减贫政策研究》，《中南民族大学学报》（人文社会科学版）2016 年第 1 期。

［6］陈琦：《连片特困地区农村家庭人力资本与收入贫困——基于武陵山片区的实证考察》，《江西社会科学》2012 年第 7 期。

［7］庄天慧、陈光燕、蓝红星：《精准扶贫主体行为逻辑与作用机制研究》，《广西民族研究》2015 年第 6 期。

（二）国家级相关规范性文件

[1]《关于帮助贫困地区尽快改变面貌的通知》，中共中央、国务院1984年9月29日印发。

[2]《关于加强贫困地区经济开发工作的通知》（国发〔1987〕95号），国务院1987年10月30日印发。

[3]《国家八七扶贫攻坚计划（1994—2000年）》，国务院1994年4月15日印发。

[4]《关于尽快解决农村贫困人口温饱问题的决定》，中共中央、国务院1996年10月23日印发。

[5]《关于进一步加强扶贫开发工作的决定》（中发〔1999〕10号），中共中央、国务院1999年印发。

[6]《中国农村扶贫开发纲要（2001—2010年）》（国发〔2001〕23号），国务院2001年6月13日印发。

[7]《中国农村扶贫开发纲要（2011—2020年）》（中发〔2011〕10号文件），中共中央、国务院2011年12月6日印发。

[8]《关于创新机制扎实推进农村扶贫开发工作的意见》（中办发〔2013〕25号），中共中央办公厅、国务院办公厅2013年12月18日印发。

[9]《关于进一步动员社会各方面力量参与扶贫开发的意见》（国办发〔2014〕58号），国务院办公厅2014年12月4日印发。

[10]《关于创新发展扶贫小额信贷的指导意见》（国开办发〔2014〕78号），国务院扶贫办、财政部、中国人民银行、银监会、保监会2014年12月10日印发。

（三）重庆市级相关规范性文件

[1]《重庆市（武陵山片区、秦巴山片区）农村扶贫开发规划（2011—2020年）》（渝办发〔2012〕224号），重庆市人民政府办公厅2012年印发。

[2]《关于集中力量开展扶贫攻坚的意见》（渝委发〔2014〕9号），中共重庆市委重庆市人民政府2014年印发。

[3]《关于探索开展扶贫小额信贷工作的通知》（渝扶办发〔2015〕68号），重庆市扶贫开发办公室、重庆市财政局、中国人民银行重庆营业管理部2015年5月6日印发。

（四）酉阳县相关规范性文件

[1]《关于精准推进基础设施建设的实施方案》，酉阳县政府2015年9月印发。

[2]《关于精准落实产业扶持措施的实施方案》，酉阳县政府2015年9月印发。

[3]《关于精准实施教育扶贫的实施方案》，酉阳县政府2015年9月印发。

[4]《关于精准推进人口转移就业的实施方案》，酉阳县政府2015年9月印发。

[5]《关于精准实施高山生态扶贫搬迁的实施方案》，酉阳县政府2015年9月印发。

[6]《关于精准开展医疗卫生扶贫的实施方案》，酉阳县政府2015年9月印发。

[7]《关于精准落实低保"兜底"政策的实施方案》，酉阳县政府2015年9月印发。

[8]《关于提供金融扶贫支持的实施方案》，酉阳县政府2015年9月印发。

[9]《关于精准建立结对帮扶机制的实施方案》，酉阳县政府2015年9月印发。

[10]《关于加强精准扶贫精准脱贫组织领导的实施方案》，酉阳县政府2015年9月印发。

[11]《本县脱贫攻坚考核办法》，酉阳县政府2015年9月印发。

[12]《本县脱贫攻坚考核细则》，酉阳县政府2015年9月印发。

[作者简介：骆东平（1972— ），男，重庆万州人，三峡大学法学与公共管理学院副院长，博士、教授，三峡大学区域社会管理创新与发展研究中心研究员，主要研究方向：诉讼法学]

打基础 调产业，立足实质性
脱贫奔小康

——精准扶贫的彭水模式

一 彭水县情及经济社会发展情况

彭水苗族土家族自治县位于重庆市东南部，处武陵山区，居乌江下游，面积 3903 平方千米，辖 3 个街道、18 个镇、18 个乡，296 个村（居），户籍人口 70 万。全县有苗族、土家族等 11 个少数民族，占总人口的 60% 以上，是重庆唯一以苗族为主的少数民族自治县，也是国家 2011 年确定的新一轮集中连片重点扶贫开发的武陵山区贫困县。① 自东汉建县，彭水已历经 2000 多年历史，曾为道、州、县三级治所地，是黔中文化和盐丹文化的发源地、中国民间文化艺术之乡、中华诗词之乡，民族、生态、文化是彭水的三大名片，境内拥有乌江画廊、阿依河、摩围山、蚩尤九黎城、郁山古镇等精品景区，先后摘获"亚洲金旅奖·大中华区十大民俗特色旅游目的地""美丽中国·生态旅游十佳示范县""中国爱情治愈圣地"等殊荣。此外，彭水还是全国烤烟基地标准化示范县、全国油茶基地建设重点县、重庆市唯一的水利能源基地县、现代草食牲畜基地县、重庆市森林资源大县，还被联合国环境基金会评为"绿色中国·杰出绿色生态城市"。

---

① 资料来源：根据调研座谈录音整理，2016 年 7 月 24 日。

2015 年，地区生产总值增长 10.4%，增速在渝东南排第三位；规模以上工业总产值增长 15.4%；固定资产投资增长 17.9%；社会消费品零售总额增长 13.5%；公共财政预算收入增长 21.4%，增速排全市第四位，其中：税收收入占一般性预算收入 70%，税收增长 16.8%，增速排全市第十三位；商品房销售增长 27.5%；存款余额增长 16.6%；城乡常住居民人均可支配收入增长 12.6%，增速排全市第二位，顺利实现了"十二五"圆满收官。2016 年一季度，全县经济社会继续保持了平稳健康发展态势，全县地区生产总值增长 8.8%；规模以上工业总产值增长 17.3%；固定资产投资增长 19.6%；社会消费品零售总额增长 14.5%；地方财政收入增长 129.5%，其中一般公共预算收入增长 15.5%；人民币存款余额突破 150 亿元、增长 18.1%；常住居民人均可支配收入增长 12.9%、增速排全市第二位，其中农村居民人均可支配收入增长 13.3%、增速排全市第一位，基本实现"开门红"，为全县"十三五"发展开好了局、起好了步。[①]

二　彭水县精准脱贫工作的主要做法和经验

自全国吹响脱贫攻坚战的冲锋号以来，彭水县委、县政府认真贯彻落实党中央、国务院和市委、市政府关于脱贫攻坚的战略部署，紧扣"2017 年全县 99123 名贫困人口越线达标、115 个贫困村整村脱贫、贫困县整县摘帽"的目标，按照"以贫困群众为中心、贫困村为重点、全县经济社会发展为支撑、党的建设为保障"以及"点上攻坚、面上巩固"的工作思路，深入实施精准扶贫、精准脱贫，强化攻坚意识，突出问题导向，超常规推进脱贫攻坚。

（一）建立健全精准扶贫工作体系、体制和机制

1. 建立健全精准扶贫政策体系、工作体系和工作格局。

（1）建立健全精准扶贫政策体系。为了提升精准扶贫效果，实现"对象识别、分类指导、产业扶持、技能培训、结对帮扶、监督管理"等

---

① 资料来源：根据调研访谈录音整理。

"六个精准到户"目标。彭水县委、县政府分别出台了《关于精准扶贫精准脱贫实施意见》,制定了教育、交通、饮水、医疗、基础设施、便民服务中心建设等13个精准扶贫实施方案,形成"1+13"政策支撑体系。

(2)建立健全精准扶贫工作体系。在2014年设立"一办六组"(扶贫开发领导小组办公室,产业扶贫、教育扶贫、基础设施扶贫、生态扶贫、创业扶贫、社会扶贫六个工作组)的基础上,增设资金统筹、交通建设、饮水工程、卫生事业四个专项工作组,形成了"1+6+4"工作体系。

"1",即设置了1个扶贫开发领导小组,专门负责处理领导小组日常事务。研究制定扶贫开发对策;协调配合各工作组搞好项目实施;会同有关部门积极做好扶贫项目资金的申报、审核及监管;帮助、指导、督促乡镇(街道)搞好扶贫工作;积极开展扶贫政策宣传、典型经验交流及对外联络等日常管理工作。扶贫攻坚领导小组是脱贫攻坚的"指挥部",是推进脱贫攻坚的主要领导机构,负责传达贯彻落实好中央、市委关于脱贫攻坚的重要精神、重要部署,统筹协调全县脱贫攻坚各项工作,研究制定政策措施、脱贫规划,落实县级财政投入,争取上级支持。

"6",即设置了产业、教育、设施、生态、创业、社会6个专项扶贫工作组,实现扶贫攻坚全覆盖。产业扶贫工作组具体负责落实好贫困地区产业扶贫项目的规划和实施,同时根据产业发展需要,积极引领和培育新型经营主体;教育扶贫工作组具体落实好各项扶贫助学,做好创业培训和各项技能、技术培训,并为贫困地区农民工在维权、技能鉴定、社会保险等方面做好服务工作;设施扶贫工作组具体落实对贫困地区、贫困人口的项目和资金倾斜,着力完善贫困地区各项基础设施建设,改善贫困人群的生产生活条件;生态扶贫工作组具体负责落实好高山生态扶贫搬迁工作,加强贫困地区环境建设和相关配套设施建设,有效改善贫困地区、贫困人口的人居环境;创业扶贫工作组具体负责开展创业就业服务等方式,对有创业就业意愿的贫困人口提供支持和帮助;社会扶贫工作组具体负责搞好舆论宣传,积极动员社会力量参与扶贫,认真做好农村低保与扶贫开发政策的衔接工作,把没有劳动力和丧失劳动能力的低收入人口纳入农村低保,做到应保尽保。

"4",即设置了资金统筹组、交通组、水利组和卫生组4个重点工作促进组，确保扶贫攻坚重点工作的有序推进。资金统筹组主要负责全县财政专项资金的统筹使用，确保贫困村的资金建设；交通组主要负责贫困村交通项目的规划设计和实施，确保村村通车、常年通车；水利组主要负责贫困村人畜饮水工程的规划建设，解决群众饮水难问题；卫生组主要负责解决群众基本医疗问题。

（3）健全精准扶贫工作格局。健全完善了脱贫攻坚"六位一体"工作格局。即：领导小组牵头抓总、"一办十组"整合资源、乡镇街道责任主体、督导组督导帮扶、扶贫助理联络协调、驻村工作队组织实施。"一办十组"，是脱贫攻坚的"发动机"，是推进各领域、各行业脱贫攻坚的牵头单位。领导小组办公室负责领导小组日常事务，发挥统筹、协调、督促、检查和推动作用。各专项工作组负责相对应领域的工作规划、目标确定、工作措施、任务完成等事项。

2. 建立健全精准扶贫工作机制。县扶贫开发领导小组推行每周一次情况通报、每月一次听取汇报、季度一次专题部署、半年一次现场观摩、年第一次综合考评的"五个一"工作机制，并把这种工作机制延伸到乡镇。各乡镇根据各自情况，因地制宜地制定切实可行的"五个一"工作机制。

如龙射镇结合地方实际，积极创新工作方法，采取"五个一"工作思路，针对具体情况，扎实推进精准扶贫，确保全镇五个贫困村按时完成脱贫任务。据了解，该镇"五个一"工作思路为每一位支部书记轮流在镇村干部会上谈扶贫工作，按照"是什么、为什么、怎么办"的思路，即是否贫困、为什么贫困、怎样脱贫，全面掌握自己村的基本情况，确保思路清晰，心中有数；每一位帮扶工作队成员随机结对帮扶 10—20 户贫困户，采取"一抓十，十抓百"的措施，工作队成员负责帮助贫困户制订脱贫计划、对接脱贫项目，谋对策、解难题；每一位帮扶工作队成员每月与贫困户电话沟通一次，及时了解贫困户的生产、生活动态及需求；每一个贫困村实施一个短平快项目，如向日葵种植、山羊养殖，促进贫困户在最短时间内脱贫致富；每一位帮扶工作队成员年底给所帮扶贫困户写一封信，鼓励他们自立自强谋路致富，传达党委、政府对他们的关心。

据龙射镇相关工作人员介绍，"五个一"工作思路的实施，为该镇精准扶贫工作找准了方向，让帮扶工作队员心中有底、目标明确，在推进扶贫攻坚工作中取得了良好的成效。

为了有效推进精准扶贫工作，彭水县委、县政府组建115支整村脱贫驻村帮扶工作队，实施"千名干部进村入户蹲点扶贫"行动，集中优势力量资源进行结对帮扶。为贫困村分别选派一名副处级干部任驻村工作队队长、一名第一书记、一名驻村扶贫特派员、一名大学生村官、一名本土大学生村干部、一批工作队员，充分发挥基层党组织在扶贫脱贫攻坚工作中的核心作用，建立村干部待遇正常增长、工作绩效挂钩、脱贫责任倒逼机制，将所有贫困村党支部纳入后进整顿范畴，落实"一支一策"整顿措施。

3. 全面实施"十大扶贫行动"计划。①乡村旅游扶贫行动。依托生态民俗资源优势，石狮举办乡村旅游系列活动，鼓励和引导贫困群众通过发展农家乐等方式参与乡村旅游服务，让百姓从中享受到实惠。积极开展乡村旅游扶贫示范创建工作，着力打造纳凉避暑、休闲度假、旅游观光、养生养老、农耕体验等特色乡村旅游品牌。②电商扶贫行动。加快农村电子商务建设，着力创建电子商务进农村综合示范县，让农民尝到"农村淘宝"带来的甜头。开展电商扶贫相关培训，完善"公司＋合作社"等电商运营模式，建设一批"网上村庄"扶贫电商合作社，培育一批电商扶贫带头人。③金融扶贫行动。协调金融部门创新金融扶贫产品，简化程序、降低门槛，积极开展扶贫小额到户贷款，扩大贫困群众农房、人身意外伤害、农业收益等保险覆盖面。④交通扶贫行动。加快农村交通设施建设，完成200千米贫困村通畅公路建设，400千米贫困村小组通达公路建设，实施600千米贫困村村组主路、产业路、聚居点公路维修；加速实施贫困村危险路段坡形防撞护栏安装，加快农村客运车辆投放，在全市率先实现脱贫村100%通客车。⑤水利扶贫行动。加快农村水利设施建设，加强人畜饮水工程维修，解决17153名贫困人口的饮水难问题，确保贫困群众饮水安全。⑥环境改善扶贫行动。建设美丽宜居乡村，实施40个农村环境连片整治项目。发动贫困户以自建为主，新建贫困村人行便道500千米，生活垃圾中转房300个。①

---

①　资料来源：根据调研座谈录音整理，2016年7月24日。

⑦就业培训扶贫行动。加强创业政策宣传、就业岗位推荐，引导、安置和扶持农村劳动力、高校毕业生创业就业。⑧科技扶贫行动。深化科技特派员创业服务行动，实现科技特派员驻贫困村全覆盖。加强对农民实用技术的培训和指导，为贫困户提供新技术、新品种、新信息，促进更多贫困户走向产业致富道路。⑨文化扶贫行动。集中实施一批惠民工程，村级4G网络覆盖率达60%、光纤通达率达80%，着力解决贫困村信息闭塞问题。⑩村企结对帮扶扶贫行动。组织全县民营企业积极参与扶贫脱贫攻坚，力争民企联村数量达到40家，结对帮扶贫困村40个。①

4. 加大精准扶贫考核、督查力度。为了做好精准扶贫工作，把扶贫工作落到实处，真正做到"真扶贫、扶真贫"，彭水县委、县政府认识到，做好精准扶贫工作的考核督查工作是十分必要的。县委、县政府按照精准扶贫、精准脱贫要求，以贫困群众为中心，以贫困村为重点，以全县经济社会发展为支撑，以党的建设为保障，以"越线脱贫摘帽"为目标，进一步调整完善工作力量，打好打赢脱贫攻坚战。向39个乡镇（街道）分别派驻督导组，成员由联系部门干部组成，牵头部门主要领导担任组长，对乡镇精准扶贫工作予以督查，其主要做法是：①全面督导联系乡镇（街道）脱贫攻坚工作。对贫困村重点督导，确保按时完成整村脱贫各项任务；对非贫困村（社区）的贫困户脱贫工作加强面上督导，确保脱贫工作不漏一户、不掉一人。②充分发挥督导组所在单位脱贫帮扶作用。督查县级各部门是否继续跟进联系村帮扶项目的支持，实施好未完成的帮扶项目，推进联系乡镇（街道）所有村（社区）脱贫攻坚的帮扶工作。③积极协调指导乡镇（街道）脱贫攻坚工作。督导组充分发挥统筹协调作用，积极协调县级相关部门加强对乡镇（街道）的脱贫项目帮扶，积极为驻村帮扶工作队创造条件，统筹推进乡镇（街道）经济社会发展。督导组原则上每月到乡镇（街道）督查指导脱贫攻坚工作至少一次。县委组织部负责对督导组和驻村帮扶工作队的跟踪管理，县扶贫办负责业务政策指导和综合协调服务。

---

① 资料来源：根据调研座谈录音整理，2016年7月24日。

（二）狠抓基础设施建设，夯实精准扶贫基础

彭水县委、县政府把建好基础设施作为贫困村脱贫致富的先决条件，实施交通、水利、环境改造等基础设施扶贫大会战，着力改善贫困群众生产生活条件。截至2016年8月，新续建村通畅项目802千米，建设撤并村通达和小组通达公路1812千米，实现了100%行政村通畅、撤并村通达；建设村级客运招呼站193个，完成公路波形护栏安装200千米。新修和改造人畜饮水池19303立方米，安装引水管道190千米，已解决60个贫困村4.34万人饮水安全问题。115个贫困村通电率、通信信号覆盖率、广播电视覆盖率均达100%，电视入户率达98.8%。改扩建47个村级便民服务中心，115个贫困村均有设备配套齐全、规范标准的村级便民服务中心和农家书屋。① 其主要做法有以下几点。

1. 全面提速农村公路建设，助推全县精准脱贫攻坚工作。

彭水县委、县政府为了全面提速农村公路建设，助推全县精准脱贫攻坚工作，专门制定了《彭水县2016年交通脱贫工作实施方案》，明确2016年农村公路建设的目标任务，规定2016年村小组通达率达100%，所有贫困村开通农客达到100%。全面完成交通脱贫攻坚建设项目，完成投资约2.9亿元，其中建设通畅公路400千米，投资约2亿元；建设小组通达公路约523.4千米，投资约7851万元；整治维修农村公路202.1千米，投资1010.5万元。② 其主要工作措施有以下七点。

（1）强化组织领导，形成工作合力。县交委负责统筹推进全县交通基础设施建设，筹集补助资金，下达建设计划。县交委协调县发改委、县财政、县扶贫办等相关部门，积极支持全县交通基础设施建设相关工作。县交委负责监督、考核、指导、验收。

（2）明确建设主体，层层落实责任。明确规定各乡镇（街道）是农村公路建设的责任主体，应凝聚各方力量，形成合力，全力推进交通脱贫攻坚工作。各乡镇人民政府（街道办事处）作为项目建设业主，负责项目具体实施工作，应充分调动受益群众的积极性和主动性，让群众积

---

① 资料来源：根据调研座谈录音整理，2016年7月25日。

② 资料来源：《彭水县2016年交通脱贫工作实施方案》。

极参与农村公路建设，实现群众的事情由群众自己办。县交委各责任科室、各部门做好项目规划、技术指导、质量监管、验收管理、运力投放等相关工作。

（3）细化工作方案，推进重点项目。要求各项目业主对所有项目进行全面清理，对里程长、建设难度大的项目，制定专项工作方案，由交通部门领导挂牌督办，定期进行现场踏勘并研究相关问题。县交委要依据各乡镇人民政府（街道办事处）的清理结果建立重点项目名录库，及时跟踪掌握项目进展情况，对个别重大问题，要派专人进行现场督办。对个别因特殊情况不具备建设条件的项目，相关乡镇人民政府（街道办事处）要对村民和社会做好宣传解释工作。

（4）优化建设程序，降低建设成本。各相关单位要按照重庆市农村公路相关管理办法及规定，尽量优化或减少农村公路建设不必要的烦琐程序，降低或减免农村公路工程建设间接费用。

（5）加强检查指导，提高工作效率。交通部门邀请县领导带队，成立农村公路建设督导组，分片区进行检查督导，按月进行进度通报。县交委根据工程建设进度，组织检查、巡查、抽查。各项目业主对发现的问题，应及时进行处理并整改。对发现问题整改不到位的项目，应进行挂牌督办，对整改不到位的施工单位，可按照相关管理办法，采取强制措施。

（6）抓好验收评比，务求取得实效。县交委要严格按照《重庆市农村公路建设管理办法》的相关规定，对每一个项目实体工程，进行检查验收。验收期间，应向当地群众公示，并规定公示时间不得少于 7 天。县交委将验收结果报县政府，县政府纳入年终考核。

（7）做好监督检查。县交委要按照"半月一次督查，每月一次动态通报"的要求进行行业监管和指导，实现交通脱贫攻坚项目建设三个确保：确保工程质量一次合格；确保实现安全责任事故零目标；确保建设任务按照既定目标如期完成。

2. 加快推进村社便道和农村生活垃圾处理设施，改善农村生产生活环境。

彭水县委县政府为了加快推进村社便道和农村生活垃圾处理设施，改善农村生产生活环境，坚持政府主导、群众参与的原则，按照"一事一议"，实行农户自建、财政补贴的方式，严格先建后补（人行便道重点规划居住在村通达或村通畅公路沿线 100 米内的散居农户以及 300 米内 20 户以上集中院落，设计路面宽 1 米，面层为 8 厘米厚 C20 水泥混凝土，以村民小组为单位，由各村民小组组织受益农户实施或由各村民小组受益农户以"一事一议"形式委托代建，按照每千米 4.2 万元实行先建后补）的建设方式，全面扫尾 2015 年已下达 115 个贫困村 2016 年人行便道 647 千米和 236 个农村生活垃圾中转房建设计划，全面完成 2016 年 115 个贫困村新增人行便道 500 千米、非贫困村人行便道 1000 千米。[①] 其主要措施是有以下三点。

（1）加大宣传力度。各乡镇、街道借助广播、电视、自媒体等正面宣传发动，合理规划实施范围，积极引导组织受益农户参与工程建设，按照划定范围确保全覆盖，把这项民生工程办好办实。

（2）规范申报程序。按照"村申报、乡审核、县统筹"的原则安排需求计划，由各村组和驻村工作队进一步开展摸底调查，组织召开受益农户座谈会，按建设要求明确受益对象、建设模式、建设地点、建设规模及资金补助额度，并形成"一事一议"，由乡镇（街道）及驻村工作队审核把关后，以乡镇（街道）为单位进行申报，严格按照 2015 年已下达计划任务、2016 年需求和村级规模等综合确定年度计划，确保公正、合理，实现全覆盖，经县扶贫领导小组审定后下达建设计划。

（3）严格项目管理。①编制项目方案。要求项目乡镇按照下达计划编制项目实施方案，进一步细化建设地点、建设规模，并于 15 个工作日内报县发改委备案后实施。②实行项目公示。项目乡镇通过村务公开栏、会议等形式对项目进行公示，提高项目建设透明度，公示期不得少于 15 天。③成立监督小组。以各村民小组为单位，成立由受益农户推荐 5 名以上村民代表组成的工程质量监督小组，对项目建设质量及进展情况进行监督，确保项目保质保量完成。④严控建设规模。项目实施过程中，各乡镇（街道）及驻村工作队严格按照项目计划任务、实施方案及"一事一议"组织实施，严禁随意改变建设规模及范围，超计划部分由乡镇（街道）自行负责，对未达项目建设计划按照实际实施千米数兑现资金。

---

① 资料来源：《彭水县 2016 年基础设施专项扶贫工作方案》。

⑤严格检查验收。工程建设完工后，由乡镇（街道）和驻村工作队开展验收，验收结论经验收人员及群众签字认可，并形成验收报告，届时，交委将会同县扶贫办、县财政局进行抽查，同时，县审计局将进行跟踪审计。⑥规范报账程序。项目验收合格后，实行县级委托乡镇（街道）验收报账制管理，各乡镇（街道）按照《专项资金管理办法》收集整理报账资料，及时完成报账，并将报账资料整理装订成册，报县扶贫办备案，项目实行"一事一议"方式由群众自建的，凭劳务花名册报账，若项目实行委托代建的，需签订委托代建合同，凭工程发票报账。⑦严格资金监管。项目实施过程中，严禁违规使用扶贫项目资金，严格执行专款专用，对项目实施效果差、资金使用管理出现问题的乡镇（街道），在来年将削减或不再安排财政扶贫资金计划。

3. 加强农村供水基础设施建设，确保贫困村饮水安全。

为扎实做好2016年农村饮水精准扶贫工作，限时打赢农村饮水精准扶贫攻坚战，根据县扶贫开发领导小组要求，以加强农村供水基础设施建设为根本，着力完善农村供水社会化服务体系，保障农村饮水安全，确保贫困村饮用水合格率达到80%以上，实现相对集中居民点农户吃上自来水，全面解决所有贫困村人畜饮水安全问题。农村饮水精准扶贫工程按照每人每天80升的用水标准设计，所建工程尽量解决更多用户生活用水，所需建设用地由项目村组及受益农户自行协调解决，由乡镇（街道）根据县上下达的农村饮水资金计划，委托县水务局统一组织设计单位编制项目实施方案，报县水务局审查审批后组织实施。其主要做法有以下三点。

（1）做好资金筹措与管理工作。农村饮水精准扶贫项目资金来源由市级以上专项资金和县级扶贫统筹资金两部分组成。农村饮水精准扶贫工程项目资金的使用和管理按照专项资金管理办法，遵循公开、公平、公正的原则，接受社会监督。招标限额以下的农村饮水精准扶贫项目不作财政限价评审，工程完工后，以完工结算审计金额进行工程结算。县财政局负责农村饮水精准扶贫项目资金管理。工程完工验收、提交完工资料并通过结算审计后按审计金额支付90%工程款，余下的10%为工程质量保证金，在保修期满一年、工程无质量问题后拨付。

（2）严把项目实施关。工程总投资在招标限额以下的农村饮水精准扶贫项目，项目实施以乡镇（街道）为业主，受益群众为主体。实施主体与项目业主签订施工承包合同。施工承包合同签订时须提供施工参建人员意外保险，并按相关规定缴纳履约保证金。2016—2017 年农村饮水精准扶贫项目管材由县财政局组织统一招标采购，施工单位依据项目批复的用量计划到中标企业处提取管道及管件。项目乡镇（街道）委托县水务局代为支付材料价款，材料价款纳入项目结算资金。

（3）做好监督检查工作，确保工程质量。为保障工程质量，县水务局成立农村饮水精准扶贫工程指导监督组，会同项目乡镇、村组干部及受益群众，全程参与施工监管、完工验收。工程实施必须严格质量标准，按图施工，做好施工记录。建立项目实行巡回监理制度，乡镇（街道）委托县水务局组织具有相关监理资质的监理单位实行巡回监理。项目完成后，由项目实施单位自验合格后，项目实施单位向项目乡镇（街道）提出申请，由项目乡镇（街道）组织相关单位参与验收。工程完工验收合格后，由项目乡镇（街道）向县水务局提出申请，县水务局组织县发改委、县财政局、县扶贫办等部门进行竣工验收。

截至目前，农村饮水精准扶贫工程已基本解决保家镇等 31 个乡镇（街道）55 个村 29650 人饮水安全问题，其中贫困人口 17153 人。新建供水工程 188 处，安装管道 764.93 千米。计划工程投资 2793 万元。同步在非贫困村实施农村饮水安全巩固提升工程 50 处，计划工程投资 1000 万元。① 计划于 2016 年 8 月 30 日前全面完成贫困村及非贫困村建设任务。

4. 基础设施建设精准到户。

彭水县委、县政府坚持以村为单元、连片贫困户为重点，将各类基础设施项目规划实施到村到户。2015 年投资 2 亿元以上加快农村交通建设，投资 1.5 亿元以上加快农村水利建设，投资 1 亿元以上推进农业综合开发，投资 5000 万元以上升级改造农村电网，完成农村危旧房改造 4000户、农户改厕 5000 户，新建农用沼气池 2000 口，改善贫困地区生产生活条件。②

---

① 资料来源：彭水县《2016 年农村饮水精准扶贫工作方案》。
② 资料来源：根据调研座谈录音整理，2016 年 7 月 24 日。

（三）大力推进产业扶贫，为精准扶贫脱贫提供产业支撑

农业产业是农村经济和地域发展的重要基础和有力支撑，产业兴则经济兴，产业强则经济强，产业扶贫对于促进贫困地区经济发展和贫困群众增收，有着十分重要的作用。产业选得准不准，关系到贫困农民的致富和区域经济的发展。打好精准扶贫脱贫攻坚战，必须发挥好产业扶贫的重要作用。要从实际出发，大力推进以特色农业、新型工业、民族和生态旅游、劳务经济等为主的产业扶贫，并根据自然生态条件、要素禀赋、经济水平等方面的差异以及市场变化特点，探索创建多种产业扶贫新模式，在提高扶贫开发质量和效益方面作出实实在在的明显成效。

目前，在精准扶贫工作中，彭水县进一步优化产业布局，完善产业规划，坚持"因地制宜，因户施策"的原则，以促进农民增收为目标，以特色效益为核心，以加工带生产、以公司带农户、以营销带市场，立足资源优势，着眼市场需求，延伸产业链条，加快推进产业化，以"村有产业，户有项目"为目标，侧重抓好长效产业，突出发展烤烟、红薯、草食牲畜、中蜂、食用菌和休闲观光体验农业，彭水成功走出了"选准产业扶贫发展模式，培育支柱产业，帮扶农民脱贫致富"的新路子。

1. 主导产业优先向贫困村、贫困户覆盖。县级各有关部门、各乡镇（街道）按照贫困村、贫困户优先的总体原则和巩固发展粮油、蔬菜（魔芋为主）、生猪等基础特色产业，突出发展烤烟、高淀粉红薯、蜂业等区域特色产业，积极发展牛羊、中药材、生态渔业、油茶、乡村旅游等优势特色产业的总体要求，不断优化特色主导产业布局，因地制宜、因户施策，鼓励支持贫困农户发展特色效益农业，确保主导产业贫困村、贫困户覆盖率60%以上。健全"一乡一品""一村一特"培育机制，鼓励支持乡镇立足贫困村实际，坚持产销对接、订单收购，因地制宜发展特色效益农业，建成一批特色产业示范村镇。

郁山镇是彭水县红薯种植大镇，小红薯逐渐成长为该镇村民增收致富的大产业。2013年，该镇以特色产品"郁山晶丝苕粉"跻身第三批全国"一村一品"示范村镇名单。

推进"一乡一品"打造"一村一特"是彭水县发展特色效益农业的重要推手。像"郁山晶丝苕粉"一样，在特色产业发展上，彭水县坚持

以加工带生产，着力打造一批农产品加工领军企业，加快推进农产品深加工。今年，彭水县将促成群英农业等农产品加工企业全面达产，苗妹香香大米、苗嫂山茶油加工能力提升，魔芋精深加工企业、中蜂文化产业园建成投产。在特色产业发展上，彭水县始终坚持先示范后推广，以点带面，扩大效益农业的示范效应。2017年彭水县将升级打造摩围山山地特色农业示范区、乌江画廊休闲观光农业示范带和鹿鸣—平安—太原特色产业示范带，不断提高示范片（点）的规模化、标准化、集约化水平。同时还不断健全"一乡一品""一村一特"示范体系建设激励机制，提升产业化水平。

2. 主体培育引领优先向贫困村、贫困户集中。建立健全龙头企业、专业合作组织、致富能人等新型经营主体与贫困农户建立利益联结机制，将辐射带动贫困户增收绩效，作为产业项目竞争立项的重要依据，给予优先扶持和重点扶持。鼓励和引导农民专业合作组织、致富能人向贫困村、贫困户提供专业的农业技术服务、提供耕种收等机械服务和帮扶，降低贫困户产业发展风险，节约产业生产成本。鼓励和引导经营主体、致富能人向贫困村、贫困户集中，利用土地流转、订单种植等方式建立农产品原料生产基地，带动和引领贫困户通过投劳务工、管理、合作发展等多样形式积极参与主体建设和产业发展，引领和带动贫困农户增收。

村里有了香菇基地　贫困户分红挣了钱

在彭水县平安镇鹿坪村，种香菇的傅朝安是在当地政府的扶持下先富起来的部分人之一。如今，鹿坪村的贫困村民正搭上了傅朝安选定的种植香菇的致富快车。

2016年10月17日，记者见到傅朝安的时候，他正领着工人将菌种装袋，为培育菌棒作准备。

他告诉记者，制作菌种的原料很简单，主要有木糠、麦麸、石膏、红糖等，但是千万不要小看这一袋简单的菌种，至少可以培育出20个菌棒，而一个菌棒产的香菇大概有2斤，价值10块钱左右，除去各项成本，每一袋菌种带来的利润将达到100块钱。

深秋时节，万物都将进入"冬眠模式"。而在傅朝安的大棚里，一朵朵香菇顽皮地探出脑袋等待着主人的采摘。摘香菇，是傅朝安每天的日常工作，也是他最幸福的时刻。"如果冬天摘就要摘菇头稍微开点的，夏天不是很开就可以摘了。如果开盘狠了，味道就变了，质量就不好。"傅朝安边摘香菇边对记者说道。

目前，傅朝安的香菇基地共有 9 个大棚，一个大棚一年可产 3 季香菇，按目前的市场价计算，一个 4000 支菌棒的大棚毛收入将达 4 万元。"菌棒的产量是 1.8 至 2 斤，现在的市场价是 5.5 元/斤至 6 元/斤，算下来一个菌棒的产值就是 10 元，每个棚 4000 个菌棒，一个棚的产值就是 4 万元。"傅朝安给记者算了一笔账。

而在两年前，傅朝安还是一名打工仔。"我回来发展的目的就是为了让周边的群众挣点活络钱，解决我们这里的留守村民的就业问题。而且在外面打工也确实不是办法，挣点钱吃外边用外边，回来了就没得钱了。"傅朝安和记者说起了心里话。

创业者有决心、有信心，党委政府就要让他放心、安心。听说傅朝安要发展香菇种植，镇村两级干部都给予了他大力支持。"镇政府帮我申请了微型企业，帮助我在村里流转土地、找水源，并把村里闲置的学校免费给我当作工作基地，给了我很大的帮助。"傅朝安说。

就这样，香菇种起来了。前两年，傅朝安一个人摸索前行，1 万多个菌棒一年纯收入约 6 万元。傅朝安的一举一动让村民们看到了脱贫增收的美好前景。2015 年，村里 3 个贫困家庭和他签订了合作协议，以此壮大香菇产业，按期利润分红。在基地务工的黄明菊一家就是股东之一。"我们一共入股了 2 万元，不仅有了分红，还能在基地里务工。"黄明菊说。

同时，傅朝安除了吸收贫困户入股，他还接纳了 15 位村民常年在基地务工，每人一年下来也有 5000—10000 元的收入。

当前，傅朝安正着手准备搭建更多的大棚，开始种植羊脚菌，他在进一步壮大自己产业的同时，带动了更多贫困家庭加入这个行列。

3. 产业扶持政策优先向贫困村、贫困户叠加。彭水县相关部门在特色效益农业专项资金中安排一定比例资金，建立健全贫困村、贫困户特色效益农业发展差异化政策。乡镇特色效益农业资金项目的竞争立项优先安排贫困村。县级各有关部门整合相关项目及政策资金，优先向贫困村安排、向贫困户叠加。各乡镇（街道）在搞好县级部门项目对接的同时，加强相关项目资金及政策的整合，实现政策资金叠加，扶持贫困群众发展特色效益农业。以高淀粉红薯示范区为例，彭水县按照到户补助政策给予每亩种子补助 80 元，化肥农药等物化补助每亩 200 元，加工大户农机补助在国家政策外再补助 50%，龙头企业按照每公斤 0.9 元的保护价收购鲜薯。① 同时约定，采用"红薯种植龙头企业＋专业合作社＋大户＋贫困户"的模式，由龙头企业负责红薯深加工，合作社负责红薯初加工。在我们的调研中了解到，一般的贫困户，只负责种植红薯，不用担心产品销路问题，至少可增加收入 50% 以上。

4. 产业帮扶优先向贫困村、贫困户倾斜。彭水县以贫困村、贫困户为重点，深入开展农技人员"驻村帮乡带户"活动，发动农业系统机关干部、农业经营主体落实"1＋1""1＋X"的帮扶措施，即把缺劳力、资金、项目、技术的增收困难农户作为帮扶重点，依托专业大户、龙头企业、合作组织、致富能人、亲朋友邻等，通过保护价收购、订单生产、"零首付"托养、邻里帮带等模式，实现增收困难农户帮扶全覆盖，确保纳入增收计划的困难户都有人帮扶，从资金、项目、技术、物资、销售等多个渠道提供帮助和支持，帮助贫困户选准项目、学会技术、适时发展、稳定增收。充分利用"阳光工程"培训、农民"田间学校"、春耕春播"五送"等活动，深化科技扶贫特派员制度，向贫困户提供农业技术，传播先进生产技术技能，帮助每户贫困户掌握至少 1 门以上的生产技术和技能、发展 1 个以上增收产业项目。

5. 采取"公司＋基地＋农户"的精准扶贫模式，助推精准扶贫。近年来，彭水紧紧围绕烤烟、红薯和草食牲畜三大特色主导产业，通过出台扶持政策、培育新型经营主体、完善加工营销体系等措施，以"公司＋基地＋农户"的模式，不断培育壮大产业规模，促进农民增收，脱贫致富。以彭水红薯产业为例，彭水采取"公司＋基地＋农户"的精准扶贫模式，助推精准扶贫取得了显著成效。

例如，重庆仁禹农业开发有限公司主要从事红薯工厂化电热加温快

---

① 资料来源：根据调研座谈录音整理，2016 年 7 月 24 日。

繁育苗与脱毒纸册苗繁育等业务。2015 年，在彭水县农委的指导与支持下，该公司免费向县内贫困农户发放种薯 300 余吨、种苗 200 余万株，带动发展种植户 3000 余户，实现农户户均增收 3500 元，直接经济效益超过1000 万元。同时，季节性劳动用工达 130 人以上。①

彭水县龙须晶丝苕粉有限公司主要从事原材料生产、加工与销售，主要产品有晶丝苕粉、紫薯苕粉、酸辣粉丝等产品。生产方式上重点采用"公司＋基地＋农户"的生产经营模式，实行订单种植、合同收购。对贫困户实行免费发放薯种、薯苗、肥料等，优先收购鲜薯，优先支付收购款。对入社社员及薯农实行盈利分红、二次返利、补差价收购等方式收购红薯，带动广大薯农种植积极性。2015 年，公司对贫困户免费发放薯种 65 吨，价值 32 万元；肥料 78 吨，价值 25 万元；辐射带动农户5000 余户，种植红薯 1.8 万亩；实现薯农销售收入 3000 万元以上，户均增收 4500 元以上。②

6. 对精准扶贫支柱产业加大扶持力度。彭水县作为全市烟叶老产区之一，自 20 世纪 90 年代以来，逐渐成为彭水县的支柱产业，也是农民增收致富的重要渠道，更是精准扶贫脱贫的重要产业支撑。为此，彭水县委、县政府始终把烟叶产业作为重要的支柱产业予以扶持。在行业投入政策上，按市烟草公司的要求生产投入 340 元/亩，特色烟叶基地单元和订单农业基地单元 420 元/亩，其中市烟草专卖局（公司）统筹 90 元/亩，县烟草公司投入 250 元/亩，共计 3000 万元，主要用于种子、肥料、农膜、农药、预检袋等烟叶生产专用物资补贴，合作社集中堆沤农家肥、气象服务、育苗、机耕、起垄、植保、采烤、冬耕清残等专业化服务补贴及 K326 上等烟补贴。在补贴政策方面，继续执行鲜烟叶田间处理补贴50 元/亩的优化结构政策，K326 品种国家局在 2014 年烟叶收购价格基础上上浮 10%，市烟草专卖局再补贴 1 元/斤。除农业保险外，全市统筹安排灾害救助资金不低于 30 元/亩，特色烟叶基地单元和订单农业基地单元每亩无偿增加投入 10 公斤专用有机肥。同时，2015 年县财政将投入资金 2000 万元用于烤烟产业发展。其中配套生产投入资金 1500 万元，主要

---

① 转引自于海年、杨丽萍《扶贫攻坚彭水模式》，载《民生周刊》2016 年第 4 期。
② 同上。

用于新能源烤房建设补贴 2 万元/座;继续安排酸化土壤改良项目经费 100 万元、乡镇工作经费 100 万元;对烟农完成合同计划产量 90% 以上的,以实际交售烟叶按 15 元/担的标准给予奖励;安排资金 150 万元,扶持专业合作社利用育苗工场等闲置设施发展以食用菌为主的辅助产业。提取基础设施专项管护资金 500 万元,加上 2014 年剩余的 475.4 万元管护基金,主要用于对烟区道路、烟水配套工程、烟机、农业气象服务等烟叶基础设施的管护和维修,并建立基础设施管护长效机制,确保基础设施正常使用,充分发挥使用效益。在烟农投入政策上,烟用肥料按照露地烟 315 元/亩、地膜烟 335 元/亩标准贷款,其中烟苗贷款 35 元/亩,灭芽剂按 5 元/亩标准购买,其余农药由行业统筹解决。[①]

(四) 有效开展医疗卫生精准扶贫,防止因病致贫、因病返贫

从我们的调研中发现,在政府核定的贫困户中,因病致贫、因病返贫的贫困户占有较大的比例,为了有效解决这个问题,彭水进行了有益探索,取得了较为显著的成效。

1. 制定医疗卫生精准扶贫实施方案。为了确保医疗卫生扶贫工作精准有效,切实控制"因病致贫、因病返贫"现象,助推彭水县整体脱贫,彭水县卫生和计划生育委员会、财政局、扶贫开发办公室按照彭水县委、县政府精准脱贫的总体思路和工作要求,结合医疗卫生实际,制定了《2016 年医疗卫生精准扶贫实施方案》(以下简称《方案》),《方案》坚持以提高精准扶贫工作的精确性、有效性,扶真贫、真扶贫,努力让群众有更多获得感、幸福感为指导思想,以全县扶贫攻坚总体要求为工作思路,保持以全县贫困村、贫困户、贫困人口为工作对象不变,以提升医疗卫生服务能力为主要措施,切实把医疗卫生精准扶贫落到实处。

2. 完善落实医疗卫生精准扶贫的具体措施。为了做好医疗卫生的精准扶贫工作,彭水县相关政府部门制定完善了医疗卫生精准扶贫的相关措施,并把这些措施落到实处。这些措施主要有:①继续提升基层医疗卫生机构服务能力。2016 年,彭水县政府投入 7000 万元以上用于基层医

---

① 资料来源:根据调研座谈录音整理,2016 年 7 月 24 日。

疗机构设施建设及医疗设备配置,改扩建乡镇卫生院 8 所,改善 55 个拟脱贫村的村卫生室的硬件设施和条件,村卫生室业务用房均达 80 平方米以上和四室分开,配齐基本医疗设备,新建村级标准化卫生室 46 个,每个贫困村配齐 1 名以上乡村医生,对全县乡村医生全员培训 2 周以上。①②大力推行流动医护人员上门服务管理模式。推行医护人员上门服务,做好特"慢"病患者的健康体检、签约服务、诊疗管理,并落实重(特)病人及贫困患者的责任医生和政府领导对其进行分级诊疗及跟踪管理,确保贫困老百姓得到及时有效的治疗和健康管理,切实提高群众的健康水平。③严格规范医疗卫生机构诊疗服务行为。在全县卫生系统继续深入开展"医疗卫生服务行为专项整治""医疗质量万里行""三好一满意"等活动,规范医疗卫生服务行为,提升医疗卫生服务质量。严格控制医药费用不合理增长,基层医疗卫生机构医疗次均费用比全市平均水平低 10%。深入开展群众满意乡镇卫生院创建活动,群众满意乡镇卫生院达 10%。全面推进乡村医生签约服务,"因病致贫、因病返贫"患者乡村医生签约服务率、健康档案建档率均达 100%。

3. 筹措卫生扶贫专项资金,持续实施贫困患者家庭医疗补助政策。为了有效解决"因病致贫、因病返贫"问题,彭水县政府设立医疗卫生扶贫专项资金基金,每年安排 2000 万元,连续安排三年(2015—2017年),基金利息纳入基金管理,对已享受合作医疗、医保、大病医疗救助(含乡镇卫生院、街道社区卫生服务中心)补助 80%,二级医疗机构补助 50%,三级医疗机构补助 20%;对经以上各项政策报销救助补助后自付额度仍然较大的患者家庭再实行阶梯性、一次性补助:患者家庭自然年度累计自付费用 2 万—5 万元的补助 8000 元、5 万—8 万元的补助 1 万元、8 万元以上的补助 1.2 万元,已惠及贫困家庭 7198 户、贫困患者 9250 人。筹集 115.8 万元资金,为 64348 名贫困人口购买了大病医疗补充保险;筹资 249 万元,为 27640 户贫困户购买了农民保险和小额意外伤

---

① 彭水苗族土家族自治县卫生和计划生育委员会、彭水苗族土家族自治县财政局、彭水苗族土家族自治县扶贫开发办公室:《2016 年医疗卫生精准扶贫实施方案》。

害险。①

（五）大力扶持旅游扶贫产业，助推精准扶贫

彭水苗族土家族自治县地处武陵山腹地，具有独特、神奇的地质地貌、风景旖旎的山水和底蕴丰厚的民族文化资源，使得彭水的旅游资源十分丰富，旅游产业前景向好，为此，彭水县委、县政府立足"民族、生态、文化"的旅游资源禀赋，将旅游作为第一支柱产业来打造，深入实施全民兴旅、全域旅游战略，大力推进文旅、商旅、城旅、农旅等深度融合，着力以旅游产业化发展促进脱贫攻坚，支撑全县经济社会发展。

1. 坚持以基础设施建设为先，打造精品景区。近三年，彭水县委、县政府先后投入44.5亿元，着力打造阿依河、乌江画廊、摩围山、蚩尤九黎城、郁山古镇5大精品景区，积极创建1个市级旅游度假区、1个国家5A级景区、3个国家4A级景区，坚持以重点景区带动贫困群众创业就业，把景区周边贫困村纳入旅游景区统一规划、统一建设、统一营销，构建了乌江画廊—阿依河—摩围山—蚩尤九黎城精品景区之间的旅游环线，推动了沿线10个乡镇（街道）、32个贫困村的基础设施建设，直接带动6800余户贫困户、3万余名贫困群众增收，辐射带动20余万群众增收致富。②

2. 坚持以富民为要，发展乡村旅游。根据各个贫困村旅游资源禀赋，结合全市乡村旅游示范项目——"美丽高山·纳凉胜地"，按照"一村一品、一村一景、一村一韵"的思路着力打造魅力村庄，有规划地开发休闲农庄、乡村酒店、特色民宿、自驾露营、户外运动等乡村休闲度假产品，大力推进乡村避暑休闲产业发展。目前，已成功打造了鞍子苗寨、平安花海、长生度假乐园等23个乡村旅游示范点，发展乡村旅游接待农户430户，其中有150家农家乐，床位4500张。2015年，乡村旅游共接待游客23余万人次，营业收入1420余万元，参与农户户均收入2万元以上，带动贫困户680户。2016年1—4月，已接待游客14.9万人次，实

---

① 彭水苗族土家族自治县卫生和计划生育委员会、彭水苗族土家族自治县财政局、彭水苗族土家族自治县扶贫开发办公室：《2016年医疗卫生精准扶贫实施方案》。

② 资料来源：2016年5月22日彭水苗族土家族自治县给上级领导精准扶贫工作汇报材料。

现旅游收入784万元。①

3. 坚持以"旅游＋"为重，延伸产业链条。发挥旅游产业综合性作用，加强旅游业与其他产业和行业融合，探索开辟"旅游＋X"的生态产业集群发展路径，重点发展特色效益农业和特色旅游商品加工产业，建成各类休闲观光农业示范基地50余个，成功开发了不老泉水、晶丝苕粉、紫苏油、苗家手工刺绣、藤编艺术等具有地方风味的养生食品、特色农产品和工艺品，为贫困人口实现稳定增收和脱贫致富搭建了良好平台。

4. 坚持以营销为首，塑造旅游品牌。以举办"一节一赛"和渝东南生态民族旅游文化节为载体，充分利用微博、微信、智慧旅游APP等新媒体，多渠道、多形式、多角度地开展旅游产品主题营销推介活动，全方位宣传精品景区、旅游特色和彭水形象，提高彭水旅游知名度和影响力。通过几年的不断努力，"中国爱情治愈胜地"已不断深入人心。2015年，全县接待游客1269.6万人次，其中，过夜游客240.2万人次、进入景区游客160.8万人次、境外游客5602人次，旅游综合收入52.6亿元、增长56%。2016年一季度，全县接待游客248万人次、同比增长25%，其中，过夜游客55.7万人次、进入景区游客43.9万人次，实现旅游综合收入9.76亿元、同比增长34%，旅游产业对经济社会发展的支撑作用更加明显，也成为贫困村、贫困户脱贫致富的"新引擎"。②

5. 坚持以活动为载体，助推旅游发展。为让彭水旅游"走出去"，近年来，彭水举办了摩托艇大赛、中美澳艺术滑水明星对抗赛、中国乌江彭水龙舟赛、阿依河国际漂流赛、江河钓鱼大赛等一系列赛事，同时还开展了以"爱情治愈品牌"为主的一系列旅游活动。通过这些极富文化民族风情的特色活动的举办，成为吸纳彭水贫困人口的大平台，引导越来越多的周边群众直接参与旅游接待服务工作，吃上"旅游饭"。据统计，彭水通过扎实开展旅游扶贫、旅游富民工程，共整合民族、农业、交通、水务、林业等各类资金约3.4亿元，乡村旅游参与农户1000多户，星级农家乐100余家，全县农家乐接待床位6540张，实现了2万人越温

---

① 资料来源：2016年5月22日彭水苗族土家族自治县给上级领导精准扶贫工作汇报材料。
② 同上。

脱贫。[1]

自 2015 年以来，为了不断推进扶贫工作，探索贫困村、贫困户脱贫致富的新路子，旅游资源较为丰富的乡镇纷纷在乡村旅游上做文章，纵深推进乡村旅游发展，如彭水县万足镇利用贫困村廖家村、爱国村仅靠乌江画廊及阿依河出口、平均海拔 800 米的独特地理优势，通过对廖家村、爱国村进行环境改造，对 53 户农户院坝进行整治，C、D 级危房进行改造，改善农户居住环境，提升美丽乡村形象，大力发展"避暑度假""生态观光"乡村旅游，拓宽贫困村民的增收渠道，有效带动上述两村贫困户脱贫致富。

（六）创新机制，做好留守老人和留守妇女的精准扶贫工作

留守老人、留守妇女因受技术欠缺、心理、年龄、性别、精力等因素的影响，自身脱贫能力小，扶贫帮扶难度较大。有鉴于此，彭水县委县政府创新工作思路和工作机制，在留守老人和留守妇女的精准扶贫工作方面取得了较好成果。其主要做法有以下几种。

1. 加强孝道文化教育，强化家庭养老基础。彭水县委县政府领导清醒地认识到，家庭养老是我国的传统养老模式，社会化养老在短期内无法替代，在农村显得尤为突出。因此，彭水县委县政府通过各种途径加强孝道文化教育，强化家庭养老基础。（1）加强新闻媒体的宣传力度，充分利用网络、报纸、广播电视以及各种宣传栏、宣传窗、宣传标语等形式，大力宣传、强化赡养老人是每个子女应尽的义务。对农村孝敬父母事迹突出的进行广泛宣传，每个乡镇（街道）每年开展一次"孝心儿女"评选表彰活动，全县每两年开展一次"孝亲敬老"评选表彰活动，大力弘扬孝道文化，让"孝亲敬老"代代传承。（2）加强家庭养老法制教育，规范养老行为，明确子女赡养责任、义务，完善家庭养老各项制度，减少养老纠纷的发生。（3）整合利用现有乡镇敬老院资源，对有意愿入住的留守老人实行优先原则，由其子女出资提供有偿服务。

2. 推行四项关爱服务机制。（1）建立网络化服务管理机制。通过走访、了解农村留守老人的实际情况和需求，建立农村留守老人数据台账。

---

[1] 资料来源：根据调研座谈录音整理，2016 年 7 月 25 日。

各驻村干部进村入户逐个对各村留守老人进行摸排,全面掌握其家庭、生活情况。列出重点帮扶对象,准确掌握基本信息,实行网格化管理。(2)建立结对帮扶机制。将留守老人帮扶行动作为县扶贫集团帮扶工作重点,切实加强与留守老人之间的联系沟通,详细了解农村留守老人的家庭情况、赡养人情况以及存在的困难,加大其管护力度,更好地为农村留守老人提供服务和帮助。同时推行专职干部帮扶措施,每个村配备一名专职负责留守人员工作的女干部,确保帮扶到位。(3)建立互助互动机制。推行村社或邻里帮扶制度,开展生产生活互助、文体娱乐互助、情感交流互助、家庭矛盾调解互助,建立村社服务网络和家政服务站、小餐桌等,及时为留守老人排忧解难。(4)建立社会救助和优待机制。①实行营养补贴。彭水县委县政府整合政策资源,对城乡无固定经济收入(含在2016年元月领取城乡居民基本保险95—105元/月的人员)来源的60周岁以上重度残疾失能留守老人,给予营养补贴,每人每月100元(已经享受民政重度失能补贴的五保、城市三无、城乡低保人员除外)。②高龄津贴扩面调标。扩充老年人优待覆盖面,对年满80—89周岁(仅限于在2016年元月领取城乡居民基本保险200元/月的人员)的给予每人每月100元高龄津贴;对年满90—99周岁的,由现行的每人每月50元增加为每人每月200元;对年满100周岁及以上的,由现行的每人每月300元增加为每人每月500元。① ③建立健康档案。基层医疗机构医务人员定期上门服务,建立65周岁以上老人健康档案,每年免费体检一次,对患有慢性疾病的老人基层医疗机构医护人员一年四次随访。

　　3. 积极开展关爱活动。(1)大力发展村居老年组织。利用现有的农村幸福院及村(社区)活动场所培育壮大基层老年组织,配备老年活动器材和读物,2016年全县296个村(社区)争取50%以上成立腰鼓队、歌舞队、太极拳队、棋牌队等文艺队,丰富留守老人的文化生活。(2)引导社会力量参与,强化慈善机构补缺作用。充分发挥慈善会和老年基金会等慈善机构力量,加大社会对老年群体的关心、关爱和关注。(3)广泛开展农村留守老人志愿服务活动。积极为农村留守老人提供社会服务,如生活照料、心理抚慰、健康保健、文体健身等特色服务,根

---

　　① 资料来源:根据调研座谈录音整理,2016年7月25日。

据老人需求，采取"一对一""多对一"等形式，由志愿者与老人结成定向服务对子。

4. 切实维护合法权益。以乡镇（街道）司法所为依托，挂牌成立老年人法律援助工作岗、老年法律服务窗口，为老年人法律援助工作提供组织保障。一方面大力宣传老年人法律权益知识，特别是《老年人权益保障法》的宣传，充分发挥家庭养老的基础性作用，强化赡养老人是每个子女应尽的义务，督促外出务工子女妥善安排好留守老人的生活生产生计，利用赶集日上街组织义务法律宣传和援助每年不少于6次，提高老年人依法维权的意识和能力；另一方面为保护老年人合法权益提供法律支持和援助，针对虐待、遗弃老人，侵犯老人合法权益的事件进行严惩，在宣传法律知识、解答老年人咨询等问题的同时，积极主动地为老年人提供优质、高效、快捷的法律服务。

5. 建立完善农村留守妇女档案和互助制度。一是深入开展调查摸底，详细了解本辖区农村留守妇女尤其是困难留守妇女的基本情况，逐一建立明细档案，动态管理同时做好需求登记，切实做到情况清、底细明，2016年全面建立农村留守妇女档案。二是建立完善留守妇女互助组制度，围绕"四有"（有固定负责人、有稳定活动场所、有完整组员信息、有翔实活动记录）要求，加大互助组组建工作，开展留守妇女生产生活等日常活动。2016年，每个村（社区）以小组为单位建立留守妇女互助组，实现互助组全覆盖，同时培塑1—2个典型互助组（如蔬菜种植、牲畜养殖互助组），开展两场以上形式多样的互助组活动；把互助组组建与妇联工作有机结合，有效推动"双学双比""五好文明家庭"等创建活动。

6. 大力扶持农村留守妇女创业就业。用好用足就业创业政策，推动农村留守妇女积极投身"大众创业、万众创新"，助力农村留守妇女创办微型企业，深入实施妇女小额担保贷款财政贴息政策。联合县人社局组织开展"春风行动"就业专场招聘会，针对性提供创业融资、就业岗位、就业咨询等服务；联合县农委、县供销合作社引导支持农村留守妇女创办领办家庭农场、专业合作社、农业公司等，大力发展种养殖业；协调县商务局为农村留守妇女电商创业创造条件；引导支持农村留守妇女发展手工编织业，促进居家灵活就业创业。

7. 建立巾帼志愿者服务队伍开展长期定向帮扶。2016年招募培训注册巾帼志愿者 300 人，动员妇联干部、女能人、女劳模及其他社会热心人士加入巾帼志愿者队伍，与留守妇女结成帮扶对子，每月通过家访、慰问、谈心等方式解决留守妇女的实际困难问题，进行"一对一"长期持续定向帮扶。指导志愿者利用法律援助中心、婚姻家庭纠纷调解委员会等机构，向留守妇女提供心理、法律和维权等方面的帮助。在有条件的地方建立心理咨询室，以政府购买公共服务形式，聘请专业社工定期开展心理健康咨询和疏导服务，帮助缓解心理负担、心理疾病。每年落实经费 5 万元，用于开展志愿服务活动。

8. 加强妇女之家建设，拓展实施关爱、帮扶行动平台。以妇女儿童之家为载体，拓展实施关爱、帮扶行动平台。继续扎实落实"两癌"免费检查、妇女小额贷款等项目。深入开展"家庭教育流动学校"进村入院工作。村（社区）妇联组织要切实发挥妇女儿童之家在服务留守妇女儿童和家庭方面的阵地作用，帮助采购健身器材、音响、桌椅、书籍等设备，开展科技致富、文化娱乐、谈心交流等活动。2016 年落实资金 50 万元，用于妇女之家阵地建设。

三　彭水精准扶贫存在的问题及解决对策

在彭水县委县政府的高度重视和领导下，在全县干部群众的共同努力下，彭水县的精准扶贫工作取得了较好的实效，经过实践和探索，积累了一些好的经验和好的做法，形成了精准扶贫的彭水模式。但与此同时，彭水的精准扶贫工作也还存在着诸多问题和不足，需要进一步完善和解决。当然，这些问题和不足不仅仅是彭水所特有，而是带有一定的普遍性。

（一）精准扶贫干部队伍素质和能力不足

精准扶贫干部队伍素质能力的高低好坏，在一定程度上决定着精准扶贫工作成效的大小，精准扶贫干部队伍能够对精准扶贫工作有一个较为清醒和理性的认识，具有较高的精准扶贫工作能力，精准扶贫成效就会好，反之，精准扶贫就不能达到预期效果。时任中共中央政治局委员、中组部部长赵乐际 2016 年 11 月 20 日至 22 日在贵州调研基层党组织建设时强调，农村基层干部是建设社会主义新农村的骨干力量，他们的能力素质如何，直接影响着实现全面小康进程。要打赢扶贫攻坚这场硬仗，就必须充分发挥基层党组织的战斗堡垒作用，激发农村基层干部敢想敢干的拼搏精神，把一个个扶贫政策措施落地见效，把每一名贫困群众带上小康之路，让农村基层干部成为扶贫关键的关键人。

从我们的调研发现，绝大部分干部具有较高的素质和能力，对精准扶贫工作的重要性和形势有一个较为清醒的认识，具备有效开展精准扶贫工作的各种能力。但是还存在少部分精准扶贫干部队伍的素质和能力不足，制约着精准扶贫工作的有效开展。其主要表现是：

1. 对精准扶贫工作的重要性和形势认识不足。一是不能清醒认识打赢脱贫攻坚战是巩固党的执政基础的内在要求，是全面建成小康社会的基本要求，是实现共享发展的必然要求，是培育经济新动能的重要途径。习近平总书记在十八届五中全会和中央扶贫开发工作会议上强调，"全面建成小康社会，最艰巨的任务是脱贫攻坚，最突出的短板在于农村还有7000多万贫困人口"。"全面建成小康社会目标能不能如期实现，很大程度上要看扶贫攻坚工作做得怎么样。"然而，在我们的调研中发现，还有少部分干部不能清醒地认识到这一点。二是不能清醒认识2015年的脱贫成效是初步的、低水平的，很不稳定，极易返贫。习近平总书记特别强调："打赢脱贫攻坚战，不是轻轻松松一冲锋就能解决的，全党在思想上一定要深刻认识到这一点。"有的干部存在松劲、厌战思想，认为脱贫摘帽了，就把担子扔掉了，就认为万事大吉、高枕无忧。三是不能清醒认识过去的脱贫成效来得相对容易，容易脱贫的扶贫对象都已经脱贫了，越往后，剩下的人口贫困程度越深，致贫原因越复杂。剩下的贫困人口，大多是经过多轮扶贫没有啃下来的"硬骨头"，有的是丧失劳动能力，有的是患重病慢性病，有的是文化程度很低，有的是因灾、因学等致贫返贫，还有的是缺乏基本生产条件，基本都是特殊困难群体，致贫因素交叉叠加更多，过去"一招管用""一举多得"的做法难以奏效，脱贫攻坚的成本会更高，见效会更慢，脱贫难度极大。盲目乐观，缺乏打硬战、啃硬骨头的思想准备。四是不能清醒认识我国发展面临的困难更多更大，世界经济深度调整、复苏乏力，国内经济增速换挡、结构调整阵痛、新旧动能转换相互交织，经济下行压力加大。在这种大背景下，过去主要依靠务工增加贫困群众收入将受到极大冲击。

也正是由于少部分精准扶贫干部队伍对精准扶贫工作的重要性和形势认识不足，致使他们在精准扶贫工作中产生了一些不良倾向：①思想疏忽大意。认为按照现在贫困县、贫困村、贫困户的脱贫标准，只要轻轻松松一冲锋，就能如期完成脱贫目标，实在脱不了贫的，就用低保政策一兜了之。②只顾眼前脱贫。认为脱贫攻坚是阶段性任务，主要解决当前脱贫越线问题，导致帮扶措施短期化、临时化，对如何稳定脱贫，思考研究不深，制度性设计不多。特别是 2016 年正值区县、乡镇和村三级换届，一些干部受"换届综合征"影响，工作应急应付，新措施、新办法不多。对 2015 年已经脱贫的贫困村、贫困户，认为通过检查验收就万事大吉，思想重视程度、帮扶力度明显减弱，对如何巩固脱贫成果、建立长效机制的思考和落实不够。③存在畏难情绪。认为扶贫开发干了这么多年才有今天的成效，要在短时间内全面脱贫，时间紧、要求高、难度大，特别一些深度贫困户是"扶不起的阿斗"，如期稳定脱贫根本不可能，把希望寄托在检查验收时侥幸不被抽到查到，有"数字脱贫""假脱贫""被脱贫"的隐忧。

2. 少数精准扶贫干部能力不足。少数精准扶贫干部的能力不足也直接影响着精准扶贫的效果，能力不足的表现有：①沟通协调能力不够。著名人际关系学家卡耐基说："一个职业人士成功因素 75% 靠沟通，25% 靠天才和能力……"由此可见，沟通协调能力对于个人成功的重要性。同样如此，如果从事精准扶贫工作的干部队伍也具有较强的沟通协调能力，那么，精准扶贫工作也就会开展得较好，反之，就会影响精准扶贫效果。从我们的调研发现，还有小部分精准扶贫干部缺乏必要的沟通协调能力，语言不接"地气"，"官话""套话"连篇，无法和群众正常交流，致使精准扶贫政策无法宣传落实到位，群众所思所想也无法知晓。②农村工作经验不足，处理农村问题和纠纷的能力欠缺。少数精准扶贫干部长期没有在农村生活，不了解农村的风土人情，不熟悉农村处事方式，也没有在农村工作过，缺乏农村工作经验，无法有效解决精准扶贫工作过程中出现的各种问题和矛盾。③农村产业发展和经营能力不能满足农村产业发展需要。精准扶贫，因地制宜发展农村产业，发展是关键、是核心，而要想发展壮大产业，通过发展产业助推精准扶贫，单凭群众自身力量是无法实现的，还需要精准扶贫干部队伍的指导和引领。这在客观上就需要精准扶贫干部懂农村产业发展，具备农村产业发展和经营的能力。但从我们的调研中发现，还有小部分精准扶贫干部缺乏农村产业发展和经营能力，不能有效带动和引领农村产业的发展和经营，进而影响了精准扶贫效果。

针对上述少数精准扶贫干部队伍素质能力不足问题，可以从以下几个方面着手予以解决。

（1）对精准扶贫干部队伍加强教育。对于少数精准扶贫干部守着老观念、老经验不管用，新办法、新举措不能用，导致开展扶贫工作的思路不宽、落实任务的办法不多、解决问题的举措不力、拖全面小康的"后腿"等现象和问题，要对其进行思想政治教育，让他们认识到精准扶贫工作是我们当前改善民生的重头戏，也是一项重大政治任务，认识到全面建成小康社会，短板在农村，重点在精准扶贫上。通过思想政治教育增强其政治敏锐性，提升其认识水平，使他们能够站在全面建成小康社会的高度来认识精准扶贫工作，进而使他们切实把思想行动统一到上级的安排部署上来，以精准扶贫、精准脱贫，带动彭水整个社会民生的极大改善和农村社会的和谐发展。

（2）注重对精准扶贫干部的能力培训，提升精准扶贫能力。按照"缺什么、补什么"的原则，围绕扶贫资金争取、扶贫项目实施、扶贫效果评估等作为培训为主的技能培训，让农村基层干部掌握政策、懂得政策、会用政策。为了提升精准扶贫干部能力，彭水县委、县政府作出一些有益尝试。

为了提升精准扶贫干部的素质和能力，彭水县委、县政府选派基层干部到重庆市参加精准扶贫能力提升培训。规定选派对象为贫困村驻村工作队队长、脱贫攻坚工作督导组成员、贫困村第一书记、挂职干部、乡镇扶贫专干；明确培训目的：助推本县加快脱贫，发挥干部教育培训工作在"扶贫先扶智"中的基础作用；拟定培训内容：县扶贫办结合全县脱贫工作实际，负责拟出培训课程，报县委、政府审定后由县委组织部与市委组织部干教处及重庆广播电视大学沟通确定。确定的培训内容有：一是专题讲座，包括"十三五"规划与当前彭水县经济形势，重庆扶贫开发新形势新任务新政策，驻村工作队职能职责，扶贫资金的使用与管理,提升开展群众工作、农村工作的能力和水平,科技推动特色产业发展和区域品牌建设(结合彭水功能区划分)。二是扶贫脱贫政策解答。三是成功经验分享,一村一品特色产业格局的打造与发展。四是现场教学,观摩1—2个生态旅游与休闲产业发展示范点。五是学员讨论,彭水扶贫现状与未来。

通过这种培训教育,使得彭水县精准扶贫基层干部队伍的能力得到了有效提升。

(3)增强督察力度,巩固精准扶贫实效。基层干部,是落实扶贫攻坚各项措施的执行者和推动者。要巩固维护精准扶贫的成效,唯有严字当头,建立扶贫攻坚工作督察制度,把扶贫攻坚工作作为基层干部考核奖惩、选拔任用的重要依据,防止弄虚作假搞"数字脱贫"、向"三农"资金"伸手"等违纪违法行为。加强民生监督工作,加大调度力度,精准、精细开展监督,不断提升基层干部的规矩意识和廉洁自律意识,让群众真正享受到发展成果。

除此之外,还要选好配强农村基层组织带头人,给他们"压担子",引导他们主动挑起精准扶贫脱贫攻坚担子,投身一线,真正成为全面贯彻党的路线的践行者,方针、政策的执行者。为其多"铺路子",落实好精准扶贫村党组织选派第一书记的工作,把后备干部、优秀年轻干部选派到贫困村担任第一书记,让他们在纷繁复杂的精准扶贫工作任务推进中、在突出问题解决中拓宽视野、创新思维,引领基层干部思想素质、政治素质和能力素质的提升。

(二)重"扶智"、轻"扶志",影响精准扶贫效果

扶贫必扶智,摆脱贫困需要智慧。一方面,培养智慧,教育是根本,教育是拔穷根,阻止贫困代际传递的重要途径。再穷不能穷教育。习近平总书记多次强调"扶贫必扶智,阻止贫困代际传递"。他指出:"扶贫必扶智。让贫困地区的孩子们接受良好教育,是扶贫开发的重要任务,也是阻断贫困代际传递的重要途径。"2015年全国"两会"期间,习近平总书记在参加代表团审议时指出:"扶贫先扶智,绝不能让贫困家庭的孩子输在起跑线上,坚决阻止贫困代际传递。"另一方面,通过对精准扶贫对象进行各种技能培训,予以智力帮扶,使其获得生存技能,找到脱

贫致富的路子，提升自主发展的能力，为其创造解困致富的条件和环境，增强他们走出困境的信心和能力，为拔去"穷根"提供智力保证。

扶贫先扶志。富兰克林说："贫穷本身并不可怕，可怕的是自己以为命中注定贫穷或一定老死于贫穷的思想。"习近平总书记指出："扶贫先要扶志，要从思想上淡化'贫困意识'。不要言必称贫，处处说贫。"不难发现，有些贫困村、贫困户扶不起、穷依旧，不是他们不能致富，而是他们缺乏一种勇气——脱贫致富的勇气，缺乏一种精神——勤劳实干的精神，缺乏一种理念——人穷志不穷的理念。穷不思进取、穷且志短以及精神贫乏比什么都可怕。这就要求我们在扶贫工作中，要有足够的思想认识，"输血"重要，"造血"更重要，扶贫先扶志，一定要把扶贫与扶志有机地结合起来，既要送温暖，更要送志气、送信心。要从思想上、精神上帮扶，帮助他们树立战胜困难、摆脱困境的信心和斗志。习近平总书记强调："弱鸟可望先飞，至贫可能先富，但能否实现'先飞''先富'，首先要看我们头脑里有无这种意识，贫困地区完全可能依靠自身努力、政策、长处、优势在特定领域'先飞'，以弥补贫困带来的劣势。"

在农村致贫的因素较多，有的是因病致贫，有的是因学致贫，有的是因缺乏技能或劳力致贫，还有较大一部分是因缺乏必要的"志气"，"人穷志短"而致贫，在上述致贫因素中，无论是因病致贫、因学致贫还是因缺乏技能或劳力致贫，只要脱贫"志气"还在，在国家和社会的大力帮扶下，脱贫致富并不是一件难事。而因缺乏必要的"志气"，"人穷志短"而致贫的这部分人，正如习近平总书记所说的那样，如果扶贫不扶志，扶贫的目的就难以达到，即使一度脱贫，也可能会再度返贫。由此可见扶贫先扶志的重要性。

彭水县委县政府非常重视对精准扶贫对象的"扶智"工作。一是充分利用县农委、县科委、县扶贫办、县人社局、县商务局、县林业局、县供销社、县畜牧发展中心等部门培训资源，按照渠道不变、项目不变的原则，统筹各单位培训项目，优先组织开展扶贫培训。二是结合需求，分类实施技能培训、创业培训、适应性培训、农业产业培训、电子商务培训、科技扶贫培训、种植养殖培训等培训项目，通过开展多层次、多形式培训，增强技能，提升素质。三是针对林业、畜牧等无资金来源的培训项目,纳入"雨露计划"扶贫培训进行统筹,由行业主管部门按照"雨露计划"项目性质、资金用途和培训要求组织实施培训。四是各乡镇、街道负责人员的培训组织工作,组织引导需培训的贫困人员参加培训。通过上述切实可行的培训教育,让精准扶贫对象习得一门致富技能,为其脱贫致富提供必要的智力保障。

与重视"扶智"相比较而言,"扶志"则显得较为薄弱,缺乏一些有效的措施和手段,帮助贫困对象树立战胜贫困、脱贫致富的志气和勇气。因此,无论是党委政府还是扶贫干部不仅要重视"扶智",而且更要重视"扶志"。

在农村贫困对象中缺乏战胜贫困、脱贫致富的志气和勇气的原因和表现是多种多样的,因此,要针对缺乏战胜贫困、脱贫致富的志气和勇气的原因和表现选择相应的"扶志"措施和手段。

针对因"等靠要"的惰性思想严重,安于和满足现状,习惯并乐意被扶贫,习惯用传统眼光看发展,认为自己没有经济基础,发展没希望,缺乏致富创业的志气、勇气和毅力这部分人而言,可以通过以下措施予以"扶志":一是要对其进行思想教育,扭转贫困人口的不良观念,把思想引导放到更加突出的位置,摒除陈规陋习,让积极向上的正能量成为贫困群众脱贫致富的良药。二是要通过综合施策、组合帮扶,构筑综合性的"大扶贫"的格局,也有利于改善贫困群众的认识偏差和消极心态。三是以脱贫致富的实际效果促进贫困群众思想观念的转变。要为贫困户量身定做针对性强、组合式的帮扶措施,让贫困群众形成自力更生、艰苦奋斗的意识,促成他们思想观念的转变和心态的改善。四是对"等靠要"惰性思想严重,且经教育不改的贫困人口予以相应的惩戒,防止这些人成为"我是穷人我怕谁"的无赖。

有的是因为封建思想作祟,认为生活没希望、没奔头,过一天算一天,缺乏战胜贫困、脱贫致富的志气和信心。如我们在调研中,扶贫干部给我们讲述了这样一位贫困户,该贫困户一家四口,无因学致贫、因病致贫因素。男主人40多岁,正是年富力强、大干事业的时候,但是,由于男主人生养的是两个女儿,没有儿子,因此,他总认为在社会上抬不起头,生活没奔头,过一天算一天,缺乏最基本的生活勇气和志气,对于政府的扶贫工作也不积极配合。针对这部分人,主要是通过批评教育，让他们摒弃封建思想予以"扶志"。

针对"因病致贫"而丧失致富信心和志气的这部分人而言，通过大病救助和社会帮扶，解决他们迫在眉睫的经济困难，让他们尽快从经济困境中走出来是"扶志"的"良方"。

（三）教育扶贫重物质帮扶，轻思想教育和行为习惯养成教育

通过教育扶贫，让贫困地区和贫困家庭学生接受良好的教育，是精准扶贫的有效路径，也是阻断贫困代际传递的重要途径。习近平总书记指出："扶贫必扶智。让贫困地区的孩子们接受良好教育，是扶贫开发的重要任务，也是阻断贫困代际传递的重要途径。""扶贫先扶智，绝不能让贫困家庭的孩子输在起跑线上，坚决阻止贫困代际传递。"有鉴于此，国家把教育脱贫一批作为精准脱贫"五个一批"之一，作为精准脱贫的重要方式和路径予以推广落实。彭水县委县政府也十分重视教育脱贫工作，通过加大教育经费投入，改善薄弱学校办学条件；强化教师交流培训，提高各类学校办学水平；进一步完善贫困学生资助体系，争取各级各类资助项目，优先保障学前教育、义务教育、普通高中、职业教育和升入大学的城乡低保户、建卡贫困户子女享有相应的困难资助；建立困难家庭学生救助基金，县财政每年安排资金200万元，对自然灾害、家庭成员重大疾病等造成家庭经济特别困难的学生给予救助等有效措施帮助贫困学生完成学业。

综观上述帮扶措施，主要还是从物质上进行帮扶，其目的是让他们顺利完成学业，而忽视了对贫困家庭学生的思想教育和行为习惯养成教育，使得有的贫困学生完成义务教育之后就走向社会，成为社会上的"混混"。这样不仅不能有效阻断贫困代际传递，而且还成为目前精准扶贫工作有效推进的严重桎梏，这种情况在我们的调研中也得到了印证。通过我们的调研发现，在农村普遍存在着这种现象，绝大部分成年人（无论是否是贫困人口），尤其是结了婚、有稳定家庭的成年人，有脱贫致富的强烈意愿，具有较强的社会责任感和家庭责任感，支持并积极投身到精准脱贫各项工作之中。反而是从学校毕业的刚踏入社会的那部分所谓的"小青年"，在这部分"小青年"中，绝大部分有"留守儿童"背景，由于缺乏相应的思想教育和行为习惯养成教育，使得他们一走向

社会就染上了"不良习气",整天游手好闲,浪迹江湖,模仿电视电影中的"古惑仔",到处寻衅滋事,打架斗殴,不仅不支持和参与精准扶贫工作,反而成了严重危及农村社会稳定的危险因子。

由此可见,教育扶贫不仅要注重物质帮扶,让每一个学生能够顺利完成学业,而且更要对他们尤其是留守儿童进行正确的思想引导和行为习惯养成教育,使教育真正成为有效阻断贫困代际传递的重要途径。目前,彭水县相关部门针对留守儿童来自家庭的思想和行为习惯养成教育缺失的现状,对留守儿童的思想和行为习惯养成教育进行了一些有益尝试,取得了较好效果,值得总结经验予以推广。

彭水县有关部门通过建立农村留守儿童个人成长档案,摸清农村留守儿童底细,形成农村留守儿童教育关爱工作机制,对家庭贫困、监护不力、亲情缺失、心理失衡、学习困难等不同特点和类别的留守儿童,实施精准帮扶,加强农村留守儿童学校全程监管,开展形式多样的关爱活动,创造良好的成长环境,努力实现农村留守儿童"学业有指导、安全有保障、亲情有呵护、活动有阵地"。其主要措施有以下几点。

1. 实施精准扶贫,严控因贫失学。结合县教委、县扶贫办、县财政局关于印发《彭水自治县教育精准扶贫工作实施方案的通知》(彭水教委发〔2016〕115号)要求,进一步摸清农村留守儿童家庭贫困情况。学校要组织一次留守儿童摸底登记工作,及时更新相关信息,逐个建立成长档案,实行动态管理。全面掌握农村留守儿童的家庭背景、思想表现、学业成绩、兴趣爱好、监护情况等基本信息,全面落实义务教育和教育资助政策,把家庭贫困的留守儿童列为教育精准扶贫的优先对象,确保农村留守儿童不因贫困而失学。坚持扶贫与扶智并举,加强农村音乐、美术、体育、幼教等专业教师配备,加强农村学校教师外出培训、校本培训、名师送教等培训,提高留守儿童所在的山区学校师资水平。落实农村教师生活补贴制度,鼓励优秀教师到农村学校任教,让农村留守儿童接受良好教育。

2. 实施全程监管,提升责任意识。各校对农村留守儿童受教育情况实施全程监管,利用电话、家长会等方式加强与家长、监护人的沟通交流,了解留守儿童生活情况和思想动态,帮助监护人掌握农村留守儿童学习情况,提升监护人责任意识和教育管理能力,切实加强留守儿童安全监管工作。建立放学、返校登记报告制度，及时了解无故旷课农村留守儿童情况，做好控流防辍工作，依法保障农村留守儿童接受良好教育。各学校建立留守儿童亲情聊天室，开通留守儿童亲情电话，确保每位留守儿童节假日给父母通上一次电话或在视频中见上一面，弥补留守儿童与父母长期分离带来的亲情缺失。

3. 加强心理教育，形成健全人格。县教委和学校要充分利用现有的教育资源，引导寄宿学生积极参加体育、艺术、社会实践等集体和团队活动，丰富校园文化生活，让留守儿童获得良好的情感体验。加强学校心理辅导室建设，设置心理咨询信箱（邮箱），开通心理辅导电话专线，针对品德行为偏差和心理障碍的留守儿童，学校要配备心理健康教育专兼职教师，着重开设心理、生理教育课，切实加强留守儿童学习心理健康和人际关系指导培养留守儿童感恩情怀和独立生活能力，使留守儿童体验到生命成长的快乐与幸福，树立乐观向上的生活态度。要把解决心理问题与抓好生活关怀结合起来，让留守儿童通过教师和集体的温暖弥补亲情缺失对其人格发展的消极影响。

4. 建立联动机制，形成帮扶合力。联合县妇联、团县委、乡镇（街道）开展"爱心妈妈""代理妈妈"征集活动，乡镇（街道）、机关干部要积极参与留守儿童关爱工作，结成亲情帮扶对子，通过这种亲情教育，促使留守儿童良好行为习惯的养成。①

（四）精准扶贫相关机制不健全或缺失，有待进一步建立、健全和完善

我们在调研中发现，精准扶贫相关机制的缺失已成为精准扶贫工作中存在的一个制度和机制瓶颈，影响、制约着精准扶贫工作向纵深推进和精准扶贫成果的巩固。精准扶贫相关机制不健全或缺失的表现主要有以下几方面。

1. 现有的精准扶贫措施缺乏灵活性，亟须制定相应的配套措施和办

① 彭水苗族土家族自治县教育委员会、彭水苗族土家族自治县扶贫开发办公室、彭水苗族土家族自治县财政局：《关于印发彭水自治县农村留守儿童帮扶工作方案的通知》（〔2016〕116号）。

法。精准扶贫是粗放扶贫的对称，是指针对不同贫困区域环境、不同贫困农户状况，运用科学有效程序对扶贫对象实施精确识别、精确帮扶、精确管理的治贫方式。精准扶贫要求扶贫对象精准、项目安排精准、资金使用精准、措施到户精准、因村派人精准、脱贫成效精准，彭水县委县政府按照精准扶贫的精准要求探索实施"六到户模式"，即对象识别精准到户、分类指导精准到户、产业扶持精准到户、技能培训精准到户、结对帮扶精准到户、管理机制精准到户，按照中央和重庆市的要求，做到包括精准扶贫对象在内的所有精准扶贫数据上报锁定，切实提高扶贫工作的精准性，取得了较好的效果。毫无疑问，采取把包括精准扶贫对象在内的所有精准扶贫数据上报锁定的措施是精准扶贫的内在要求，也是做好精准扶贫工作的重要举措。但同时，在实际操作中，其灵活性欠缺的弊端也逐渐显现。比如，我们在调研中发现，有的村民经过精准识别不符合精准扶贫设定的贫困条件没有被纳入精准扶贫对象，但在扶贫对象锁定上报以后，该村民却因重大疾病住院治疗，但因他不属于锁定的精准扶贫对象（若属于精准扶贫对象，住院治疗的绝大部分费用政府负担）不能享受精准扶贫的医疗政策，最后陷入贫困，成为新的贫困户，但却不能享受精准扶贫的政策支持和物质帮扶。因此，必须制定具有可操作性的与之相配套的措施和办法，解决在实际工作中出现的新情况、新问题。

2. 干部队伍的考核机制有待进一步完善。通过我们的调研了解到，为了有效促进精准扶贫工作，彭水县委、县政府建立脱贫责任倒逼机制，联系帮扶部门年度考核与扶贫脱贫工作相捆绑，并与各乡镇街道和驻村工作队分别签订了目标责任书，实行三年任务两年倒逼和扶贫脱贫工作"一票否决"制度，对从事精准扶贫工作的干部予以考核，其考核重点在于在规定期限内完成脱贫摘帽任务，让贫困人口脱贫。这种考核制度可以督促各级干部全身心地投入精准扶贫工作之中，尽最大可能做好精准扶贫工作。但从另一方面来看，这种以在规定期限内完成脱贫摘帽任务为核心的考核制度可能会使有的精准扶贫干部热衷于在扶贫工作上追求短期效益，打造扶贫工作的示范点，将有限的扶贫资源首先集中投放到试点地区，期望在短期内看到明显的效益，总结出扶贫经验，增加了精准扶贫干部的政治资本；有的精准扶贫干部为了尽快见到扶贫效果，优先扶大户、造典型，不惜拿钱堆样板，为了"抢时间"出成绩，不切实际上项目，进而使得精准扶贫成了面子工程，一边困难群众期盼"雪中送炭"，一边扶贫资金拿去"锦上添花"，政策资源打了折扣，结果"年年扶贫年年贫，贫困户总是贫困户"现象没有得到根本性解决。事实上，致贫原因的多样性、贫困对象的反复性、扶贫工作的长期性，要求在短期内让这些贫困村民脱贫致富而不返贫是不现实的，因此，这种以在规定期限内完成脱贫摘帽任务为核心的考核制度也是不太合理的，必须进一步健全和完善。

3. 扶贫资金的使用和监管机制缺失。精准扶贫涉及大量的资金使用和监管问题，现在精准扶贫有充足的资金作为财力保障，问题不在于缺乏资金，而在于不能或不敢有效使用扶贫资金。在我们的调研中发现，导致这种情况的原因主要有二：一是扶贫资金涉及农业、民政、水利、交通、民（族）宗（教）、妇联等部门，它们都有各自的扶贫资金和扶贫计划，部分部门单位只关注自己业务范围内的工作计划，与其他部门单位之间缺乏有效沟通，导致资金重复使用。对同一贫困村的同一类项目、同一批贫困户，由于不同单位资金的重复性补贴，既造成了扶贫资金的使用不合理、使用效率低下，又挤占了对其他扶贫项目的资金支持，无法对其他急需资金支持的项目及时进行补贴。以农村基础设施建设为例：与农业相关的基础设施建设扶贫资金和扶贫项目归口农业部门使用和监管；农村水利建设基础设施扶贫资金和扶贫项目归口水利部门使用和监管；与道路交通相关的农村基础设施扶贫资金和扶贫项目归口交通部门使用和监管。除此之外，民宗部门也还有民族专项扶贫资金和扶贫项目可以投向农村基础设施建设。而与之相对应，不同部门对本部门扶贫资金的使用和管理，由各部门或他们的上级主管部门负责，缺乏统一的监督和管理。二是涉及扶贫资金的领域本身就是腐败高发、易出问题的领域，尤其是在现在这种高压反腐态势下，若没有明确的扶贫资金使用规定，相关单位和干部更是不敢使用该扶贫资金。在我们的调研中，有些扶贫干部因在无明确的扶贫资金使用规定的情形下使用扶贫资金而最后被认定为违纪违法。

正是由于上述这两个原因，致使扶贫资金使用效率不高，整合使用力度还不够，有"让资金躺在账上睡大觉"的现象，资金监管还不够严实。

尽管《中共中央国务院关于打赢脱贫攻坚战的决定》已明确要求："按照权责一致原则,支持连片特困地区县和国家扶贫开发工作重点县围绕本县突出问题,以扶贫规划为引领,以重点扶贫项目为平台,把专项扶贫资金、相关涉农资金和社会帮扶资金捆绑集中使用。"汪洋副总理在国家行政学院省部级领导干部打赢脱贫攻坚战研讨班上的讲话中指出,国务院扶贫开发领导小组已经作了研究,很快将出台支持贫困县整合涉农资金试点工作的意见。但到目前为止,整合扶贫资金的相关制度并没有出台,如何使用扶贫资金缺乏可操作性规定的僵局并没有被打破。因此,为了扶贫资金有效使用、整合和监管,建立健全扶贫资金的使用和监管机制是亟须解决的一个现实问题。

4. 对村民的教育机制缺乏。原某县委书记陈行甲发表了题为"精准扶贫中,自强感恩教育要跟上"的网络文章,文章指出,现在有的贫困户觉得政策好就靠政策养着,而且养着养着还觉得浑身上下不舒服,有点不如意的事就去找政府"碰瓷";"我是穷人我怕谁""我是小老百姓我怕谁""我掐着你玩",成为无理取闹的潜台词。有少数贫困户对来家里帮扶的干部很麻木,认为他不脱贫干部交不了账(脱贫表上还要他签字呢!),干部比他更着急的心态,成为一些扶贫对象"扶不起还理直气壮"的缘由。这篇文章在引起社会广泛关注的同时,也带来了一些批判和质疑,有的人认为,出现上述这种情况主要是因为权利义务关系不明确,没有很好地让上述这些贫困户履行他们应尽的义务;有的人更是认为陈行甲书记是在无的放矢,认为只要干部把精准扶贫工作真正做到实处,就会使上述问题迎刃而解。认真拜读这些批判和质疑文章之后,我大胆揣测,这些批判和质疑文章的作者肯定是"昂首望天"而没有"眼睛向下"的"高高在上"的所谓"专家""学者"。事实上,在农村,陈行甲的文章列举的贫困户虽只是极个别的少数,但却是一种普遍现象(这里所说的普遍现象是指在绝大部分村均有这种情况存在),在我们的调研中也得到了印证。

虽然陈行甲的文章列举的贫困户虽只是极个别的少数,但他们给精准扶贫工作带来非常大的负面影响和危害。这种负面影响和危害主要表现在以下几个方面:①阻碍精准扶贫工作的有效开展。虽然精准扶贫贵在"精准"，扶贫对象是"精准"的，扶贫措施是"精准"的，但精准扶贫毕竟还是一个系统工程，需要全村所有人的配合和支持，比如基础社会建设、产业发展，等等，尤其是基础设施建设和产业发展涉及上述极个别贫困户（比如占他们的承包地、林地等）利益时，他们毫不让步就会使基础建设和产业发展无从实施。他们抱有的心态就是宁愿自己得不到好处，也不愿意让其他人得到好处，更有甚者，是为了看帮扶干部的"笑话"。在调研中，有的扶贫干部说，在村街道道路硬化工程项目工作中，许多群众就在家中休息，却不与干部一同参与劳动。而为了保证扶贫工作的顺利进行，下乡工作的领导干部只能硬着头皮劳动。这与精准扶贫工作的初衷是相违背的，浪费了大量扶贫资源。②这些极个别的少数人的行为会带来极大的负面示范效应。这些极个别的少数人不劳而获，但却"理直气壮"地享受着国家提供的物质好处，给其他人一种国家在"奖懒罚勤"的错觉，使得其他人心理不平衡，进而导致其他人也消极对待精准扶贫工作。③这些极个别少数人经常还是主要的"非访"人士，他们稍不顺心，就会到上级部门，甚至北京进行"非访"，政府反而还要把他们接回来，对他们进行所谓的"安抚"，不仅极大地浪费了政府的人力和财力，而且还严重危及农村社会稳定。

上述的极个别贫困户，为什么有那些在常人看来不可思议的行为和表现，归根结底是因为对村民教育的缺失，尤其是缺乏一套切实可行的村民教育机制。因此，在笔者看来，建立村民教育机制，对村民进行有效的思想教育是一件亟须解决的重要事情。

习近平总书记在中央扶贫开发工作会议上强调，脱贫致富终究要靠贫困群众用自己的辛勤劳动来实现。贫困群众既是扶贫攻坚的对象，更是脱贫致富的主体。激发贫困群众改变贫困落后面貌的干劲和决心，提高贫困人口自我发展能力，无疑是扶贫开发工作的重要内容，也是增强脱贫效果可持续性的关键所在。"扶贫"与"脱贫"，前者是外因，后者是目的，关键还得靠自身的努力。如果自身都是麻木的，那么再好的政策、再多的帮助都可能只会解决燃眉之急。而要激发贫困群众改变贫困落后面貌的干劲和决心，提高贫困人口自我发展能力，关键还是要靠健全的农村教育机制，通过教育提升村民脱贫的素质和能力。

5. 缺乏精准扶贫长效机制。致贫原因的多样性、贫困对象的反复性、扶贫工作的长期性,要求各级党委政府必须用系统的、长远的、辩证的思维来谋划和推动脱贫攻坚,核心就是要建立脱贫攻坚的长效机制。但是,目前精准扶贫长效机制还处在探索阶段,一个切实可行的、具有普适性的精准扶贫长效机制还没有建立起来。目前,据我们的调查了解,重庆市各区县、各级部门正在着力探索、总结贫困人口动态管理、城乡联动扶贫、制度保障与开发造血"两轮"驱动、区域发展与精准到人到户相结合、政府主导行业协同社会参与"三位一体"等扶贫开发长效机制,不断巩固、深化脱贫攻坚工作成果,探索建立一批当期可承受、长久可持续的稳定脱贫、防止返贫长效机制。

重庆市南川区实施以防止返贫为目标的"三个三计划",即:"三年稳收计划",从脱贫次年起,连续三年为脱贫户送种苗、送技术、送信息、送销路、送岗位,连续三年向脱贫户进行产业配股,连续三年对脱贫户劳动力进行免费技能培训并推荐就业。"三年救助计划",区财政对幼儿园、义务教育、普通高中、中职的脱贫家庭学生给予100—400元的补助,继续落实贫困户医疗救助政策。"三年帮扶计划",脱贫后连续三年继续开展工作队包村、干部包户"双包"结对帮扶行动,巩固扩大脱贫成果。渝北区建立1%农村低收入人群滚动帮扶机制,从2016—2020年,每年对年人均可支配收入占全区农民年人均可支配收入30%以下、登记在册、有劳动能力的农村居民进行滚动帮扶。

重庆市涪陵区制定《因病致贫贫困户医疗救助基金筹集管理使用办法》《因灾致贫建卡贫困户救助办法》《因学致贫建卡贫困户资助方案》《因残致贫建卡贫困户救助方案》,从政策和制度层面构筑防止贫困户返贫的长效机制。[①]

实践证明,重庆市南川区探索出的以防止返贫为目标、以"三个三计划"为主要内容的精准扶贫长效机制和涪陵区从政策和制度层面构筑防止贫困户返贫的精准扶贫长效机制是对精准扶贫长效机制建构的一个有益探索。

---

① 刘戈新:《在重庆市提升脱贫攻坚能力专题培训班上的讲话提纲》,2016年4月12日。

参考文献

〔1〕彭水苗族土家族自治县扶贫开发领导小组办公室:《关于进一步强化脱贫攻坚工作措施的通知》,彭水扶组办发〔2016〕7 号。

〔2〕彭水苗族土家族自治县卫生和计划生育委员会、彭水苗族土家族自治县财政局、彭水苗族土家族自治县扶贫开发办公室:《关于印发2016 年医疗卫生精准扶贫实施方案的通知》,彭水卫〔2016〕84 号。

〔3〕彭水苗族土家族自治县人力资源和社会保障局、彭水苗族土家族自治县扶贫开发办公室:《关于印发彭水自治县 2016 年就业创业扶贫工作实施方案的通知》,彭水人社发〔2016〕104 号。

〔4〕彭水县苗族土家族自治县民政局、彭水苗族土家族自治县财政局、彭水苗族土家族自治县扶贫开发办公室:《关于印发彭水自治县智力重度残疾人员集中托养工作方案的通知》,彭水民发〔2016〕69 号。

〔5〕彭水县苗族土家族自治县民政局、彭水苗族土家族自治县财政局、彭水苗族土家族自治县扶贫开发办公室:《关于印发彭水自治县农村留守老人扶贫关爱行动工作方案的通知》,彭水民发〔2016〕68 号。

〔6〕彭水苗族土家族自治县教育委员会、彭水苗族土家族自治县扶贫开发办公室、彭水苗族土家族自治县财政局:《关于印发彭水自治县农村留守儿童帮扶工作方案的通知》,彭水教委发〔2016〕116 号。

〔7〕彭水苗族土家族自治县教育委员会、彭水苗族土家族自治县扶贫开发办公室、彭水苗族土家族自治县财政局:《关于印发彭水自治县教育精准扶贫工作实施方案的通知》,彭水教委发〔2016〕115 号。

〔8〕彭水苗族土家族自治县水务局、彭水苗族土家族自治县扶贫开发办公室、彭水苗族土家族自治县财政局:《关于印发彭水自治县农村饮水精准扶贫工程建设管理实施方案的通知》,彭水水务发〔2016〕91 号。

〔9〕彭水苗族土家族自治县妇女联合会、彭水苗族土家族自治县财政局、彭水苗族土家族自治县扶贫开发办公室:《关于印发农村留守妇女儿童关爱服务实施方案的通知》,彭水妇发〔2016〕20 号。

〔10〕彭水苗族土家族自治县发展和改革委员会、彭水苗族土家族自治县财政局、彭水苗族土家族自治县扶贫开发办公室:《关于印发彭水自

治县 2016 年基础设施专项扶贫工作方案的通知》，彭水发改发〔2016〕172 号。

［11］彭水苗族土家族自治县扶贫开发办公室：《关于印发彭水自治县 2016 年社会扶贫工作方案的通知》，彭水扶办发〔2016〕20 号。

［12］彭水苗族土家族自治县扶贫开发领导小组：《关于印发 2016 年脱贫攻坚工作要点的通知》，彭水扶组发〔2016〕3 号。

［13］彭水苗族土家族自治县扶贫开发领导小组办公室：《关于进一步强化脱贫攻坚工作措施的通知》，彭水扶组办发〔2016〕7 号。

［14］彭水苗族土家族自治县人民政府办公室：《关于印发彭水自治县农村建档立卡贫困患者医疗补助方案的通知》，彭水府办发〔2015〕150 号。

［15］彭水苗族土家族自治县卫生和计划生育委员会：《关于印发彭水自治县卫生扶贫专项资金监督管理办法的通知》，彭水卫〔2016〕2 号。

［16］刘戈新：《在全重庆市提升脱贫攻坚能力专题培训班上的讲话》2016 年 4 月 12 日。

［17］钱建超：《在彭水苗族土家族自治县脱贫攻坚片区现场推进会上的讲话》。

［18］钱建超：《在彭水苗族土家族自治县脱贫攻坚工作会议上的讲话》。

［作者简介：覃美洲（1973—　　），男，土家族，湖北巴东人，法学硕士，三峡大学马克思主义学院副教授，三峡大学区域社会管理创新与发展研究中心研究员，主要研究方向：民族社会学］

贵州省松桃苗族自治县
"精准扶贫"调查[*]

引　言

  党的十八大以来，习近平总书记就扶贫问题发表了"全面建成小康社会，最艰巨的任务在贫困地区""要看真贫、扶真贫、真扶贫，少搞一些盆景，多搞一些惠及广大贫困人口的实事""阻止贫困现象代际传递"等重要论述，2013 年 11 月 3 日，习近平总书记在湖南湘西土家族苗族自治州调研扶贫攻坚工作时指出："扶贫要实事求是，因地制宜；要分类指导，把工作做细，精准扶贫。""精准扶贫"这一高屋建瓴的指导思想，已经成为中国当下反贫困的一个重要目标和实现小康生活梦经济建设路径。事实上，从 20 世纪末以来，从中央到地方各级党委政府及其部门都在扶贫，都有自己扶贫联系点（包括县、乡、村、组、户），建有专门班子，筹集资金物资，实施帮困脱贫，而且成效也十分明显。进入 21 世纪后，特别是十八届四中全会和五中全会，扶贫如何实现"精准化"，遏制返贫现象重生，在中国这样一个人口众多、民族文化多元、地理环境复杂的国家，选择一些具有代表性的对象开展调查，摸清家底，探寻脱贫致富的发展规律，实现扶贫的目标化精准，因而这对本课题的研究，特别是选定贵州省松桃苗族自治县这样一个保持有苗族母语文化传统的民族聚居区域开展调查研究，这是很有现实意义的。

  * 基金项目：三峡大学区域社会管理创新与发展研究中心湖北省高校人文社科重点研究基地开放基金项目"铜仁市松桃苗族自治县精准扶贫研究"（SDSG‐2015‐05）系列研究成果。

从 20 世纪 80 年代国家实施扶贫开发的发展战略以来，对于扶贫问题的研究，无论是在学术界还是政界，有关扶贫的学术专著、研究文章、硕博学位论文、经验报告等都是层出不穷。纵观近两年来在精准扶贫方面的研究，主要有这样几个方面：一是对扶贫项目的绩效评估研究；二是财政扶贫资金的绩效管理研究；三是金融资金在扶贫项目中的管理与运用；四是民间非政府组织的扶贫合作与项目开发；五是旅游扶贫问题研究；六是教育扶贫问题研究；七是生态扶贫问题研究；八是政策扶贫问题研究；九是文化精神扶贫问题研究，等等。具体到本课题研究点贵州省松桃苗族自治县的扶贫问题研究或报道，同样在一些报纸杂志及相关媒体中都可以搜索到来自不同视角的探讨，如郎海霞和杨正文两人在《高标准打造草地生态畜牧业》（2010）中以发展畜牧业为例，通过五种做法，即"整合资金，部署到位""建好基地，保障种源""招商入驻，农户参与""各显其能，通力合作""公开透明，接受监督"，实施五种模式："草＋果＋畜配套模式""常规畜禽＋特种畜禽配套模式""集中成片开垦＋分散连线发展模式""围栏放牧＋林下放养＋舍饲圈养模式""养殖＋旅游＋餐饮＋休闲配套模式"；从而使当地的扶贫工作取得了良好的成效。王敏和石乔莎在《苗文化在城市绿地系统中的传承与再现——以贵州松桃苗族自治县为例》（2013）中认为："城市绿地是凸显城市风貌特色和历史文化的重要载体。"他们在文章里以松桃苗族自治县为例，从山水格局、广场布局、文化树种三个方面对苗文化景观要素进行提炼和规划传承，凸显了"五水汇金龙，七星耀松桃"的苗文化景观意象，塑造地域特色的城市绿地系统，应对城市"特色危机"。冉晓东在《推进"五县五化" 开创跨越发展新局面》（2014）中提出，松桃苗族自治县的发展，应"坚持环境立县、城镇兴县、产业富县、民生和县、人才强县，加速推进工业化、城镇化、农业现代化、文化旅游产业化和社会和谐化同步发展，确立了'五县五化'的发展思路"。并由此形成"以项目建设为支撑、园区建设为平台、招商引资为抓手、产城一体和城乡统筹为依托、作风和人才建设为保障、惠民利民与和谐稳定为目的"的举措。张明海在《创新养羊模式 实现精准扶贫》（2015）中谈到，贵州省松桃苗族自治县 2015 年由贵州努比亚牧业有限责任公司在盘石镇探索精准扶贫"10＋1"养羊模式，实行政府企业联动发展，实现了百家企业得到聚集、千名返乡农民工得到就业、万亩石漠荒地得到治理、十万游客炒热生态旅游的"百千万"效应，促进了畜牧产业发展，增加了贫困群众收入。王文明在《加强"三社"建设　助推精准脱贫——贵州省松桃县供销合作社探索"三社"建设调研报告》（2016）中提出松桃苗族自治县应以"供销合作社＋股金社＋合作社＋技术服务中心"的"三社一中心"建设和农村电子商务为抓手，立足精准扶贫，按照"政府主导，供销合作社主抓，扶贫等部门配合，企业运作"工作思路，初步形成了生产合作、供销合作、信用合作"三位一体"精准脱贫模式，等等。这些研究由于立足点不同，研究都有一定的偏向性，这与国家的精准扶贫战略要求相较仍需进一步的调查与分析。

一　松桃苗族自治县概况

（一）基本县情

松桃苗族自治县为贵州省铜仁市辖县，地处武陵山集中连片特困地区，位于贵州省东北角，属黔、湘、渝二省一市接合部，东连湖南省湘西土家族苗族自治州的花垣县、凤凰县，北接重庆市秀山土家族苗族自治县、酉阳土家族苗族自治县，南与本省的铜仁市碧江区、江口县毗邻，西与印江土家族苗族自治县、沿河土家族自治县接壤。地理位置处于东经108°35′42″—109°23′30″，北纬27°49′40″—28°30′20″。县境由云贵高原东部斜坡向湖南湘西丘陵过渡，形成了西高中低的地形地貌。境内平均海拔650米，县境水利资源丰富，河流纵横，计有37条河流，多发源于梵净山东北麓，呈扇形向县境东、南、北三个方向放射，分别注入湖南酉水，铜仁锦江和黔东北的乌江，均属长江流域，分属沅江水系和乌江水系。全县地表水径流量25.44亿立方米，天然落差5988米，水能理论蕴藏量13.6万千瓦。地下井、泉水、洞水共4868处，地下径流6.14亿立方米。处于中亚热带湿润季风气候区。冬冷夏热，春温秋爽，四季分明，气候宜人，雨量充沛，热量丰富，全年平均气温16.5℃。全年总积温5800℃，年活动积温为5138.9℃，无霜期293天。年降水量1378.3毫米，年平均雨日为 183 天，年平均日照数为 1228 小时。① 全县已探明的矿种有 20 多种，主要有锰、铁、钒、铅、锌、磷、大理石、石煤、石灰岩等，其中锰保有储量约 5600 万吨，远景储量接近 9000 万吨，约占全国总储量的 10%，占贵州总储量的 53%，松桃被誉为"锰都"。松桃列为贵州省杉木林基地县，全县林业用地总面积 148853 公顷，其中林地 105264 公顷，疏林地 8592 公顷，灌木林地 7319 公顷，未成林地 5184 公顷，宜林荒山 22494 公顷，全县森林覆盖率 40.3%。有珙桐、柏栎、冷杉、钟萼木、连香树等国家保护植物。全县耕地面积 27250 公顷，其中水田 17355 公顷，旱地 9895 公顷，保灌地 10000 公顷，占耕地面积的 36.7%②，出产水稻、甘薯、玉米、小麦、马铃薯、大豆、花生、油菜等农作物。

资源丰富，交通便利，古有"地接川楚，位遏三湘，实黔东门户"之称。全县国土面积 3409 平方千米，辖 27 个乡镇，503 个行政村，总人口 73 万人，有苗族、侗族、回族等少数民族，少数民族主要聚居县境的东南和东北，其中苗族遍布全县，相对集中于牛郎、大兴、盘信、世昌、盘石、蓼皋、长坪、正大、太平营、大坪、长兴堡、黄板、木树、迓驾等地，是全县人口最多、分布最广的民族。少数民族人口占全县总人口的 68.1%。是 1956 年国务院批准成立最早的全国五个苗族自治县之一，是国家"八七"扶贫攻坚县、新阶段扶贫开发重点县，一直以来都是全省扶贫攻坚的主战场。

（二）调研过程

调查时间为 2016 年 6 月 26 日至 7 月 6 日。本次调研，总体分两个阶段进行。第一阶段，集中调研。先利用三天时间在松桃苗族自治县县城，深入县扶贫办、民族宗教事务局、农牧工作局、教育局、县职业技术中学等单位走访、座谈调研，对全县"精准扶贫"工作情况作总体调查了解。同时还利用熟人关系对县属有关部门的工作人员进行访谈，搜集了

---

① 松桃苗族自治县志编纂委员会：《松桃苗族自治县志（1986～2006）》，方志出版社 2012 年版，第 103 页。

② "百度百科"上"松桃苗族自治县"提供的数据信息资料。

解他们在开展精准扶贫工作中掌握的情况、存在的问题以及在发展思路上的个人观点与意见。第二阶段，确定典型。在集中调研的过程中，就搜集到的典型案例进行分析，进一步深入调研，先后对贵州努比亚牧业有限公司位于长坪乡的长康努比亚山羊养殖专业合作社、正大乡苗王城、正大现代高效茶叶示范园区、长坪乡地甲司村村委会、孟溪镇孟溪社区居委会、孟溪镇道塘水库移民安置点等进行实地调查。在座谈、走访中探寻精准扶贫成败的典型案例，现将我们的调查情况归纳分析如下。

（三）扶贫工作开展的基本情况及特点

作为地处武陵山集中连片特困地区的松桃苗族自治县，这是一个典型的"老、少、边、穷"县。从 20 世纪 90 年代至今，全县的扶贫开发工作已经历了三个阶段。第一阶段是 1991—1993 年，松桃苗族自治县被列为省级贫困县，争取到扶贫信贷资金 925.7 万元。资金投向以开发油桐、蚕桑、茶叶和"温饱工程"等种植业项目，扶持建立一批区域性支柱产业，受到市场影响而失败，扶贫成效不太明显。第二阶段是 1994—2000 年，被列为国家"八七"扶贫攻坚重点贫困县，扶贫攻坚力度加大，贫困人口逐年降低，绝对贫困面逐渐减小，农民人均纯收入不断增加，据《松桃苗族自治县志（1986～2006）》载称："到 2000 年末，全县贫困人口从 1993 年的 32.5 万人减少到 7.8 万人，绝对贫困面从 1993 年的 61.2%下降到 15%，一类贫困村从 365 个减少到 123 个，农民人均纯收入从 254 元（1990 年不变价）增加到 2000 年的 1214 元。"[1] 第三阶段是进入 21 世纪后，被列为国家扶贫开发重点县，全县有 23 个乡镇列为扶贫开发重点乡镇。2003 年 3 月 4 日中共松桃苗族自治县第十届委员会第二次全体会议通过《中共松桃苗族自治县委关于大力推进农业产业化经营的决定》，调整农业和农村经济结构、增加农民收入，促进农业和农村经济全面发展。自 2015 年年初习近平总书记提出"精准扶贫"实施战略以来，上下齐动，加大扶贫力度，以实现"精准扶贫"为目标，新一轮的扶贫攻坚任务在各级党委、政府的统筹配合下，又开始在向新的台阶迈

---

① 松桃苗族自治县志编纂委员会：《松桃苗族自治县志（1986～2006）》，方志出版社，第 322 页。

进。截至 2015 年底,全县还有贫困村 217 个(包括大兴镇),贫困人口 9.44 万人,贫困发生率 14.4%。

松桃苗族自治县扶贫开发工作特点:其一,人口多,贫困面大,贵州省及铜仁市的扶贫资金仍然以县为单位的"平均"投入难以满足实施"精准"工作的需要,同时在整体上推动扶贫工作的开展中也难以形成合力。据调查,铜仁市现所辖的范围包括碧江区、万山区、江口县、石阡县、思南县、德江县、松桃苗族自治县、玉屏侗族自治县、印江土家族苗族自治县、沿河土家族自治县、大龙开发区、铜仁高新技术产业开发区,各个县(区)的人口多寡不一,但历年来由省到铜仁市等上级部门下拨的扶贫资金不是以各个县(区)人口的比例及贫困人口的实际情况进行配套支持,而是以县(区)为单位"一碗水端平",人口少的县(区)扶贫资金用不完,而像松桃苗族自治县这样人口众多的大县得到的扶贫资金却难以满足实施扶贫工作开展的需要。其二,作为武陵山区的贫困县,松桃的贫困原因多由自然条件引起的基础设施建设薄弱,扶持资金严重不足而导致各种保障制度难以健全,因而出现了贫困的长期存在。经过长时间的扶贫攻坚,现在贫困人口已经大幅度下降,原来的绝对贫困已经逐渐转化为相对贫困,但贫困家庭脱贫后返贫的现象依然突出,因此从统计数上看,长期贫困的人口表面上看已经逐渐减少,而实际贫困的人口却依然很多。调查中也发现一个新的人口流动问题,这也是农村人口贫困的一种新类型,即农村居住条件恶劣,人们不断向城市移动,但由于享受不到城市人口的各种保障政策,在城镇,这些人永远生活在最底层,艰难地过着"回不去的故乡"的生活,而这类人群在自己的山村群体里,同样又享受不到基层政府的各种优扶政策,并且在城市里作为融入不了城镇人待遇的新群体,总是在夹缝中生活,是新一代的贫困群体。

二 精准扶贫工作的启动与实施

(一)精准扶贫工作思路及规划

2015 年 6 月习近平总书记在贵州调研时提出,扶贫工作要做到"切实落实领导责任、切实做到精准扶贫、切实强化社会合力、切实加强基层组织"，我们将这种精准扶贫思想概括为"扶贫对象精准、项目安排精准、资金使用精准、措施到户精准、因村派人精准、脱贫成效精准"。随后中央十八届五中全会、中共贵州省委十一届六中全会和铜仁市委一届九次全会精神都涉及精准扶贫的问题，松桃苗族自治县在贯彻落实中央、省、市关于脱贫攻坚的决策部署中，始终坚持以脱贫攻坚统揽全县经济社会发展全局，把扶贫开发作为最大的政治任务和第一民生工程抓紧抓好，强化扶贫责任，采取社会扶贫、信贷扶贫、财政扶贫、科技扶贫、民族地区扶贫等方式，确保全县扶贫工作迅速推进。为此，在制定精准扶贫、精准脱贫的基本方略工作中，强化落实责任，推进改革创新，加强政策扶持，采取超常规措施，拿出过硬办法，探寻增加贫困人口收入、不断提高贫困人口素质的方法和途径，举全县之力实施扶贫攻坚战，以全面消除绝对贫困为目标，为将全县建设成扶贫开发攻坚示范区而积极努力。

（二）扶贫工作实施过程

从党的十一届三中全会以来，尽管脱贫致富工作的开展在松桃苗族自治县至今已经有几十年的发展历程，但贫困人口多、涉及面大等现状始终制约着该县实现快速奔小康的社会进程。因此，自习近平总书记提出实施精准扶贫这一目标任务以来，结合县情实际，松桃苗族自治县充分发挥各职能部门的相互配合和协调作用，在制定扶贫工作实施方案中，坚持以产业扶贫为重点，立足于茶产业、精品水果、药材和生态畜牧业等产业为核心支柱产业，围绕国家农业示范区的多业开发，多管并进，按部署有计划地整体推进，其主要做法有以下几点。

1. 稳定农业综合生产能力在原有基础上继续保持提升发展。如2015年全县农作物播种面积146.5万亩，其中粮食播种面积75.3万亩（夏粮17.1万亩、秋粮58.2万亩），实现产量23.99万吨（夏粮4.62万吨、秋粮19.37万吨），蔬菜种植面积25.15万亩，油料（花生、油菜籽）种植面积17.6万亩，茶园22.3万亩，实现出栏生猪53万头、肉牛3.5万头、肉羊20.01万只、家禽200.01万羽，肉类总产量57816吨，禽蛋产量5009吨，水产品产量6150吨，农林牧渔业总产值达 39.52 亿元。①

2. 依托企业，减少中间环节，实现产供销一体化，通过让利于民的途径帮助贫困户直接获取经济收入。如全县现有农业龙头企业达 80 家，其中国家级 2 家，省级 3 家，市级 38 家，县级 37 家；专业合作社达 780 家；家庭农场达 30 家；专业种养大户 1568 个。"茶叶淘宝村" 1 个；农业淘宝网店 6 家；茶叶省外专卖店 3 家；"梵净山茶" 进景区、超市、宾馆、茶楼、茶馆 12 家，国外茶叶市场拓展实现零突破，全年实现茶叶出口 1500 吨，贸易额 2000 万元。此外，通过积极扶持和培育新型农业经营主体，农业标准化、规模化生产得到了快速发展。全县有各类规模养殖场（合作组织、大户）2317 家。其中国家级场 3 个，省级 3 个，市级 5 个，县级 15 个，生猪规模养殖场（户）1077 家、肉牛规模养殖场（户）195 户、肉羊规模养殖场（户）519 户、禽类规模养殖场（户）242 家，其他规模养殖场（户）284 家，全县养殖规模比重猪、牛、羊分别达到 48.26%、31.3%、57.78% 以上。引进华西希望集团、大哥大牧业、梵净山牧业等省级以上龙头企业 4 个，培育市级以上龙头企业 8 个、养殖专业合作社 285 个、养殖大户 3976 户。②

3. 兴建产业示范园区，在吸取当地劳动力就近就业的过程中，培训农户的生产技能。目前全县已经形成了 "一区二十七园" 的发展格局（1 个国家示范区、5 个省级园区、7 个市级园区、15 个县级园区）。

几年来，松桃高效农业示范园区建设以 "三个万元" 工程为主抓手，以园区 "提质、扩容、增量、景区化建设" 为重点，统筹抓好省级、市级、县级农业园区建设，扎实推进 "七进园区" 工作和景区化 "十个一" 工程。

（1）省级示范园区建设进展情况。实施了盘石生态畜牧示范园区、正大茶叶产业示范园区、长兴中药材产业园区、普觉生态循环产业园区、太平城市现代农业公园 5 个省级现代高效农业产业示范园区建设。

①主导产业基地在向园区集聚。截至目前，园区共流转土地 13.06 万

---

① 田儒标：《转型升级的松桃现代农业》，载于《文化松桃丛书》编委会编《话说松桃》，时代出版社 2016 年版，第 103 页。

② 同上书，第 103—104 页。

亩，现有种植基地面积 20.52 万亩，基地种植业产量达 12.81 万吨，养殖业共存栏猪、牛、羊 11.39 万头（只）、出栏 10.64 万头（只），禽类存栏 26.29 万羽、出栏 27.38 万羽。

②基础设施建设向园区倾斜。园区共建成办公用房面积 2.48 万平方米，配套绿化面积 3.92 万平方米，累计建成主干道 249 千米、机耕道路 202 千米、生产便道 165 千米、灌溉管网 231.6 千米。

③园区设施装备得到进一步完善。共建成加工厂房 286 座 10.31 万平方米、仓库（冷库）29 座 9521 立方米、标准化圈舍 853 栋 15.35 万平方米、温室大棚 545 个 7.79 万平方米、蓄水池 490 个 13013 立方米、喷滴灌设施 39.2 千米、沼气池 3633 口 33047 立方米，共有农业机械 6352 台套 4.26 万千瓦。

④园区经营主体实力明显增强。引进了华西希望集团、大哥大牧业、梵净牧业、恒霸药业、东太集团等一批有实力的企业入驻园区。目前，5 个省级园区共入驻有农业龙头企业 59 家，其中，规模企业 21 家以上、省级及以上龙头企业 14 家以上。有农民专业合作社 74 个、家庭农场 17 个、种养大户 226 户。

⑤园区农产品品牌培育异军突起。园区企业无公害农产品、绿色食品、有机农产品和地理标志及原产地产品认证数为 11 个，其中种植业 6 个认证面积 5.51 万亩、畜类 5 个认证 3.5 万头，从业农民 10.17 万人，其中，参与企业、合作社就业人数 1.54 万人。共完成投资 3.86 亿元，实现产值 6.09 亿元、销售收入 3.53 亿元。

（2）市级示范园区建设进展情况。截至 2015 年 12 月底，盘信、大坪、寨英、孟溪、世昌、平头、大路 7 个市级园区共入驻有农业龙头企业 8 家，有农民专业合作社 47 个，社员 0.43 万人。涉及茶叶、畜牧业、中药材、油茶、烟草、精品水果、休闲农业等产业，累计流转土地面积 2.21 万亩，现有各类种植基地 4.43 万亩，从业农民 3.15 万人，其中参与企业、合作社人数 0.41 万人。共完成投资 4520 万元，实现产值 8136 万元、销售收入 4720 万元。

（3）县级示范园区建设进展情况。截至 2015 年 12 月底，长坪、蓼皋、迓驾、甘龙、永安、沙坝、黄板、九江、冷水、妙隘、木树、石梁、牛郎、乌罗、瓦溪 15 个县级园区共入驻有农业龙头企业 13 家，有农民专业合作社 27 个，社员 0.06 万人，涉及茶叶、畜牧业、中药材、油茶、烟草、精品水果、休闲农业累计流转土地面积 2.81 万亩，现有各类种植基地 3.36 万亩，从业农民 1.51 万人，其中，参与企业、合作社就业人数 0.10 万人。共完成投资 6915.85 万元，实现产值 10758 万元、销售收入 6923.7 万元。[①]

4. 在启动精准扶贫工作的实施过程中，从全县的整体大局出发，重点从以下几个方面来着手开展相关工作。

（1）加强组织领导，健全工作机制

①加强扶贫工作领导。成立了以县委书记、县长为双组长的县扶贫攻坚领导小组，组建了精准扶贫工程指挥部，抽调了 20 名业务精干人员具体办公；各乡镇、各部门也成立了相应的领导小组和扶贫工作机构，乡镇扶贫工作站已落实办公人员 3—5 名。县财政划拨专项工作经费 2000 万元，确保工作有序推进。为脱贫攻坚提供强有力的组织领导和经费保障。同时，与乡镇党委、政府签订了脱贫攻坚责任状，严格执行党政一把手负责制，切实加强县、乡、村作战室建设，全面张贴贫困户"精准扶贫公示牌"，实行挂图作战、按图销号。市政协副主席、县委书记冉晓东，县委副书记、县长龙群跃对扶贫工作高度重视，亲自部署、亲自调度、亲自督促、亲临一线，多次深入贫困乡村及贫困户调查研究、走访座谈、督促检查、解决问题。目前，已召开了 4 次县委常委会、6 次政府常务会、4 次扶贫开发领导小组工作会议、4 次联席会议、8 次专题会议研究扶贫工作。2017 年以来，县级领导先后深入 27 个乡镇 146 个贫困村走访，召开贫困户座谈会 315 场次。

②建立健全扶贫工作机制。出台了《松桃苗族自治县精准扶贫工作调度机制》《松桃苗族自治县精准扶贫工作联席会议制度》《松桃苗族自治县精准扶贫工作督查办法》《明确脱贫攻坚县级领导联乡包村结户科级干部包村责任的通知》《松桃苗族自治县精准扶贫工作干部包保责任制》，制定了《松桃苗族自治县乡镇党政领导班子和领导干部经济社会发展实绩考核办法》《松桃苗族自治县县级单位精准扶贫业绩考核办法》，从工

① 以上数据系 2016 年 7 月 1 日上午我们在采访松桃苗族自治县农牧科技局办公室主任田儒标和该局副局长向前光时由他们提供所得，在此特表示对被采访人所提供资料的感谢。

作的协调、调度、督查、考核等方面形成了一整套扶贫工作体制机制，为脱贫攻坚提供制度保障。2017 年已组织 5 个工作组分赴各乡镇，对精准识别和项目资金使用情况开展督查，抽查贫困户 1256 户，对发现的问题进行全县通报和问责处理。

③整合扶贫队伍全力攻坚。按照"五主五包"责任制要求，全县 38 名县级领导干部、287 名科级干部牵头整合部门、驻村干部、乡镇、村干部等力量开展遍访工作；出台了《松桃苗族自治县开展"万名干部结对帮扶助推精准脱贫"活动实施方案》，实行县乡两级和企事业单位"定时间、定任务、定责任、定奖惩、包脱贫"的"四定一包"责任制，即县级领导每人结对帮扶 5 户贫困户，机关干部每人结对帮扶 1 户至 5 户贫困村。全县 109 个县直部门、企事业单位、27 个乡镇所属全体干部职工共 10470 人结对了 2.85 万户贫困户，实现全县贫困村、贫困户结对帮扶全覆盖。目前，共核准贫困人口 9.44 万人，走访贫困户 2.85 万户、建档立卡 2.85 万份，照全家福 2.85 万张，制定帮扶措施 2 万余条，帮助协调项目 365 个，办理好事实事 5230 余件，协调解决资金 3650 万元。同时又选派 1458 名驻村干部组建 287 个驻村工作组进驻贫困村，明确 214 名干部担任贫困村和软弱涣散村的第一书记，实现贫困村和软弱涣散村第一书记选派全覆盖，目前驻村干部主动换角色、访民情、解民困、抓扶贫。截至 5 月底，共走访群众 58693 人次，培训党员干部群众 7362 人次，召开调研座谈会 441 次，帮助谋思路出点子 542 条，协调解决资金 571.78 万元，解决困难问题 214 个，协调项目 168 个，办实事好事 1206 件，化解矛盾纠纷 162 起[1]，发挥了村第一书记在推动精准脱贫工作中的生力军作用。

（2）落实扶贫政策，确保措施精准

认真贯彻中央、省、市及有关职能部门出台的扶贫惠民政策，制定"十三五"扶贫攻坚规划和年度扶贫计划，通过整合扶贫、交通、发改、财政、林业等部门项目资金，全力推进大扶贫战略行动，努力实现 2017 年 84 个村出列、33325 名脱贫人口的目标任务。

---

① 这些数据资料系 2017 年 6 月 30 日我们采访松桃苗族自治县人民政府办公室的姚源温时由该同志提供，特此致谢！

①认真落实贵州省委"1+10"和铜仁市委"1+14"文件精神。严格按照省"1+10"和市"1+14"文件要求，制定了《松桃苗族自治县落实省委大扶贫战略行动坚决打赢脱贫攻坚战工作责任分解表》，出台了《松桃苗族自治县加大基础设施建设推进精准扶贫实施方案》等12个扶贫工作方案，扎实推进了基础设施建设、产业和就业、扶贫生态移民、教育扶贫、社会保障兜底、电商扶贫等12项行动。

②积极落实"五个一批""八个精准"扶贫政策。

在产业发展方面：按照"主战园区、主抓产业"思路，以5个省级农业园区提质增效、7个市级农业园区提档升级为重点，计划完成投资12亿元，大力发展种植业和养殖业。目前全县发展茶叶31500亩、精品水果8200亩、中药材27412亩、种植核桃7780亩、人工种草700亩、草地改良19900亩。同时充分利用德康牧业、铁骑力士在该县大力发展生猪代养，计划养殖生猪20万头。已建圈99栋，投入喂养3.96万头。到5月底，园区共投入资金4.88亿元，实现产值4.99亿元。

在培训就业方面：建设"雁归人员"创业园区220亩、乡镇创业示范基地56个。目前返乡就业创业人员4024人，创办企业和个体工商户653户，开展企业用工现场招聘会4场次，提供就业岗位793个。完成各类就业技能培训3253人次，实现农村富余劳动力转移就业2953人。同时在人才招聘上对贫困家庭学生给予倾斜，2016年拟面向全县贫困大学生公开招聘50名事业单位工作人员。

在基础设施建设方面：已开工建设42处水利项目，计划解决农村饮水困难人口5.61万人，解决6870亩农田的灌溉和排涝问题，完成总投资5875.44万元；启动建制村通畅工程90个项目513.6千米，总投资41088万元，其中交通脱贫农村公路建设368千米。目前，已开工52个，完成路基272.8千米、水泥混凝土路面170千米，完成投资16129万元。同时，开通客运班线，乡镇通客运车率达100%，建制村达74.71%。启动一事一议项目517个，计划新修通组连户路654千米、建文体广场8个、安装路灯4418盏、垃圾池（箱）338个，总投资10280万元。完成了285个行政村的宽带建设，计划新增171个4G通信基站。

在扶贫生态移民方面：2016年该县计划实施2769户12493人，其中第一批搬迁工程涉及14个乡镇、15个项目，需搬迁人口1715户7493

人，计划投资 44958 万元。目前，15 个安置点已全面开工。

在林业扶贫方面：林业部门严格执行生态公益林补偿到村到户政策，2016 年通过生态补偿脱贫 6471 人。同时结合国有林场改革，将国有林场商品林和乡镇林场统一纳入国家级生态公益林，新聘 495 名贫困农户为护林员。让贫困农户转变成护林员获得工资性收入。2016 年至 2018 年又计划完成退耕还林 40 万亩，总投资 6 亿元。目前，已贷款 4.8 亿元，成立了林业投融资公司，建立花卉苗木基地，引导贫困农户参与育苗。

在教育扶贫方面：按照"精准资助，应助尽助"的原则，2016 年已发放全县中小学贫困寄宿生生活补助费 1749 万元，29832 名贫困学生受助。同时办理第一批教育精准扶贫资助学生 2503 名，落实资助金额 673.4 万元。

在民政兜底方面：将无业可扶、无力脱贫人口 9957 户 21200 人纳入农村最低生活保障范围，实行政策性兜底。2016 年 1—4 月共发放低保资金 6131 万元。

在医疗扶贫方面：城乡医疗救助资金共发放 579.85 万元，救助 881 人次。

在电商扶贫方面：该县正在积极打造电商扶贫产业园，建设全省、全市一流的电子商务公共平台。2017 年，已组建电商企业 20 多家，设立电商服务站点 120 家。成功举办了首届网上年货节，收集了全县农副产品 30 大类 600 余种并成功实现上线试运行，打通了"工业品下乡、农产品进城"双向流通渠道，实现电子商务交易额 3600 万元。

在金融扶贫方面：大力实施"精扶贷"工程项目，建立贫困农户小额信贷风险补偿资金 1280 万元，对建档立卡贫困农户评级 28154 户，授信 20964 户，授信总额 52279 万元，获得人民银行支农再贷款 12000 万元，已发放贷款 2095 万元，带动 419 户贫困户发展生产。

（3）强化规范运作，严格资金监管

松桃苗族自治县全面推行了财政专项扶贫资金乡级报账制度。在县财政局和 27 个乡镇财政分局开设了财政专项扶贫资金报账专户，出台了《松桃苗族自治县财政专项扶贫资金管理办法》《松桃苗族自治县财政专项扶贫资金报账制管理实施细则》，保障了财政专项扶贫资金的运行安全。2016 年中央下拨该县第一批财政专项扶贫资金 7497.7 万元（其中发展基金 6897.7 万元、基础设施 494 万元、其他扶贫资金 106 万元)。在县扶贫办实施的 6897.7 万元扶贫资金中,除核桃产业后续管理费和项目管理费外还有 6386.3 万元。根据黔扶通〔2016〕9 号文件要求,按照"33112"的比例安排分配:即 30% 的资金用于扶贫产业,30% 用于扶持农民专业合作社、村集体经济组织,10% 用于培训,12.2% 用于基础设施,17.8% 用于贷款贴息。其中将 1777.26 万元培训及贴息资金作为县统筹,拨付到乡镇的 4609.04 万元资金主要用于 2016 年年底计划出列的贫困村和脱贫对象。目前全县共实施核桃种植 7780 亩,精品水果种植 8200亩,中药材种植 27412 亩,食用菌种植 300 亩,建设猪舍 99 栋、已投入喂养生猪 39600 头,蛋鸡养殖修建厂房 2 万平方米、饲养蛋鸡 10 万羽。同时,积极抓好扶贫云项目备案录入工作,2016 年批复的 11 个产业发展项目已全部录入完毕。

(4) 坚持改革创新,激发扶贫活力

通过积极探索,创新了生产合作、信用合作、供销合作"三社一中心"新模式,出台了《松桃苗族自治县"三社一中心"精准扶贫工作方案》,通过"三社一中心"平台承接"三变"改革,县委确定将迓驾、大坪、九江作为全县农村综合改革试点乡镇。

①推动资源变资产。2016 年以来,该县积极开展农村土地承包经营权确权登记颁证、林权证颁证、农村宅基地确权颁证、山塘水库管理改革等工作,加大农村土地流转、林权、宅基地抵押贷款等方面工作力度,充分利用农村闲置资源,切实推动农村资源变资产。目前,共流转土地 6.542 万亩,林权证办理 10.1 万份,林权抵押贷款 2180 万元。

②引导资金变股金。积极引导财政专项扶贫资金、金融扶贫资金、民间闲散资金集中入股股金社,按 10% 的年利率进行分红。2016 年计划下拨专项扶贫资金 1.8 亿元,目前,已拨付第一批 4609.04 万元,覆盖全县 217 个贫困村;截至 2016 年 4 月底,该县财政资金注入"精扶贷"风险补偿金 1280 万元,贷款发放金额 2095 万元,贷款覆盖贫困户 419 户,贷款覆盖贫困人口 2503 人。

③引导农民变股东。目前,全县 825 家农民专业合作社中,有国家级农民专业合作社示范社 5 家,省级 3 家,市级 24 家,县级 15 家。全县农民专业合作社入社农户达 17980 户,共 75956 人,其中吸收贫困户 6317

户 27879 人成为社员。

④大力发展村集体经济。县财政每年预算 200 万元建立村级集体经济专项扶持资金，按照"721""631""541"（即：第一年分红贫困户占 7 成，村集体占 2 成，管理费占 1 成）产业分红模式不断壮大村集体经济。目前，全县有集体经济积累的村 31 个（其中 10 万元以上的村 13 个、5 万元至 10 万元的村 4 个、3 万元至 5 万元的村 6 个、1 万元至 3 万元的村 2 个、1 万元以下的村 6 个），力争到 2016 年底，全县 120 个村有集体经济。

（5）强化舆论宣传，形成攻坚氛围

自全市实施大扶贫战略行动誓师大会召开后，该县组建了 7 个县委宣讲团，深入县直部门和乡村对党的十八届五中全全、省委十一届六次全会和铜仁市一届九次全会精神进行政策宣讲；举办精准扶贫知识竞赛；编发了《精准扶贫知识 200 问》1 万册；开办精准扶贫培训班；充分发挥松桃广播电视台、松桃报、松桃网站等新闻媒体作用，设立扶贫专栏，解读扶贫惠民政策、宣传扶贫工作动态、激发群众内生动力，在全县掀起"扶贫先扶志、救穷不救懒"的脱贫攻坚氛围。

5. 精准扶贫"1＋10"发展思路的贯彻实施。

松桃苗族自治县根据贵州省精准扶贫"1＋10"文件精神，"1"即《关于坚决打赢扶贫攻坚战确保同步全面建成小康社会的决定》为总体布局，"10"为 10 个配套文件，分别针对实施基础设施建设扶贫、产业和就业扶贫、扶贫生态移民、教育扶贫、医疗健康扶贫、财政金融扶贫、社会保障兜底扶贫、社会力量包干扶贫、特困地区特困群体扶贫、党建扶贫 10 个方面的具体措施。

总体目标是到 2020 年，松桃苗族自治县将实现全省农村贫困人口不愁吃、不愁穿，义务教育、基本医疗和住房有保障。实现贫困地区农民人均可支配收入增长幅度高于全县平均水平，达到全省平均水平，基本公共服务主要领域指标达到全省平均水平；确保全县所有农村贫困人口全部脱贫，确保全省所有国家扶贫开发工作重点县全部"摘帽"。

以松桃苗族自治县山地生态畜牧业发展中心为例，在 2016 年度畜牧渔业产业扶贫工作主要通过以下几个方面的途径来开展。

（1）在产业扶贫上明确总体量化目标

①大力扶持发展家庭农场、专业大户、农民合作社、产业化龙头企业等新型经营主体。全年完成生猪存栏300头以上代养殖户100户、肉羊存栏50只以上标准化示范场100个、肉牛存栏50头以上养殖专业合作社（规模场）15个；扶持产业龙头企业7个，完成新增养牛（含驴）1万头、养羊10万只、养兔10万只、养猪20万头，麻鸭（含野鸭）100万羽，大水面养殖3万亩、特种水产养殖1000亩，带动贫困户2000户。

②进一步完善动物防疫机制，创新工作模式，加大重大动物疫病防控力度，确保重大动物疫病免疫密度100%，实现无区域性重大动物疫病发生；加大人畜共患病等重要动物病种的流行病学调查、监测以及控制和扑灭等工作，保障畜牧业的健康发展和广大人民群众身体健康安全。

③坚持把农产品质量安全作为转变农业发展方式的首要任务，严把生产安全关，加快地理标志、无公害畜产品、绿色食品、有机食品认定认证，创建畜渔产品大数据平台，拓宽市场营销渠道，推动农业产业健康发展。

（2）细化任务分工

①畜牧技术推广站。完成县委县政府及上级业务部门下达的各项畜牧渔业建设任务，组织相关项目的申报和实施；扶持龙头企业3个（生猪、肉兔产业），指导完成3个专业合作社建设；依托德康牧业、铁骑力士、康正牧业、梵净桃源公司等牵头完成100户以上家庭牧场（生猪代养殖户）建设，新增出栏生猪20万头；指导完成10万只肉兔产业建设，带动贫困户1000户。

②园区管理站。完成县委县政府及上级业务部门下达的各项畜牧业建设任务，组织相关项目的申报和实施；扶持龙头企业两个（肉羊产业），指导完成5个专业合作社建设；牵头完成肉羊产业及园区扶贫项目建设，完成100户肉羊养殖场（大户）建设，新增出栏肉羊10万只；带动贫困户500户。

③饲草饲料站。完成县委县政府及上级业务部门下达的各项畜牧业建设任务，组织相关项目的申报和实施；扶持龙头企业两个（肉牛、肉驴产业），指导完成5个专业合作社建设，完成存栏50头肉牛养殖场（户）15个建设，带动200户贫困户；牵头完成肉牛（驴）产业及草地

畜牧业项目建设，新增出栏肉牛（驴）1万头；完成甘龙20万亩的草场项目建设。

④水产技术推广站。完成县委县政府及上级业务部门下达的各项畜牧业建设任务，组织相关项目的申报和实施；指导完成两个专业合作社建设；牵头完成特色水产养殖项目建设，完成大水面养殖3万亩、特种水产养殖1000亩，带动贫困户100户。

⑤动物卫生监督所。指导贵州苗王湖高科产品开发有限公司完成100万只野鸭（麻鸭）项目建设，带动贫困户200户；认真做好畜产品质量安全监督管理，严把生产安全关，加强畜禽规模化养殖场和小区整治，确保污染治理和资源综合利用率达90%。创建畜渔产品大数据平台，拓宽市场营销渠道，推动农业产业健康发展。

⑥动物疫病预防控制中心。进一步完善动物防疫机制，创新工作模式，加大重大动物疫病强制免疫力度，实现应免数的100%；加大人畜共患病等重要动物病种的流行病学调查、监测，以及控制和扑灭等。保障畜牧业的健康发展和广大人民群众身体健康安全。

（3）强化对扶贫工作进度的督促检查

在上述各项工作中具体规定：1—3月份完成总体任务的20%；4—6月份完成总体任务的60%；7—9月份完成总体任务的80%；10—12月份全面完成年度工作目标任务。而且要求各责任单位对各产业发展工作推进情况进行梳理和总结，并在每月28日前把电子档传产业发展股汇总。

（4）出台相应配套措施，厘清思路，层层推进扶贫工作，以期实现精准成效

①强化组织领导，提高工作效率。成立以中心主任为组长，各站所负责人为成员的精准扶贫畜牧产业发展工作领导小组，强化对发展畜牧业的组织领导，完善部门协调联动机制，理顺职能分工，明确权责，提高工作效率，形成各司其职、通力合作的工作格局。

②制订工作计划、方案，确保目标任务完成。各责任单位要根据自己的工作职责，拟订工作计划，制定具体工作方案，分步进行，稳步实施，按月、按季度推进工作进程，并做好各阶段总结、报表的报送，发现问题及时整改，确保扶贫工作目标任务圆满完成。

③发挥主观能动作用，创新性工作。强化责任意识，完善工作管理

制度，开阔视野，创新工作方式方法，充分调动单位干部职工的工作积极性和主观能动性，团结一致，奋力拼搏，推进畜牧渔业产业扶贫工作的有序开展，实现畜牧业增效，农民增收。

④抓工作重点，突出优势产业。优化产业布局，抓工作重点，按照因地制宜、加快发展、分类指导的原则，加大养殖龙头企业的培育和扶持力度，积极探索各产业链的连接和利益机制，鼓励、支持养殖龙头企业与各类规模场、专业合作社（村、户）建立"公司＋基地＋家庭牧场（户）"联合机制，突出提升集体经济造血功能，助推农民增收致富。

⑤整合资源，加大对生态畜牧业发展的投入。第一要积极争取项目，重点做好国家、省级畜牧发展资金的申报和争取工作；争取石漠化综合治理、退牧还草和产业化扶贫等项目资金投入，扩大项目覆盖率，加快畜牧业发展步伐。第二要营造良好的畜牧业投资环境，实行实质招商，争取较多的外资项目落户本县，吸纳更多的社会闲散资金投入生态畜牧业，形成多元化投入格局。第三要加大畜禽良种工程资金申报工作，落实好畜禽良种财政补贴，稳定种畜禽生产能力。第四要重点扶持标准化养殖小区和规模养殖场粪污处理等公共设施建设，引导科学健康养殖，实现畜牧业健康发展。

⑥完善动物防疫体系建设，强化动物疫病防治工作。加强重大动物防疫防控工作，进一步完善基层畜牧兽医站建设和县、乡、村三级防疫网络建设，不断转变防疫工作方式，实现常规防疫向常年防疫转变。强化动物免疫、检疫、消毒等综合防治措施，有效保障畜牧业产业安全、健康发展。

⑦加强综合执法力度、维护养殖户合法权益。继续加大宣传和贯彻落实涉农法律、法规和条例的力度，坚持依法行政，依法治牧（渔），提高综合执法水平。深入开展涉牧农资打假工作，全面整治涉牧农资市场，保障广大经营户和养殖户合法权益。加强质量监管体系建设，实施标准化生产，在养殖场（户）中全面推行无公害生产，重点抓好养殖环境、兽药饲料质量和规范化生产三个环节的监管，逐步建立起畜产品质量追溯体系，确保畜产品从生产、加工、运输到销售的质量安全。

⑧加大实用技术推广力度，提高畜牧业科技生产水平。进一步加大畜禽养殖实用技术推广力度，加强畜牧渔业技术的引进创新，切实开展

好科技培训，不断向广大养殖户传授生产技术、管理知识和市场信息，努力提高全县畜禽养殖技术水平，真正实现畜牧业规模和效益同步，发展和保护共存。

三 因地制宜，走特色产业扶贫，精准推动地方文化资源优势在经济发展中的支撑作用

松桃苗族自治县是一个历史底蕴积淀丰厚、苗族文化资源十分丰富悠久的少数民族聚居区。1980 年在县境木树乡出土的磨光石斧、夹砂红陶片和夹砂灰陶片等新石器时代的遗物，这说明早在四千年前就已经有人类在这片土地上繁衍生息。松桃在秦时属黔中郡，汉至三国时属武陵郡，南北朝时属郢州南阳郡，隋属源陵郡，唐朝属锦州卢阳郡常丰县，明代永乐十一年（1413 年），松桃划归贵州行省所辖。

在少数民族传统文化方面，松桃苗族的民间文化艺术更是多姿多彩。为此，借助于文化搭台、经济唱戏，通过特色产业，发挥地方民族文化资源优势在推动精准扶贫中的经济发展作用。

第一，摸清文化家底，树立民族自信心。

文化自信是一个民族精神信仰自信的重要基础，民族自信是推动物质经济发展、提高人们生活水平的重要动力。因此，开展精准扶贫，需要摸清文化资源家底，这是实现产业的多元化发展不可回避的一个重要路径。

松桃苗族属于苗语湘西方言第一土语区，这一土语区的苗族除了松桃县境内各个苗族村寨外，邻近的湖南省凤凰县、花垣县和重庆市秀山土家族苗族自治县等地部分村寨的苗族也通行该土语区的苗语。作为用来创建"无烟工厂"的产业文化基础，松桃苗族的民间文化主要有苗语歌谣、苗族服饰、传统节日"四月八"，以及多姿多彩的苗族歌舞艺术。此外，苗族吊脚楼等古建筑群、苗寨傩堂、苗长城、苗王城、招龙祭祀场，等等，都是原生态的传统文化产业基础，是增强民族自信、推动精准扶贫的产业化道路所不可缺少的重要条件。

第二，立足于地方民族特色，创建文化产业品牌。

在创建文化产业品牌方面，近十年来，松桃苗族自治县已经做了许多基础性工作，主要是从"绝活"、"精品"和"国家级"这三个方面做文章。

1. "绝活"文化产业品牌的发展。在松桃，上刀山、下火海等苗族绝技绝活已经成为一张独特的"文化名片"，全县有 16 个村、11 所学校分别被命名为县级民族民间绝技绝活文化村和培训基地，同时还授予了"中国民间绝技文化之乡""中国民间特技表演艺术之乡""中国民族民间绝技绝活研究基地"等荣誉称号。

2. 创建"精品"文化，树立产业品牌意识。在树立文化品牌的过程中，松桃苗族自治县以其原生态节目《鼓之源》和《武陵神功》荣获中国民间文艺最高奖项"山花奖"；民俗文化《八人秋》荣获中国民间文艺山花奖金奖；舞龙节目《龙腾盛世》荣获中国民间文艺山花奖银奖等。这些品牌文化的塑造，正是当下精准扶贫中旅游产业的特色和基础。

3. 以"国家级"文化品牌确定产业发展的科学定位。近年来，松桃苗族自治县已经成功地策划和举办了国际绝技绝活展演暨第十一届中国民间文艺山花奖的评奖活动；投入 100 万元成功地举办了首届"松桃杯"中国苗族国际摄影大展；以先后获得的"贵州花鼓艺术之乡""中国滚龙艺术之乡""中国民间绝技文化艺术之乡""中国民族民间绝技文化研究基地""中国民间文化艺术之乡""中国民间特技表演艺术之乡"六张文化名片作为旅游产业的品牌定位，为松桃的"无烟工厂"创造良好的经济发展铺垫。

第三，配合观光农业和山地文化的自然环境发展人文旅游产业。

松桃是武陵山区的一个由土山丘陵向喀斯特地貌逐渐过渡的山地文化特色浓厚、自然地理环境比较复杂的少数民族居住区域。在人文旅游产业发展方面，目前已经成功地塑造了苗王城、苗长城、苗王地宫——潜龙洞、"桃花源"（原冷家坝）、九龙湖、黔东草海等乡村旅游示范点。其中苗王城是开展旅游扶贫中较为成功的一个典范。

苗王城景区于 2003 年作为国家旅游局扶贫景点进行开发建设；2006年被列为省级重点文物保护单位；2008 年列为铜仁地区六条精品旅游线路之一；2008 年，松桃苗族自治县人民政府与松桃苗族自治县苗王城旅游开发有限责任公司签订合同，将苗王城开发权交给苗王城公司；2009年荣获"贵州省十大魅力景区"称号。2015年，景域集团与贵州省铜仁市松桃苗族自治县正式签署"中国苗王城景区"四十年特许经营协议，携手共创"互联网＋景区"模式。从旅游开发至今仅短短十余年时间，苗王城发生了翻天覆地的变化，从一个普通苗族村寨成为国家 AAAA 级景区、贵州省乡村旅游示范村寨、黔东重点开发的民族风情旅游展示区、生态观光休闲农业旅游示范区、黔东户外运动体育休闲基地、贵州省"十二五"期间重点开发的乡村旅游示范点、中国西部苗王城影视拍摄基地。2016 年春节黄金周期间，苗王城的游客天天爆满，超过景区最大承载量，黄金周共接待游客达 30.97 万人次，门票收入 1505.4 万元，综合收入 286 万元，分别同期增长 29%、37.4% 和 28.9%。[①]

四 精准扶贫有绩效

在松桃苗族自治县精准扶贫的前期工作中，以早期的扶贫攻坚所取得的成果为基础，继续调查摸清贫困户的基本情况、深入细致地做好建档立卡工作，严格按照《贵州省贫困户登记表》上基本情况、致贫原因分析、帮扶责任人、帮扶计划、实施的帮扶项目、帮扶成效、脱贫评估等七大板块认真填写，认真分析找准致贫原因，严格区分贫困类型，按照"一类一政策、一户一办法"的要求，精准制定帮扶措施，综合使用各种扶持措施，组织全县各部门、企事业单位等全面开展扶贫工作，千方百计增加贫困户的收入，改善贫困户的生活条件，明确目标任务，要让无劳动能力的人基本生活得到保障，使有劳动能力的人年家庭人均纯收入超过国家规定的贫困线，贫困户生产生活条件得到全面改善，具备自我发展能力，做到不脱贫不脱钩。

（一）实施精准扶贫以来的工作实效

近年来，松桃苗族自治县在中央、省、市各级党委、政府的坚强领

---

① 韦小宁：《景区化：一种少数民族社区社会变迁的新形式——以松桃苗王城为例》，社会学硕士学位论文，贵州大学，2016 年。

导下，在省、市相关部门的大力支持下，紧紧抓住西部大开发和新一轮扶贫开发有利契机，大力实施"五县五化"战略部署，强力推进县城经济快速发展，2015年，全县地方生产总值达102.9亿元，同比增长13.9%；财政总收入实现10.2亿元，同比增长0.7%；固定资产投资完成138.4亿元，同比增长20.5%；城镇、农村居民可支配收入分别达到21769元、6643元，同比增长11.8%、12.3%等。

由于扶贫政策优惠，经济实力增强，该县脱贫攻坚步伐加快，成效明显：2012年，实现整县减贫摘帽目标；2015年，全县23个贫困乡镇摘帽，104个贫困村出列，贫困人口减少到9.44万人，贫困发生率下降到14.4%，净减少贫困人口11.05万人，下降了17.1个百分点；同时全县农村居民人均可支配收入从2008年的2264元提高到2015年的6643元，年均增长24.2%，"十二五"扶贫攻坚任务圆满完成。

此外，通过发展农业龙头企业和积极培育新型农业经营主体，形成了"生态畜牧业、茶叶、中药材、精品水果"主导产业和蔬菜、油茶、烤烟、食用菌、特种养殖等特色产业。如依托德康牧业、铁骑力士30万头生猪产业体系格局，目前，产业完成了5000头繁育基地和1个10万头育肥场建设，以长兴、黄板、长坪等乡镇为重点，带动生猪代养殖户（家庭农场）151户发展生猪产业。正在普觉镇建设20万吨饲料加工厂和3000头繁育基地快速推进中，建成投产运行后，可带动全县生猪出栏80万头以上，形成30亿元产值的生猪产业链。又如依托梵净牧业1000头能繁母牛基地，采取"公司＋养牛协会＋基地＋农户"的利益连接机制，带动35个专业合作社、46个标准化规模养殖场、130户规模养殖大户养殖肉牛，新增能繁母牛5721头。再如依托努比亚牧业10万只"简阳大耳羊"种羊生产体系建设，带动"10＋1"养殖模式农户502户和102个规模场发展山羊养殖，着力提升肉羊规模化生产水平。

1. 强化基础设施建设，大力改善贫困乡村生产生活条件。

2014年度12月26日松桃至铜仁高速公路建成通车，该高速公路全长50.375千米，起点位于重庆巴山乡石坎村两河口处，接重庆市在建的秀山至松桃高速公路，途经松桃县黄板、九江、蓼皋、盘信、正大等7个乡镇，终点在大兴镇与杭瑞高速公路连接，路基宽度24.55米，为四车道高速公路标准。全线设5座桥梁互通立交，设松桃、盘信2处服务区。

随着松铜高速公路建成通车，松桃以公路、铁路、机场"三位一体"的交通网络优化升级，已成为贵州铜仁对外开放的桥头堡。尤其是以水、电、路、讯、房为重点的基础设施得到明显改善。

截至 2015 年，全县农村饮水安全工程共建成 884 处，累计解决了 51.55 万农村居民及学校师生饮水问题；建扶贫生态移民安置点 17 个，实现搬迁 1.4 万人；村庄整治 3.4 万户，完成农村危房改造 1.85 万户，建新农村示范点 117 个，受益农户 2.1 万人；建通村油路 1256 千米，实现 100% 的村通公路，农村电网改造率达 98% 以上，实现乡乡通宽带、行政村通电话目标。

八年来，扶贫部门就投入基础设施建设资金 12772 万元，大力实施烟草扶贫、"六个小康建设"以及生态移民等项目，修建小康路 31 千米、桥梁 3 座、人饮 26 处、打小康井 150 口、便道硬化 132 千米，实施农村危房改造 50 户，建生态移民搬迁工程 8 处、1432 户 7978 人受益。认真实施日元贷款项目，完成 11 个乡镇 21 个村的水土保持项目 7.81 万亩；实施人畜饮水 4 处，解决 1.25 万人饮水困难问题；硬化 13 个乡镇 47 个贫困村的村组便道；配备了 6 所高级中学的教学实验、能力培训设备；新建了长中、孟中、盘中、县职校综合教学楼和松中食堂、图书楼、学生宿舍以及松桃中医院住院综合楼；新建了长坪架枧、大路徐加河防洪排涝工程等。这些项目的实施，使全县的教育、卫生、供水等生产生活条件得到明显改善。

2. 强化产业扶贫，努力增加农民收入。

2008 年以来，全县扶贫产业稳步推进，以优质茶叶、中药材和生态畜牧业为重点的主导产业得到大力发展，油茶、蔬菜、食用菌、经果林等特色优势产业初具规模。据统计，该县累计投入扶贫产业资金 2.52 亿元，建成养殖小区 56 个、规模养殖场 38 个、建牛羊圈 4.83 万平方米、草料棚 5800 平方米、人工草场 8900 亩；发展以白术、万寿菊、铁皮石斛等中药材面积 42630 亩，推广高淀粉红苕、脱毒马铃薯面积 20840 亩；建蔬菜大棚 36 个，发展蔬菜 8933 亩；建发菌棚 1600 平方米，发展食用菌 150 万棒、香菇 105 万段；建特种养殖水池 900 立方米，发展大鲵、石蛙、大闸蟹等特种养殖；新植油茶 18580 亩，改造油茶园 35888 亩，发展茶叶 8500 亩、刺槐 10000 亩、核桃 126000 亩、经果林 14700 亩。

在产业发展过程中，该县按照"农旅一体化、园区景区化"的要求，重点抓好盘石、长兴两个省级扶贫园区建设。目前，盘石生态畜牧业扶贫示范园区修建园区主干道18千米、机耕道6.8千米、生产便道36.9千米、沟渠10千米、蓄水池780立方米，建标准圈舍21500平方米、沼气池800立方米，种植高产牧草2773亩、人工草地4000亩；建农业观光设施5处、观光便道2.5千米。园区入驻企业5家、农民合作社12家、养殖大户22户、家庭农场7个。其中落户园区的松桃德康农牧有限公司，是中国500强企业之一的四川华西希望特驱集团的全资子公司，公司规划的武陵山区现代循环农业示范园30万头生猪体系建设项目已全面启动。项目建成后，将形成1000人新增就业、2000户规模养殖、100万头生猪出栏、2亿元农民收入、100亿元畜牧产值的生猪产业链。

目前，项目一期工程盘石种猪场已投入生产营运。与此同时，全国百强牧业、全国十佳标准化肉羊示范场之一的贵州努比亚牧业发展有限公司，是园区新引进的养羊龙头企业，已在盘石建成了一个科技领先、绿色养殖、低碳环保、生态高效、经济循环的3000只现代化种羊繁育示范场，公司培育的"贵州努比亚山羊"新品种经第十一届中国养羊赛羊大会评比，获最佳山羊品种，并成功注册商标，其推行的努比亚"10+1"扶贫养殖模式被全省推广。目前该企业已在松桃建立了9个养殖专业合作社，带动了贫困农户1000余户。另外，依托黔东草海引进的省级重点扶贫龙头企业贵州梵净山牧业科技有限公司，已投入资金1.2亿元在园区建成了万头现代化肉牛肉羊产业体系。园区建设势头强劲，生机勃勃。

长兴中药材产业扶贫示范园区共实施通村公路40千米、机耕道路48千米、作业便道20千米、排灌渠道56千米，建成大型供水池2口，小型蓄水池30口，现代喷滴灌管道设施12千米，人工湖3口，修建观景台、鸳鸯亭各1座；建成仿野生铁皮石斛350亩，大棚种植12667平方米；完成苦参基地3000余亩，育苗大棚4500平方米；完成黄精、丹参、万寿菊种植10000余亩，带动贫困户、大户、专业合作社种植3200亩。红星、鼎泰、亿植、健神药业、恒霸药业等省内外中药材龙头企业纷纷落户园区，发展石斛、银杏等名贵中药材品种达十多个，种植规模2万余亩，已成为贵州最大药园。

3. 强化智力扶贫，着力提高农民脱贫本领。

该县围绕产业升级、农业增效、农民增收目标，积极抓好阳光工程和扶贫技能等培训项目，继续推进培训转移就业和劳务增收，鼓励园区企业、中小（微）企业、扶贫龙头企业等招收使用扶贫对象，不断加强农民工转移就业培训，使扶贫对象就近就地务工转移、创业增收获得稳定的务工收入。2008年以来，全县投入培训经费695万元，累计培训65946人，其中普训52840人、技能培训9282人、产业培训600人、绿证培训750人、干部培训2474人。同时，继续加大对农村贫困子女的教育扶持力度，实施好"雨露计划、圆梦行动、助学工程"项目，累计资助贫困大学生1290人（次）。

4. 强化社会帮扶，合力构建大扶贫格局。

为抓好帮扶工作，该县坚持"定点帮扶、集团帮扶、党建帮扶、计生帮扶、结对帮扶"相结合，认真开展"扶贫日"募捐等活动，合力构建大扶贫格局。2008年以来，中国电子信息产业集团共投入帮扶资金1740万元，先后对甘龙、盘信等9个乡镇的12个贫困村进行了帮扶；山东青岛平度市、市北区投入帮扶资金700万元，对6个乡镇的8个贫困村进行了扶持。省邮政局、省信用联社、贵阳医学院、省人口计生协会等部门组成的省党建扶贫工作队，先后帮扶了20多个贫困村，投入帮扶资金400万元；原地区国土局、民政局、农业局组建的地直党建工作队帮扶蓼皋镇巴坳村，投入资金66万元。他们扶真贫、真扶贫，积极为贫困乡村修建村小、捐赠电脑、改造民居、建设公路、实施人饮、硬化便道、发展产业。大大加快了该县脱贫进程。

该县县委、县政府作为脱贫攻坚责任主体，积极落实部门帮扶责任。实行领导干部联乡带村包户责任制，坚持定点、定人、定时、定责任、包脱贫"四定一包"责任。通过派出党建扶贫工作队、县直工作组、选派"第一书记"、部门帮扶贫困村、干部结对贫困户等形式，积极开展扶贫帮困工作。八年来，累计投入各类帮扶资金和物资达7850万元，4.5万贫困人口得到扶持。同时积极组织干部职工开展"扶贫日"等募捐活动，八年来共募集资金73.87万元，大力支持松桃"7·15"水灾、汶川大地震和本县扶贫事业。

5. 强化扶贫机制改革,奋力创新扶贫模式。

自 2008 年以来,该县不断加大扶贫机制改革、扶贫模式创新力度,切实改变"灌水式""输血式"传统模式,推行"滴灌式""造血式"扶贫模式。①实行整村推进,连片开发。仅 2008—2011 年,全县就整村推进贫困村 207 个,投入资金 10069 万元,实施项目 585 个,大力推进贫困村的基础设施和产业发展。②实施"十二个一"工程,推进盘石跨越发展。盘石镇是全县唯一的一类贫困乡镇。2012 年 6 月贵州省委书记陈敏尔到盘石镇调研时,提出了实施"十二个一"工程,开辟了扶贫攻坚新模式。四年来,县委、县政府在盘石镇大力实施脱贫攻坚战,累计投入资金 6.93 亿元,建设项目 28 个,完成通村油路 53.6 千米,完成芭茅村新农村建设,对 979 户居民立面改造,1104 户农村危房改造,开工建设 G352 国道(盘石境内 12 千米)、仁务水库等工程;扎实推进畜牧园区种养业和乡村旅游发展,全镇种植牧草 1.3 万亩,发展养殖户 570 户。2015 年,盘石实现地方生产总值 2.6 亿元,同比增长 28.6%,财政收入 146 万元,同比增长 27.36%;农民人均纯收入达 5117 元。③强化涉农资源整合,实行部门资金打捆使用。对交通、水务、发改、财政、民政、扶贫、教育、卫生计生等部门的民生资金、涉农项目和基建工程,按照"用途不变、渠道不乱、各负其责、各记其功"的原则,最大限度向贫困乡村、贫困人口倾斜,切实发挥资金聚合效应,集中解决贫困问题。如 2012 年,县委、县政府就整合各类项目 660 个,整合资金 15.12 亿元投入贫困乡村,当年减贫 5.29 万人,实现了省定整县减贫摘帽目标。④运用财政扶贫资金杠杆撬动金融资金投入扶贫开发。2012 年,县政府与国家开发银行贵州分行签订了金融扶贫战略合作协议,签约授信资金 3 亿元,对 258 户农户、39 个合作社、5 家公司发放贷款 1.15 亿元,重点用于发展中药材、茶叶、肉牛养殖等产业。同时投入 704.2 万元小额贷款贴息和农村合作社互助资金,撬动信用联社 1.41 亿元投入扶贫开发,累计受益农户 21490 户,其中贫困户 18839 户。⑤发挥经营主体带动辐射作用,强化贫困农户利益联结机制。积极探索"村企共建、包干扶贫"模式,带动贫困村集体经济发展和贫困农户增收;探索"龙头企业 + 专业合作社 + 贫困农户"模式,农户采取土地、技术或资金入股的办法增加收入;探索"折股量化、配股到户"或"合作自愿、入股分红、直补到

增收。

（4）统筹规划见成效。按照"渠道不乱、用途不变、集中使用、各尽其力、各记其功"的原则，结合盘石镇十八箭、桃古坪、禾梨坪三个贫困村的致贫原因、意愿，制定精准扶贫三年帮扶脱贫规划和2016年度帮扶计划，建立帮扶贫台账，认真分析，量身定做各自贫困户的帮扶措施与年度计划，采取入股帮扶分红、养羊帮扶脱贫、牧草种植帮扶脱贫、教育扶持脱贫、医疗救助脱贫、民政兜底脱贫、"雨露计划"帮扶脱贫等帮扶措施，逐一落实帮扶责任，为充分体现党组织对农村特困户的亲切关怀，积极开展了党建帮困活动，与省农科院专家服务团于5月18日和7月1日，对十八箭、桃古坪、禾梨坪、黄连、代董的田素珍、田愿保、田求珍、石成金、吴秋妹、杨昌玉、石玉根、龙老星、石帮志、石春光、龙成章、龙叔云、龙帮照等24名老党员和特困老党员发送慰问金14000元，将党的关怀和温暖送到党员手中，在慰问中，帮扶干部详细了解老党员和特困老党员的身体状况、生活情况，感谢他们一直以来为党的事业和发展作出的贡献。2016年初以来，已发送三个村复合肥2.5吨，发送50户贫困户爱心鱼苗2.5万尾，据估算，2.5万尾爱心鱼苗可使50户贫困户年内养鱼增收30余万元，发送尿素5.5吨，与省农科院专家服务团在十八箭、桃古坪、禾梨坪等结对帮扶村举办种草养畜、家畜疾病防治、科学养鱼等扶贫培训班6期，使200多名受训贫困户都学到了1—2门实用技术；与省农科院专家服务团指导和解答农村实用技术疑难200多人次；落实十八箭村入股分红帮扶20户，养羊产业帮扶5户，民政帮扶12户，牧草种植3户，医疗救助和教育帮扶5户；牧草种植帮扶3户；落实桃古坪入股分红帮扶11户，养羊产业帮扶13户，民政兜底12户，和教育帮扶12户；禾梨坪入股帮扶分红11户，养羊产业帮扶6户，民政帮扶7户，教育帮扶1户，松桃畜牧中心通过综合"造血"，多措并举，真抓实干，使精准扶贫工作取得了初步成效。

2. 失误教训。

在调查中，也出现了一些不可控的投资风险。例如某村民在外打工多年，后来返乡创业办起服装厂，由于没有投资经验，企业破产，非但自己多年积蓄60余万元用个精光，还欠了银行的巨额贷款，自己因此吃了官司，属于不良信贷入了狱。

就是被立为该县品牌企业的贵州努比亚山羊养殖业，因为检疫技术跟不上，或者说是种羊从外地购进时把关不严，没有检疫出"布鲁氏菌病"，该病菌在各养殖场潜伏很长一段时间后，于2016年1月贵州省松桃努比亚山羊领航专业合作社所有养殖场的羊群感染了被卫生部列为二类传染病的"布鲁氏菌病"，最后政府不得不对感染羊只全部捕杀掩埋。因为人畜接触，部分养殖场的饲养员也被感染了"布鲁氏菌病"，病种特殊，政府将感染人员送到黑龙江省农垦总局总医院布病专科治疗，造成了不可低估的经济损失。为此，我们专门走访了松桃长康努比亚山羊养殖专业合作社负责人龙成阳，该合作社位于长坪乡康金村，总投资80万元，政府捕杀感染羊只时的赔偿承诺也难以兑现，资金难以回笼，债务难以偿还。龙成阳也感染了"布鲁氏菌病"，经过三个疗程的治疗，依然无法根治，现在变成一个吃得做不得的病人，并且需要保证饮食营养，3—5个月定期复查一次，他被鉴定为四级肢体残疾。甲方的贵州省努比亚牧业发展有限公司对投资风险已经不可控，与其签订的《"10＋1"养殖模式合同书》得不到有效执行，龙成阳的合法权益得不到保障。在调查中，龙成阳告诉我们，他家是在2013年建圈，同年10月按照"10＋1"模式引进种羊110只，即10只母羊配一只公羊。2016年2月因出现"布鲁氏菌病"后将所有羊群全部捕杀完。当初购买羊种时，每只母羊的进价是3000元、公羊每只5000元，这些羊种遭到捕杀后，每只羊种赔偿1500元。在进行饲养努比亚山羊期间，110只羊只生育了20多只羊羔，龙成阳一家在饲养努比亚山羊的损失共达81.6万元（其中购买种羊的损失有64.46万元）。

目前当地像龙成阳家这样遭受损失的农户就有28户。这些典型案例在当地产生的一定的负面影响，后来直接影响到了一些扶贫项目资金的发放，大家都担心经营不善导致亏损，所以政府不敢发放资金，农民不敢接受项目。

此外，我们在孟溪镇道塘水库移民安置点进行调查时，移民群众以为我们是暗访人员，不断向我们反映了很多问题。如土地赔偿问题，报表和发放表数据不一，移民领到的实际金额低于上级发放金额；融入移民地后，在认定精准扶贫问题上受到不公正待遇；失地的青壮年农民大量劳务输出，空巢老人和留守儿童现象严重。移民前的优惠政策解释和心理预期与移民后的现实状况落差较大，等等。

五 调查后的反思

（一）存在的问题和困难

1. 通过驻村工作寻找到贫困根源：①通村公路差，没有硬化，给群众脱贫致富带来极大影响。②群众思想觉悟较低，对发展认识不足，发展思路不清晰，未能找到一条真正能发家致富的好门路。个人主义太强，缺乏合作意识。③大部分群众仍然停留在传统农业的思想观念上，没有借助农机等机械加强生产，未能充分利用现有资源。④劳动力丧失严重，劳动力分配不合理，大部分劳动力已经外出务工。⑤缺乏必要的生产种养发展技术。⑥缺乏发展资金。贫困面大，自身发展力不足，没有村级集体经济，到位的发展资金欠缺。

2. 扶贫中存在的问题：①基础设施建设有待进一步提升。目前，该县通村公路硬化率仅达72%，仍有近1000千米的农村道路未硬化，已经硬化部分，如引进企业到当地办厂，道路无法满足运输需要，道路毁坏严重；农村水利设施严重不足，安全饮水率仅达85%，仍有16万人的饮水安全没有解决等问题。②扶贫资金整合力度不够。创新整合全县人力、物力助推扶贫开发工作力度不够，大扶贫和精准扶贫有效衔接的格局需要进一步加强。③干部队伍的政策水平和业务能力有待提高。部分帮扶部门、帮扶干部对扶贫政策欠熟悉，开展帮扶工作缺少思路和办法。④精准施策工作力度有待加强。由于缺乏龙头企业和大产业带动，扶贫项目精准实施难，特别是短期内利用扶贫项目资金帮扶贫困户增收难。

3. 第一书记驻村工作存在的问题：①与县直部门、乡镇党委联系少，交流少，工作思路有待创新，帮扶能力有待提高。②帮扶结对效果不明显，未完全掌握结对户信息，一户一档材料完善情况不太理想，结对帮扶进展缓慢。③推动村"一村一品"养羊等项目产业发展进度缓慢。④走访群众力度不够。

扶贫对象主要有因病、因学、因弱、因懒四种类型，其中因年老体弱、智力弱、家庭成员年龄结构和性别结构不合理等因素造成的贫困，贫困程度很深。而因懒导致的贫困对象等靠要的依赖思想严重，虽然人数不多，但是对扶贫工作的总体推进带来了一定的负面影响。针对上述多种类型的贫困家庭，有的已经不在扶贫之列，需要与社会救助、民政等部门联合攻关。

调查中了解到，进行行政区划调整后，社区/村支两委、小组长等基层干部权力增大，但是社会监督机制缺失，腐败现象渗透得快且深，公信力普遍降低，这也影响到了扶贫政策的有效落实。

（二）对策及建议

1. 抓好项目资金整合。从开展实施精准扶贫战略以来，松桃县汇集了财政扶贫资金推进产业"股金"式改革，实现财政扶贫资金入股股金社集中使用滚动发展，现已吸纳扶贫资金 3431.5 万元，覆盖 437 个行政村 5000 户贫困户，实现分红 187.73 万元。同时，在"精扶贷"资金推进企业"股金"式改革方面，出台了《松桃苗族自治县"精扶贷"小额信用贷款工程实施方案》和《松桃苗族自治县"精扶贷"工程贷款贴息管理办法》，通过"评级授信、再贷款支持、扶贫贴息、风险补偿"等方式，将贫困户无抵押担保的 5 万元、3 年期、政府贴息的"精扶贷"资金"打包"入股龙头企业或者合作社使用并负责还款，采取保底分红，建立"企业＋基地＋贫困户＋精扶贷"的发展模式，壮大了股金社经济实力，解决了农业企业发展资金瓶颈，促进了农业产业发展和贫困户脱贫增收。现已吸纳"精扶贷"资金 1.56 亿元，覆盖 437 个行政村 3794 贫困户。[1]为此，各乡镇党委、政府需要结合每年出列村、脱贫对象户的脱贫意愿和帮扶措施，列出项目清单；县级进行梳理汇总，形成部门脱贫攻坚任务链，并按照"渠道不乱、投向不变、各记其功、各司其职"的原则，重点投入每年出列的贫困村和脱贫对象户，发挥部门资金整合效应，破解扶贫资金短缺瓶颈，真正形成大扶贫格局。

2. 抓好扶贫体制机制创新。把"三社一中心"扶贫模式作为"三变"改革的承接平台，因地制宜，找准路径，项目带动，发挥经营主体带动辐射作用，提高扶贫资金使用效益。启动实施"资金跟着穷人走、

---

[1] 刘振斌：《松桃汇集多方资金推进"股金"式扶贫改革》，松桃苗族自治县人民政府，政务网站，2017 年 7 月。

穷人跟着能人走、能人跟着产业走、产业跟着市场走"的金融扶贫路径，扎实推进"股金"式扶贫模式，2017 年全县已吸纳社会资金 1.27 亿元，覆盖 318 个行政村，吸纳社员 7227 户。充分利用这些资金解决好扶贫资金使用与贫困农户利益联结机制，探索贫困户资产性收益，创新金融扶贫机制，鼓励和支持社会资本及金融资金投入扶贫开发，切实帮助贫困户增加收入。积极引导社会扶贫，探索老板捐资、能人带动、大户帮助、招商引资、部门结对、合作组织服务"六大"社会扶贫措施，形成政府、市场、社会协同参与的大扶贫格局。

3. 抓好舆论宣传和业务培训工作。充分发挥报刊、广播电视、网络媒体的主阵地作用，开设扶贫专栏、策划宣传主题、开展系列报道、传播扶贫主流声音、扩大宣传效果；大力宣传脱贫攻坚的重要意义、政策措施、进展情况和工作成效，及时报道各级各部门在帮扶工作中的经验做法、先进集体、先进个人的感人事迹，激发和调动全社会参与精准扶贫的热情和积极性，增强大家对精准扶贫工作的自信心，达到宣传一个、带动一片的效果；继续加强扶贫业务培训，提高干部业务能力。

4. 严格督查考核问责。对扶贫工作采取定期和不定期的督查与明察暗访方式，加大督查力度，及时通报情况，严格问责问效；纪检、监察部门对问题线索清晰的举报要进行核实查办，按规定进行严肃问责处理，引导广大干部职工引以为戒、认真反思、改进工作。

5. 确保党的民族区域自治政策在精准扶贫工作中发挥其应有的作用。《中华人民共和国民族区域自治法》明确规定，为了保障聚居地区的少数民族得到更好的发展，少数民族自治区、自治州和自治县都有根据本地区的实际情况在不违背国家宪法和法律的前提下制定民族区域自治条例和单行条例。那么，松桃苗族自治县的精准扶贫工作开展，为了保持永久性脱贫，同样可以结合县内的民族特点把行之有效的政策措施、奖惩制度、帮扶手段固定下来，以单行条例的法规形式延续下去。此外，为了确保旅游文化产业的民族特色得到整体性发展，一些还保存有苗族传统文化特点的乡镇应作为自治县的一个组成部分予以保留，而不是以托管的方式划拨出去，如果民族性被淡化，必然影响到旅游文化品牌的塑造，同时也对少数民族贫困人群的精准帮扶难以全面实施。

6. 加大和完善基础设施建设，确保精准扶贫工作根基稳定。在松桃苗族自治县，全县公路已经基本上实现村村通。截至 2015 年底，全县公路总里程达 5015 千米，其中通村公路 2713.132 千米，大小桥梁 447 座，已经完成的通村公路硬化改造 1377.767 千米、通村油路 501.2 千米。① 尽管如此，由于现在的行政村是由多个村或组合并而成，各个村民组之间居住距离较远，"要致富先修路"，通组公路尚未全面进入规划实施，一些村民组的"行路难"问题同样影响到精准扶贫的全面展开。此外，农村的人畜饮水工程建设现状与贫困村寨人群的需求，仍然难以满足人们的生产生活需要。

7. 对农村低保线下的人群实施免费教育、免费医疗，彻底根治精准扶贫过程中留下的"后遗症"。为避免因病返贫或因学（费）返贫等问题的存在，建议在完善农村医保制度的同时，对一些经济收入较低的家庭在因病救助上出台一些应对措施，以确保其家庭生产生活的持续发展和保障。鉴于现在的学校教育中只有小学到初中属于免交学费，一些低收入家庭子女就读高中或考入高等院校则又面临学杂费负担重而重新返贫的问题，建议农村户口的高中学生应实行免费入学帮扶政策，同时对考入上一级高等院校的农业人口学生，则应根据其考入学校的层次出台具体奖励扶持政策，帮助贫困学生完成学业。此外，也可以对县内学生实行订单培养，让考取高校的学生签订协议解决学杂费后定向回县工作。

当前，松桃苗族自治县县委、县政府又吹响了全面建设小康社会的进军号角，拉开了大扶贫战略行动的序幕，掀起了"十三五"脱贫攻坚的新高潮。我们坚信，有中央、省、市各级党委、政府的正确领导，有全县人民的大力支持，松桃一定能够打赢科学治贫、精准扶贫、有效脱贫这场输不起的攻坚战，一定能够胜利实现贵州经济强县和全面率先小康的宏伟目标！

参考文献

[1] 刘振斌：《松桃青山村推进整村小康的做法及启示》，《知行铜仁》2016 年第 1 期。

---

① 《文化松桃丛书》编委会编：《话说松桃》，时代出版社 2016 年版，第 81 页。

[2] 龙玉良:《松桃苗族》,贵州民族出版社 2006 年版。

[3] 龙云清著:《山地的文明:黔湘渝交界地区苗族社区研究》,贵州民族出版社 2009 年版。

[4] 黄小刚:《松桃县文化旅游融合发展路径探讨》,《知行铜仁》2016 年第 3 期。

[5] 贵州省松桃苗族自治县苗学会、贵州省松桃苗族自治县民族宗教事务局编、龙玉良主编:《苗学研究与经济发展——贵州省松桃苗族自治县苗学会论文集》,贵州民族出版社 2005 年版。

[6]《松桃苗族自治县概况》编写组:《松桃苗族自治县概况》,贵州民族出版社 1985 年版。

[7] 松桃苗族自治县民族事务委员会编:《松桃苗族自治县民族志》,贵州民族出版社 1990 年版。

[8]《松桃苗族自治县概况》编写组、《松桃苗族自治县概况》修订本编写组:《贵州松桃苗族自治县概况》,民族出版社 2007 年版。

[9] 松桃苗族自治县志编纂委员会:《松桃苗族自治县志（1986~2006）》,方志出版社 2012 年版。

[10] 滕继承:《刀刃上的舞蹈——黔东北苗族履刀绝技的人类学调查》,中州古籍出版社 2004 年版。

[11] 铜仁地区苗学会编:《梵净山苗族纪事（第 1 卷）》,贵州民族出版社 2011 年版。

[12] 韦小宁:《景区化:一种少数民族社区社会变迁的新形式——以松桃苗王城为例》,社会学硕士学位论文,贵州大学,2016 年。

[13]《文化松桃丛书》编委会编:《话说松桃》,时代出版社 2016 年版。

[14]《文化松桃丛书》编委会编:《印象松桃》,时代出版社 2016 年版。

[15] 王文明:《加强"三社"建设助推精准脱贫——贵州省松桃县供销合作社探索"三社"建设调研报告》,《中国合作经济》2016 年第 4 期。

[16] 徐铉主修,萧琯纂修,龙云清校注:《松桃厅志（校注本）》,贵州民族出版社 2006 年版。

［17］杨红军：《对松桃文化大发展大繁荣的思考》，《理论与当代》2014 年第 1 期。

［18］杨涛、杨正文、张芸：《贵州松桃县山地生态畜牧业发展现状与建议》，《贵州畜牧兽医》2016 年第 3 期。

［19］曾凡正、松桃：《打好四张民族艺术牌》，《中国统一战线》2014 年第 4 期。

［20］政协松桃苗族自治县委员会编：《苗族文化交流与发展》，中国文联出版社 2016 年版。

［21］中共松桃苗族自治县委宣传部编：《闪光的足迹——纪念松桃苗族自治县成立 60 周年新闻作品选》，中共松桃苗族自治县委宣传部，内部印刷，2016 年。

［作者：吴正彪（1966—　　），男，苗族，贵州省三都水族自治县人，三峡大学民族学院教授，三峡大学应用社会学研究所副所长、区域社会管理创新与发展研究中心研究员，主要研究方向：民族社会学；蒙耀远，男，水族，三峡大学中国少数民族语言文学专业硕士研究生，黔南民族师范学院副教授，主要从事水书文化研究］

芷江精准扶贫"五郎溪样本"调查

引　言

　　贫困，是人类社会共同面临的难题，是社会安定的不稳定因素，是阻碍社会经济发展的重要因素之一。反贫困是世界各国都面临的问题，各国政府根据国情提出了反贫困的模式和措施。"足寒伤心，民寒伤国。"中国一直是世界减贫事业的积极倡导者和有力推动者，政府对本国贫困的治理不断深入。在与贫困斗争的过程中，中国政府的扶贫模式不断改进，经历了由"输血"式扶贫（即救济式的扶贫）向"造血"式扶贫（即开发式扶贫）的转变，2013年，习近平总书记根据我国的贫困现状，提出了"精准扶贫"。精准扶贫一改传统扶贫区域瞄准模式，识别到户，从"大水漫灌"到"精准滴灌"，提高扶贫工作的精准度和针对性。当前，中国的扶贫工作已进入攻坚拔寨阶段，全国上下都投入到这场战斗。怎样扶好贫，扶真贫，真扶贫，各地都在总结经验，树立精准扶贫示范点。

　　武陵山片区属国家连片特困地区，少数民族聚居区，经济发展水平低，贫困面广程度深，基础设施薄弱，社会事业发展滞后。做好武陵山片区精准扶贫示范点对武陵山片区的精准扶贫有很好的示范作用。本研究以湖南怀化市芷江侗族自治县为例，基于对三道坑镇五郎溪村精准扶贫实施状况的调研，梳理五郎溪样本精准扶贫工作的经验教训，有针对性地提出建设性的意见，旨在探讨武陵山片区精准扶贫工作的成效与未来发展。

　　2015年4月14日，湖南省省委政研室驻村帮扶工作队进驻五郎溪村,五郎溪村成为湖南省省委书记 2015—2017 年的扶贫联系点。五郎溪村肩负着既要发挥精准扶贫的示范作用,又要出可复制、可推广的经验做法的双重任务。经过一年多的精准扶贫,2016 年的五郎溪村处于政府主导内外结合扶贫的中期阶段。2015 年五郎溪村扶贫工作取得了阶段性成果,在湖南省 2015 年 184 个省派扶贫工作队年终考核中获得第一名;2016 年初被作为湖南省精准扶贫的成功案例报国务院扶贫办。"五郎溪样本"作为湖南省精准扶贫示范得到国务院扶贫办网、农业农村部网、《经济日报》、《中国农民报》、新华社湖南分社、《湖南日报》、湖南电视台、湖南红网等多家媒体的报道,本省甚至外省许多单位派工作队到村现场学习精准扶贫。在这宏大的历史背景下,高山那边、白云深处的五郎溪村走进公众视野。

一 芷江侗族自治县精准扶贫概况

芷江侗族自治县位于湖南省西部,地处武陵山系南麓云贵高原东部余脉延伸地带,县城芷江镇距怀化市仅 37 千米。素有"滇黔门户、黔楚咽喉"之称。全县总面积 2099 平方千米,辖 9 镇 9 乡,有 299 个行政村、16 个居委会,总人口 38.26 万,其中侗族等少数民族人口占 55.8%。芷江县是个农业县,优质稻、畜牧、柑橘、蔬菜、烤烟是全县五大农业支柱产业。全县森林覆盖率达 67.53%,是全国少数民族自治县中第一个"生态示范县"。

(一) 芷江侗族自治县贫困概况

芷江侗族自治县是武陵山片区连片特困地区区域发展与扶贫攻坚重点县。全县有 95 个国家级贫困村,2002 年初,芷江县被列为湖南省扶贫开发工作重点县。2014 年底有建档立卡贫困人口 63685 名,贫困发生率 14.9%。2015 年底,全县有总农户 9.08 万户,农村人口 33.47 万人,农村居民人均纯收入 3614 元,有 13806 名建档立卡贫困人口脱贫,仍有建档立卡贫困人口 15332 户 49879 名,占全县农村人口的 14.9%,贫困人口年人均纯收入 2638 元。2016 年初,全县尚有贫困村 95 个、贫困户 11382 户、贫困人口 36074 人,贫困发生率为 10.35%。2017 年,芷江侗族自治县脱贫目标是力争到 2017 年底，实现贫困村全部退出，贫困人口全部脱贫，贫困发生率控制在 2% 以内。

芷江侗族自治县贫困面大、贫困人口多、贫困程度深，国家级贫困村集中分布在芷江县南部，碧涌镇、冷水溪乡、洞下场乡、禾梨坳乡、水宽乡等乡镇。芷江侗族自治县贫困人口中，因缺增收项目致贫占 57.33%，因病致贫占 16.25%，因自然生存条件差致贫占 8.24%，因灾致贫占 5.1%，因学致贫占 5.36%，因缺劳力致贫占 2.71%，其他原因致贫占 5.01%（见表 1）。

表 1 芷江侗族自治县贫困人口情况①

序号	致贫原因	贫困人口数量（人）	占全县贫困人口比例（%）
1	因缺增收项目致贫	28596	57.33
2	因病致贫	8105	16.25
3	因自然生存条件差致贫	4110	8.24
4	因灾致贫	2544	5.1
5	因学致贫	2673	5.36
6	因缺劳力致贫	1352	2.71
7	其他原因致贫	2499	5.01
	合计	49879	100

"精准扶贫"已上升为国家战略，扶贫开发迎来了前所未有的历史机遇。芷江县完成精准扶贫任务时间紧、任务重、要求高，既面临良好机遇也面临较大竞争和挑战。①任务重。在精准扶贫的攻坚阶段，全县有 4.99 万名建档立卡贫困人口，贫困人口年人均纯收入只有 2638 元，离预设目标 10000 元相差 7362 元，任务艰巨。②时间短。在不到四年的扶贫攻坚阶段，要求贫困人口年人均纯收入增加 1800 元以上，收入增长接近初始阶段的 4 倍，实现如此跨越式增长，确非易事。③贫困类型差异大。从产业扶贫的角度看，由于农村区域资源禀赋各异，人口素质不同，运用的资源也不一样，发展路径也就大相径庭。

---

① 数据来源于《湖南省芷江侗族自治县产业精准扶贫规划（2016~2020 年）》。

（二）芷江侗族自治县精准扶贫举措

芷江侗族自治县是少数民族县、省级贫困县、革命老区县、地处湘西边陲，集老、少、边、穷为一体。2014—2016 年，芷江侗族自治县实施为期三年的精准扶贫行动计划战略，切实贯彻落实习近平总书记在湘西考察武陵山片区扶贫工作的指示精神，彻底实现由救济式扶贫向开发式扶贫转变，由粗放式扶贫向精准式扶贫转变。扶贫项目包括：产业扶贫、教育扶贫、科技扶贫、卫生扶贫、生态扶贫、社保政策兜底六个方面。芷江县将在农村道路建设、饮水安全、电力保障、危房改造、产业发展、村级组织建设和卫生室建设、文化场所、义务教育和学前教育培训、信息化建设、社会保障十个领域推进精准扶贫工作。

芷江侗族自治县落实党和政府的惠农政策主要分三步，第一步是政府主导，分级负责，各级党委、政府，是精准扶贫的责任主体，一级抓一级，分级负责；第二步是创新思路，分类指导，根据农村不同地区、不同人员、不同文化层次，因地制宜，因人而异，因材施教，实施帮扶；第三步是到户到人，精准施策，切实提高扶贫针对性、可行性，确定扶贫对象，精准到户到人，帮助农民群众脱贫致富，切实感受到党和政府的温暖、关心和关怀。芷江县精准扶贫举措主要有以下几点。

1. 做好"六个精准"

芷江县围绕"六个精准"，扎实做好扶贫攻坚工作，帮扶单位和干部坚持因村施策、因户制宜，落实精准扶贫政策。

（1）扶贫对象精准。按照省、市部署，该县结合"一看五评法"识别体系［一看：看家庭年人均收入是否在 2300 元（2010 年不变价）以下；五评：一评住房条件，二评生产资料，三评劳动能力，四评教育程度，五评健康状况］，经过两次贫困户建档立卡"回头看"工作，县、乡、村、帮扶责任人反复核查，共清理出不符合条件的贫困户 2742 户 10091 人。

（2）措施到户精准。根据贫困实际，详细制定了 1 个县规，28 个乡规，303 个村规，15270 张脱贫致富卡。结合湖南省委"三严三实"专题教育、"一进二访"活动要求，完善工作实施方案，要求全县干部采取"三帮四送"的办法结对帮扶贫困农民，即帮项目、帮资金、帮物资；送政策、送技术、送信息、送医疗。目前，全县4200名县乡干部已对所有贫困户进行结对帮扶（每个处级干部帮扶7户、科级干部帮扶6户、一般干部或职工帮扶4户），共下到乡村与贫困户结对走访3.3万人次，帮助贫困户制定帮扶措施1.8万条，切实做到了"五清楚、六必记、七到户"（清楚精准扶贫政策情况、贫困户所在村的基本情况、每家每户贫困户情况、贫困户的需求情况、一户一策的帮扶措施；记录贫困户走访日记、意见建议、扶贫事项、社会和政策帮扶、脱贫进程、要求办理的事项和结果；扶贫任务、扶贫政策、资金项目、技术信息服务、排忧解难、安全维护、脱贫时间七项事项到户）。

（3）项目落实精准。强力实施产业扶持、生态移民、低保帮扶、医疗救助、危房改造、基础设施、教育培训、金融服务、结对帮扶、党员示范引领"十个到村到户"行动。2015年通过实施葡萄、油茶、野生甜茶、蓝莓、猕猴桃等产业，带动了6386户22351人；实施贫困村道路通畅工程67.8千米，组级公路建设254千米；对2358人次进行医疗救助；资助贫困学生3602名；对全县3733户（9176人）低保贫困户进行低保帮扶；帮助25户贫困户实施易地搬迁；维修山塘20座，建设渠道1.45万米；完成和在建危房户改造441户；解决了16123人的饮水不安全问题；完成7个贫困村的农网改造；解决了72个贫困村的宽带接入问题，建设了30个手机信号基站；实施了31个村级组织活动中心和村级卫生室建设。

（4）资金使用精准。从财政资金、项目资金、金融资金、社会帮扶、群众自筹五个方面扩大扶贫资金来源，落实资金，保障对贫困村、贫困户的扶持。湖南省委全会后，芷江县按每个贫困村20万元的标准，对第二轮43个村投入了860万元专项扶贫资金。目前，共投入财政资金5321万元，其中县本级安排财政专项扶贫资金2285万元，财政整合各部门、各行业用于扶贫的资金1.31亿元。同时，动员社会投入，加大招商引资力度，引进更多的外来投资者投入扶贫项目中，吸引更多的民间资金、社会闲散资金投入扶贫项目建设中。积极引导群众自筹，尊重贫困户的主体地位，鼓励他们发扬自力更生、艰苦创业精神，通过自身努力增加收入，实现脱贫。

（5）因村派人精准。芷江县多次召开县委常委会议专题研究扶贫工作，布置安排各项扶贫任务，并成立了县扶贫开发领导小组，负责协调指导全县扶贫开发工作。研究制定了《关于创新机制扎实推进全县扶贫开发工作的实施意见》等一系列文件，并对 95 个扶贫村都安排了 1 名县级领导联村，两个以上县直部门为后盾单位进行帮扶，增加了县扶贫办 10 个事业编制。同时，加强驻村帮扶力度，安排了县级驻村工作队 83 支，选优配强了 83 名扶贫队长、第一书记，166 名工作队员，切实强化扶贫工作队力量（省、市派出 12 支工作队，共 95 支扶贫工作队）。

（6）脱贫成效精准。按照"缺什么补什么，需要什么帮什么"的原则，全年减少贫困村 16 个，贫困村减少率达到 16.8%，全年减少贫困人口 5339 户 17963 人，贫困人口减少率达到 30%。①直接帮扶。坚持"因地制宜、群众自愿、短长结合"，按 1000 元/人的标准进行直接扶持，积极推动"一乡一品，一村一品"特色产业，如，发展烤烟、生猪、肉牛等短期产业，当年可见效，使贫困户人均增收 1800 元左右。发展高山葡萄、野生甜茶、油茶等长期产业，3—4 年可见效，使贫困户人均增收 3000 元左右。2016 年已投入直接帮扶资金 830 万元、金融小额贷款 4249.4 万元，帮扶 11450 人发展产业，实现 2702 户 8528 人脱贫。②股份合作。选取实力雄厚、社会责任心强、市场效益好的专业合作社（企业）为帮扶平台，引导贫困户以 1000 元/人帮扶资金入股，集中统一建设产业基地，按经营利润分配红利，并在生产基地赚取劳务报酬。2016 年用这种方式投入资金 124.4 万元，引导 411 户（1244 人）贫困户入股，年内人均增收 1800 元（含劳务报酬），实现脱贫。③园区带动。通过"扶贫创业孵化示范园"建设，发挥园区产业致富示范带动作用。依托芷江天晟农业公司，创建了联建认购模式，即企业建好基地后，以村为单位由贫困户统一认购（认购资金来源为直接帮扶资金和金融扶贫小额贷款），生产经营权移交给贫困户所有，由企业指导贫困户生产经营，并负责回收产品。该公司联建的猕猴桃基地已丰产挂果，带动 20 户（72 人）贫困户致富，人均年增收 2400 元。目前，通过园区带动，共帮助 460 户（1692 人）贫困户脱贫。④务工增收。充分利用外出务工增收"短平快"的优点，通过对贫困户进行职业技能培训，增强劳动技能，帮助 2472 人（来自 1766 个贫困户）外出务工。从反馈的情况看，外出务工人员主要从事建筑、生产制造、餐饮、销售等行业，年人均收入达 20000 元，带动

6499 人（1766 户外出务工家庭总人口）实现脱贫。

2. 加强财政监管

资金是精准扶贫工作的动力。扶贫资金的分配使用状况在很大程度上决定着扶贫的效果。芷江县财政部门充分发挥扶贫主力军作用，精心谋划，多方筹资，加大财政投入，整合资金，强化监管，着力推进脱贫攻坚进程。

（1）夯实制度保扶贫。扶贫资金是贫困群众的"保命钱"，是减贫脱贫的"助推器"，按照"先建制度、后分资金，先规范、后运作"的要求，推行"专户管理、封闭运行、一个漏斗"的模式，及时制定完善各类扶贫资金管理办法，建立健全科学合理、覆盖全面的扶贫资金管理体系，努力做到用制度管人、管钱、管事。

（2）精准机制帮扶贫。及时组建精准识别贫困户贫困村工作组，局分管领导及驻村工作队员认真做好相关业务培训及指导，按照"一村一策、一户一法"扶贫思路，实现村村有产业，户户有项目，明确一条路径、构建一套机制、突出一个抓手、实现一个突破，实现挂点村在产业链扶贫上加快突破，加强农业增收致富的内在活力、内在动力和"造血"功能。

（3）优化资金助扶贫。加强与各涉农部门的协调与沟通，统筹安排涉农项目财政资金，按照"渠道不乱、用途不变、统筹安排、集中投入、各司其责、形成合力"的原则，整合统筹各种涉农项目资金，合理安排、打捆使用，促进财政资金优化配置，形成部门协调配合、良性互动工作机制，集中解决突出贫困问题，确保建成一片、脱贫一方。

（4）金融支持促扶贫。创新财政扶贫资金投入机制，发挥财政资金杠杆作用，建立财政风险补偿机制和财政扶贫贷款贴息机制，引导社会资本参与扶贫产业发展。通过贴息贷款、小额贷款、技术培训、专项资金扶持等途径，大力发展柑橘、时鲜特色水果、芷江鸭等特色主导产业。探索"农村电商＋扶贫"新路径，推动农业转型升级、农民增收致富、农村改革发展，带动 12 个乡镇 56 个贫困村 4584 户 1.55 万人脱贫致富；另外，加强职业培训、就业服务，帮扶贫困群众转移就业，鼓励企业优先吸纳贫困人口就业，设立公益岗位，促进贫困群众增强自我发展的"造血功能"，让金融活水浇灌贫困农户，使他们增富增收。

（5）奖补资金助力扶贫。芷江侗族自治县按照主动扶贫、科学扶贫的工作要求，将村级公益事业建设"一事一议"财政奖补工作与扶贫脱贫工作结合，将"一事一议"项目向贫困村倾斜，实现 95 个贫困村建设项目全覆盖。据统计，2009—2016 年的八年间，全县共安排村级"一事一议"财政奖补项目 970 项，累计总投资 25783 万元。投入资金包括财政奖补资金 9542 万元和村民筹资 418 万元，以劳折资 6785 万元，社会捐资 200 万元，其他财政资金 8838 万元。项目内容涉及办公场所、村内公共活动室、村内绿化亮化、村内道路、村内小型桥梁及涵洞、村内水渠、篮球场、文化墙、安全饮水管线、蓄水池、山塘加固排险、垃圾焚烧炉、垃圾池等建设内容。

财政奖补项目的实施，推动了贫困村村民民主议事、民主管理进程，并且让全体村民适当筹资筹劳，亲自参与建设和管理，增强了村民发展意识和责任意识，也激励了贫困村农民改变家乡面貌、脱贫致富的积极性。

3. 廉政扶贫保精准

狠抓扶贫工作人员工作职责。为推进精准扶贫，芷江县把扶贫工作与党风廉政建设同部署、同落实、同考核，实施一岗双责。县纪委举办廉政扶贫培训班，宣布扶贫工作纪律要求，"不得假扶贫，不得滞留、截留、挪用、挤占和套取扶贫资金，不得虚报贫困户脱贫情况"，并与县直机关下派驻村扶贫队员签订廉政扶贫承诺书。同时，制定了监督管理机制，采取明察暗访、群众评议、随机抽查等方式开展日常管理，先后对 14 名工作不实、作风不正的扶贫工作队员进行了通报批评。1 名县直机关干部在担任驻村扶贫队队长期间，进村次数少、驻村时间短、落实扶贫责任没有到位，县纪委给予其党内警告处分。

扶贫资金去向也是廉政扶贫的主要内容，芷江县实施扶贫资金和项目"直管到村"模式，防止出现"雁过拔毛"现象。并要求各级党政机关厉行节约，把节约的经费用于扶贫。据统计，2015 年芷江县县直部门共将节约的"三公经费"550 万元，投入扶贫帮困上。狠刹"人情风"，鼓励党员干部把节约出来的人情开支用于帮扶贫困对象。2016 年，全县党员干部为贫困群众捐资共 766 万元。

4. "扶志 + 扶智" 合力精准脱贫

劳动力与生产技能的缺乏是制约农村脱贫的最大瓶颈，所以扶志与扶智要双管齐下，帮助贫困群众树立起脱贫的信心，破除"等、靠、要"的依赖思想，激发脱贫内生动力。芷江县通过宣传政策、弘扬传统、树立典型等多种途径，引导贫困群众从思想上"拔穷根"，引导贫困户苦干实干、自力更生，树立脱贫信心。

针对部分贫困群众知识水平低、信息闭塞、观念落后的问题，开展"树村规民约、倡文明新风"活动，与精准脱贫工作相结合，在基础设施建设、产业发展、文明创建等方面对村民提出了要求，约束他们的行为习惯，激发贫困群众参与脱贫致富的主动性。村委会与贫困群众签订了脱贫责任状，将贫困群众在脱贫工作中的义务以"军令状"的形式明确下来，坚持村规民约面前人人平等，户户都要接受村规民约的约束。为增强"造血"功能，提升贫困群众的产业发展技能和劳务就业技能，芷江县开展富民产业专题培训、农牧实用人才培训、农村劳动力技能培训，让贫困户掌握农业种养技术、务工技能，提升市场应变的能力。同时，在贫困村培养"土专家"，通过他们的言传身教，带领当地贫困户发展种养业。按照"培训一人、安置一人、稳定一人、脱贫一户"的思路，积极筹措资金，主动联系邀请专家技师，采取送教上门、就近培训的方式对贫困户进行手把手教授电焊、中式烹调、摩托修理等实用技能。截至2016年年底，完成培训扶贫对象7221人次，转移就业3092人。

扶志又扶智，芷江已为贫困群众提供致富信息4000余条，开展技术培训11000余次，提供小额贷款6799万元，落实致富项目500余个，4200名干部职工与19643户贫困户结成对子，帮助1000余户贫困户找到了致富门路，为全县精准扶贫工作增添了内生动力。2016年，芷江县已减少贫困户5053户16959人。

5. 制定产业精准扶贫规划，推进特色产业发展

产业扶贫是芷江脱贫攻坚八大重点工程之首。芷江县立足资源禀赋、产业现状和环境容量，结合地理区位、地貌、气候条件、生物资源多样等特点，选择发展柑橘、时鲜特色水果和芷江鸭三大产业。目前，这三大产业特色还未形成规模和气候，市场竞争力弱、占有率低，社会化服务发展不到位，资金投入不足，贫困群体能力不足。为实施全产业链精

准扶贫、精准脱贫，芷江县制定了《湖南省芷江侗族自治县产业精准扶贫规划（2016～2020年）》，分析了产业扶贫现状，指出了产业扶贫重点任务，对产业发展进行效益分析与风险防范评估，提出了保障措施。芷江县将成立县发展农业产业促进农民增收脱贫财政奖补工作领导小组和县产业精准扶贫开发领导小组，建立一级抓一级、工作进村、扶贫到户的工作机制，建立产业支撑服务体系，加强产业协会、专业合作组织建设，促进柑橘、时鲜特色水果种植和芷江鸭养殖家庭农场、专业合作组织建设，发挥其对贫困人口的组织和带动作用。三大产业项目将覆盖贫困村95个，占全县贫困村总数的100%；三大扶贫产业累计带动贫困户9061户，产业扶持占全县贫困人口的59%以上。到2018年累计脱贫24264人，贫困人口年人均纯收入增加7400元。实现村有主导产业、户有增收渠道，贫困人口素质和自我发展能力大幅提高。形成健全的产业扶贫机制，实现稳定脱贫。

二 五郎溪村精准扶贫概况

（一）五郎溪村概况

五郎溪村位于芷江侗族自治县最北部，是该县海拔最高、人均耕地最少、人均收入最低的高寒山区村，距县城30千米，山高路险，基础设施薄弱，交通、通信落后，手机信号没有全村覆盖，极少数农户装有宽带。全村占地21平方千米，有稻田1520亩，旱地160亩，林地17530亩，辖15个村民小组，540户2008人，70%人口为侗族和苗族，其中劳动力840人，残疾人77人。五郎溪村人均耕地0.76亩，人均产粮320公斤。村民经济收入主要靠外出务工和种植金银花。

五郎溪村是武陵山片区一个普通的小山村，也是武陵山片区贫困村庄的一个缩影。一是生产条件恶劣，生产效率不高。五郎溪村地处山区，农作物规模化种植受限；水资源分布不均，部分水源利用难，人畜饮水和生产用水困难；由于土层薄，酸性重，温度低，有机质含量低，植物作物生长缓慢，土地生产率低。二是基础设施薄弱，生活成本高。五郎溪村交通闭塞，信息不畅，村民购买生产生活所需困难，价格高；公共服务滞后，医疗卫生条件差，医护人员（含兽医人员）缺乏，一方面村民看病难就医难药费贵，另一方面牲畜病症多，无防疫设施，死亡率高。五郎溪乡卫生院设在五郎溪村中心，仅5名医护人员，不能满足村民就医需求，遇到较严重的疾病一般是到芷江县城或者怀化市、长沙市等地就医。据调查141户贫困户中欠债农户达到60户，占42.9%，这些欠债贫困户全部都是因为借钱就医，虽然贫困户已100%参加新农合，但报销比例并不高，农户个人承担的绝对额仍然较多。三是劳动力不足，思想观念落后。由于在家务农收入低，村中青壮年大都外出务工，劳动力流失导致村落空心化。在家的村民多属老弱病残，素质低，观念落后，只会用传统的耕作方式开垦土地，缺乏科技兴农意识、商品意识，市场意识淡薄。

2015年年底，五郎溪村建档立卡贫困人口141户503人，低保人口194人，五保户15人，贫困发生率为25%。全村呈现"三多三少两难靠"的困境，即困难家庭多，留守家庭多，患病家庭多，这三类家庭分别占全村总户数的65%、55%和33%；种田收入少，多种经营少，技术农民少，种植纯收益户均不到800元，从事特色种养和有高中以上学历、一技之长的农户仅20多户，占全村4%；集体经济难靠，龙头大户难靠，村级收益仅生态林补贴近7万元，全村仅两家颇有规模的龙头种养大户，但年纯收入也不到6万元。

2016年6月中旬，本课题调查小组进入五郎溪村，深入田间地头、工厂、收购站、农户家中，通过参与观察、深度访谈、居住体验等方式，与村民经过一段时间的了解，获取了大量一手资料。①在五郎溪村村部获取了全村贫困人口的统计数据以及扶贫产业信息，对该村贫困状况有了一个整体了解，扶贫项目得到深刻认识；②跟随乡干部、村干部走访了部分贫困家庭，对乡村扶贫工作有了基本了解；③随机走访了20余户村民家庭，其中有贫困户，也有非贫困户，获取村民对本村精准扶贫的认同；④调研了五郎溪村扶贫产业，对养鸭专业户、养蜂专业户进行了深度访谈，他们中有贫困户，也有扶贫带头人，了解扶贫产业的发展状况；⑤深入本村新办的服装加工厂，采访了多名员工，了解返乡妇女对精准扶贫的期待；⑥采访了本村电商扶贫服务站，了解村民与电商的融合度；⑦与部分金银花农户深度访谈，了解金银花种植、采摘及收购情况；⑧前往房屋提质工程工地，了解工程质量和村民需求；⑨参观新建的光伏发电站，蓝莓基地、金银花加工厂、农产品冷藏库、文化广场以及本村待开发的景区，以期对五郎溪村精准扶贫工作获得深层次了解。

（二）五郎溪村精准扶贫指导原则

五郎溪村扶贫工作队本着"三不"原则指导扶贫工作，①不造"盆景"，不把省委书记的扶贫联系点搞成新农村建设，切实在出可借鉴、可复制、可推广的经验做法上下功夫；②不打"金钱战术"，打破"扶贫搞得好坏以资金项目搞得多少来衡量"的观点，在争取必要的资金项目上，在用好资金项目的前提下，更主要的是通过整合政策、信息、智力等资源来帮扶，通过联系社会力量来帮扶，通过创新机制、开展艰苦细致的工作来帮扶，通过发动群众激发其内生动力来帮扶；③不搞"数字扶贫""被扶贫"，把扶贫的成效作为最高准则，要让每个贫困户实现真正的脱贫，每一个低保户得到真正的关心，每一个非贫困户收获扶贫的喜悦，实现贫困户经济大翻番、设施大改善、面貌大变化。五郎溪村精准扶贫指导原则如下。

1. 发挥基层党支部的引领作用

村民富不富，关键看支部；村子强不强，要看"领头羊"。外来扶贫工作队会离开，而基础党支部是永久驻扎的工作队。"给钱给物，不如建个好支部。"一个村的支部书记，作为村子的"领头羊"，作用十分重要。只有"领头羊"强了，才能带出一班素质好、水平高的班子队伍，制定切合本村实际的发展思路和规划，成为带领群众致富奔小康的"火车头"。

五郎溪村党员有43人，由于缺乏开拓创新的进取精神，缺失领导贫困群众脱贫致富的能力，基层组织建设需进一步加强。五郎溪村将基层党建当作精准扶贫的龙头和核心，统领各项扶贫工作。村支部书记田昌英说："精准脱贫依靠什么？我们紧紧围绕找准脱贫力量开展工作，把加强基层党建、增强领导力量作为脱贫第一力量，把加强产业发展、增强内生力量作为脱贫的第二力量，把加强基础设施、增强支撑力量作为脱贫的第三力量。"

五郎溪村党支部在精准扶贫中坚持引领作用。①建好党支部。主要做法有：学习经常化、调研精细化、决策民主化、落实适时化、创新特色化，认真学习精准扶贫精神，调研基层党员状况并形成了《扶贫落后地区基层党组织党员年龄老化、结构失衡问题的调研报告》，充分掌握基础党员的发展状况。②加强两套班子的融合和团结。驻村工作队和支村两委班子进行了深度融合，不像有的扶贫村，工作队与扶贫村支村两委各自负责一块，甚至有时各唱各的调，五郎溪村两套班子融合成一套班子，第一书记主持工作队和村里的全面工作，村党支部书记负责党支部的日常工作，做到思想统一，步调一致。③在党员中推行积分制管理。将带领群众脱贫致富作为党员加分的重要参考，增强党员示范引领作用，做好精神扶贫，引导群众自力更生，激发扶贫攻坚的内生动力。五郎溪村制定了《五郎溪村党员积分制管理办法》，把全村43名党员按担任一定职务、没有担任一定职务、长期在外的流动党员进行分类积分管理，分平时积分和年度积分，在"七一"前后确定"党员日"，在"党员日"所有党员都要回村里开展党员活动，党员本人如实报告现实表现情况，党支部根据平时积分情况进行对照审核，年终评议所有党员都要参加，进行年度积分评分。

2. 遵循"三个精准"指导扶贫工作

"'三个精准'既是思想方法，更是工作要求，精准识贫、精准扶贫、精准脱贫是一个有机的整体，精准识贫主要解决致贫的原因和贫困程度两大问题，针对致贫的原因进行精准扶贫，针对贫困程度进行精准脱贫。"五郎溪村扶贫工作队队长费志勇这样认识"三个精准"。五郎溪村按照"三个精准"来制定贫困户脱贫计划。精准识贫——分类识贫，对贫困户按照致贫的原因进行了分类识贫，并且还建立了调节补充机制；精准扶贫——分项扶贫，在分类识贫的基础上有针对性地开展分项扶贫，减少帮扶的盲目性；精准脱贫——分步脱贫，根据"一看五评法"得分情况确定脱贫的依据，避免了凭感觉脱贫的主观随意性，按照产业逐年发展的规律，制订了贫困户脱贫逐年增多的计划。

（1）扎实精准识别。为开展精准识别工作，五郎溪召开专题工作推进会议，对贫困户识别意义、识别程序、工作措施进行深入宣传，并传达到了每个村、组和农户。同时通过发放宣传资料、电视台等媒体播放等多种方式，使贫困户识别工作家喻户晓。为全面准确了解评议对象的家庭情况，五郎溪村组干部到评议对象家中逐一调查，掌握其住房、生产资料、劳动力、受教育程度、健康状况等信息，为精准识贫打好基础。

按照时任湖南省委书记徐守盛"要进一步了解情况，把村里的家底摸得清清楚楚"的指示要求，扶贫工作队在五郎溪村开展了六次大的走访调研，花的总时间算计起来超过了整整一个半月，扶贫工作队把五郎溪村"翻了个底朝天"。通过走访调研，对五郎溪村的"三资"情况、产业结构、劳动力状况、基础设施、班子和党员队伍建设、致贫的原因、群众的诉求和愿望等各方面的情况做到了了如指掌，为科学准确制定三年扶贫规划打下了坚实的基础。

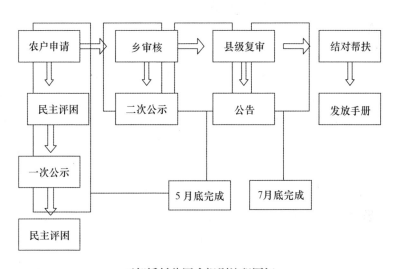

五郎溪村贫困户识别流程图解

据村支书介绍，扶贫工作队花了两个多月的时间，先后六次挨家挨户走访调研，对全村经济情况经行摸底，对贫困户的贫困程度、致贫原因进行调研，并根据本村实际情况，制定了"一看五评九不评"的识贫准则识别方法，对申请农户进行分类识别，建档立卡。五郎溪村的精准识贫工作形成了"识贫——校贫——定贫"的贫困户识别工作机制。首先，用"九不评"的标准将不符合条件的申请者排除；其次按"一看五评"法，对通过了"九不评"的申请者进行打分，甄选真正的贫困户；最后，扶贫组将得分情况作为分年度脱贫的依据（得分越低越贫困），得分高的先脱贫，得分低的后脱贫。

"一看"是指看人均纯收入是否在 2900 元以下（2015 年不变价），准确识别贫困户，计算方式为：人均纯收入 =（总收入 – 家庭经营费用支出 – 税费支出 – 生产性固定资产折旧 – 赠送支出）/家庭人数。对人均纯收入低于 2900 元的户纳入贫困户范围；家庭年人均纯收入超过 2900 元的户，对其家庭状况进行分项评分，分析其实际贫困程度，评分在 60 分以下的纳入贫困户范围，60 分至 80 分的视为初步脱贫但容易返贫需进一步巩固，80 分以上的为稳定脱贫。

"五评"是指按住房条件、生产资料、劳动能力、教育程度、健康状况五大指标体系，对贫困户贫困程度进行科学识别和打分。"住房条件类"，就是对农户的家庭居住条件和生活环境进行评定，估算其贫困程度，占 20 分；"生产资料类"，就是对农户的土地、产业、生产工具等进行评定，估算其农业收入占 30 分；"劳动能力类"，就是对农户的劳动能力、劳动技能状况进行评定，估算其务工收入，占 20 分；"教育程度类"，就是对农户的受教育程度、家庭教育现状进行评定，估算其发展潜力和教育支出，占 15 分；"健康状况类"，就是对农户的家庭健康程度进行评定，估算其医疗支出，占 15 分。

"九不评"是指符合以下九点中任何一点的都不能参评：①拥有楼房和在城镇里有住房的家庭；②2000 年以来违反计划生育的家庭；③有违法行为的事情和违法行为人员的家庭；④不务正业，懒惰成性的家庭；⑤不履行赡养义务的家庭；⑥时常刁蛮阻挠公益事业建设和当地经济建设发展的家庭；⑦全家外出打工，接通知不回家的家庭；⑧国家机关、事业单位工作人员家庭；⑨拥有大中型农业机械、农用车、矿车、面的、轿车、中巴及经营性加工厂的家庭。

为弥补精准识别工作中的不足，村扶贫组对贫困户进行公示校准，将不符合标准、群众反映强烈、意见较大的及时进行调整；采取"海选"的方式建立调节机制，要求每个村民小组全票评选出 5 名最贫困的群众，也采取评分制，（分值越高越贫困）将分值在 60 分以下的贫困户视为脱贫，60—80 分的视为容易返贫农户，需进一步跟踪巩固，按照"脱贫不脱扶"的做法，确定 30 户相对贫穷的非贫困户与贫困户享受相同的帮扶政策。

五郎溪村扶贫工作组根据本村实际，创造性地提出了"一看五评九不评"，提高了精准识贫的精准度。"九不评"将好吃懒做、赌博犯罪的人员排除，扶贫不是养惰。将有楼房、在城镇有住房的人排除，将因购置大中型农业机械、面的、经营性设备的人员排除，杜绝了因为建房欠债、扩大再生产而欠债的"伪贫困户"混入；将家中有国家机关、事业单位工作人员的家庭排除，杜绝人情扶贫、关系扶贫等社会不公现象，获得了老百姓的信任和支持。

村支书说："我们村的识贫工作做得特别扎实，邻村一个月就搞完了，我们还在走访。他们都笑我们慢，我们的村民当时也有些急了。但是，我们的结果出来了没人告状，他们村的告状的多得很。"

调查组在调研中也走访了一些村民，村民们对自己没有评为贫困户没有什么意见。

村妇 LJX 说："我家没有评上贫困户。我家里压力也很大，去年儿子结婚，装修这个房子花了七八万，家里还有老人，去年我婆婆生病去世了，还有个公公，80 多岁了。我老公不太会种地，地里换不出钱来。我在外面打工，儿子媳妇也在外面打工，没得技术，也打不得好多钱。我没评上贫困户，我没意见。现在的扶贫政策很好，但是我觉得还是要靠个人自己，自己不找钱，光靠国家的救济是发不了财的。"

为了高效精准扶贫，五郎溪村扶贫工作队进行了分类识贫，详细分析贫困户的致贫原因。如表 2 所示，该村因缺资金致贫的有 33 户 158 人，占 47.7%，是该村贫困人口致贫的主要原因；因病致贫的有 18 户 57 人，占 17.2%，在致贫原因中居第二位；因学致贫的有 15 户 49 人，占 14.8%，是该村贫困人口致贫的重要原因，排在第三；因缺技术致贫的有 11 户 34 人，占 10.3%；因智障残疾致贫，有 4 户 18 人，占 5.4%；因劳动力不强致贫的有 3 户 10 人，占 3%；因自身发展动力不足致贫的有 2 户 5 人，占 1.5%。五郎溪村贫困人口致贫的主要原因是缺乏资金，其次是因病、因学，缺乏劳动力，而贫困程度较深的主要是因病、因残致贫人员。

表2 五郎溪村贫困人口致贫原因①

致贫原因	因病	因学	缺资金	缺技术	缺劳动力	自身发展动力不足	智障残疾
人数（人）	57	49	158	34	10	5	18
比例（%）	17.2	14.8	47.7	10.3	3	1.5	5.4

在乡、村干部协助下，调查组随机走访了五郎溪村村民，五郎溪村扶贫工作组对该村贫困人口致贫原因的分析是科学合理的。如张家院组村民ZLQ，本来在外务工，年收入过万元，但罹患肠癌，丧失劳动能力几乎无收入来源，治病后反而欠债2万多元被认定为因病致贫；如王家组ZHS，家中有两个小孩分别在读高中和初中，年开支2万多元，通过打工等途径收入仅1万余元，全部靠借款支持，生活困难，被认定为因学致贫；61岁的党员张成政，他养了20箱蜜蜂，本想扩大规模，但苦于没有资金一直处于维持状态，年收入仅3000元，被认定为缺资金致贫。

找准谁是真正的贫困者，找准致贫的原因，是精准扶贫的起点，关系到精准扶贫的精准度。五郎溪村经过扎实的走访和调研，采用"一看五评九不评"的方法，将真正的贫困人口甄别出来，并仔细分析了他们致贫的原因，为后续的精准扶贫工作奠定了基础。

（2）创新精准帮扶举措。大多数贫困家庭面临的致贫原因并不是单一的，而是多种原因并存，一些已经脱贫的家庭，有时也会因为多重因素叠加而返贫。摸准贫困户的致贫原因才能为下一步精准施策打下坚实基础。五郎溪村进行了大量的走访调查，深入农户家中，掌握每家的基本情况，找到每家致贫的主要原因，分析其症结，对症下药，出台"一户一策"措施，给予帮助，对86户331人贫困对象，逐一确定发展生产、异地搬迁、生态补偿、发展教育、社保兜底等"五个一批"扶贫措施，明确帮扶责任人和脱贫时间表，帮助农户脱贫，创新"到村到户"。

①分项扶贫的帮扶措施。根据致贫原因、劳动力状况、存在的困难等具体情况，有针对性地制定帮扶措施，并制订了三年脱贫计划表指导

---

① 数据由五郎溪村村委会提供。

工作，计划提前一年完成脱贫任务，即于 2016 年底完成精准扶贫工作，2017 年巩固脱贫成果。

表 3 五郎溪村贫困户三年脱贫计划表①

措施 年份	计划脱贫 人数	发展 生产	帮助 就业	移民 搬迁	医疗 救助	低保政 策兜底	教育 培训
2015	26 户 102 人	14 户 65 人	1 户 3 人	0	4 户 12 人	0	7 户 22 人
2016	60 户 229 人	30 户 127 人	2 户 7 人	2 户 5 人	14 户 45 人	4 户 18 人	8 户 27 人
2017	0	0	0	0	0	0	0
小计	86 户 331 人	44 户 192 人	3 户 10 人	2 户 5 人	18 户 57 人	4 户 18 人	15 户 49 人

精准扶贫的重点是要精准施策，一户一策。贫困户需求千差万别，扶贫方式也因不同类型而有不同选择。要充分尊重老百姓意愿，尊重自然规律和经济规律，既帮其需、助其急，又扶其所长，通过落实习近平总书记提出的"四个一批"，打好帮扶组合拳，把短板补长，把劣势转为优势，把胜势变为财富。要坚持因人因地施策，对不同原因、不同类型的贫困，采取不同的脱贫措施，对症下药、精准滴灌、靶向治疗。

截至 2015 年，五郎溪村有贫困户 86 户、331 人，根据不同致贫原因拟订帮扶计划，开展分项帮扶。

针对因病致贫的 13 户 55 人，将整合现有合作医疗、人寿保险、民政等资源，积极探索"大病医保三级兜底"途径，以破解因病致贫的难题。

针对因学致贫的 2 户 7 人，整合"雨露计划"等项目资金，大力支持因学致贫的贫困户。

针对缺发展资金的 21 户 83 人，借助金融扶贫这一平台，鼓励贫困户大胆贷款发展产业，将解决农民融资难题。

针对缺技术的 20 户 69 人，加大培训力度。一是围绕村里将发展的主导产业蓝莓、黄桃进行专门培训，既授人以鱼又授人以渔。二是根据想外出务工劳动技能需求，进行劳动技能培训，适时向外输出合格的劳动力，增加就业机会，提高外出务工收入，加大脱贫步伐。

---

① 数据由五郎溪村村委会提供。

针对自身发展动力不足的 14 户 53 人，将加强思想教育，组织外出参观学习先进典型经验，培养其自强自立、勤劳致富的意识。

针对劳动力不强的 13 户 53 人，将帮助协调公益性照顾性岗位就业。

针对因智障、因残的 1 户 3 人及 2 户 8 人"两无"人员（低保户、五保户），纳入民政兜底保障，实现应保尽保，能扶则扶。

该村因病致贫的 13 户 55 人，已整合现有合作医疗、人寿保险、民政等资源，积极探索"大病医保三级兜底"途径，以破解因病致贫的难题。18 户扶贫户享受医疗报账金额 58045 元，大病医疗救助 6000 元。

> 三道坑镇五郎溪村西晃山组的刘某，2014 年离异，大女儿今年10 岁，归刘某抚养，在 2014 年度查出患有急性乳腺炎，脓肿形成，已经过两次手术，但病情仍未见好转，刘某本人现在无法从事体力劳动，加之离异，无任何经济来源，由于病情需要进一步治疗，无力承担庞大的医疗费用，五郎溪村委会根据刘某的特殊情况，向上级批示申请了刘某的治疗费用，在扶贫政策的支持下，刘某的病情得到了很好的控制，现已逐渐康复。五郎溪村肖家溪组的谭某，63岁，从小智力低下，2011 年在上级领导的关怀下，评为五郎溪村五保户，2014 年 11 月因高血压导致瘫痪，需长年吃药，一年来，在芷江县中医院购买了 1100 余元治疗药物，因无劳动能力，无法承担医疗费用，上级领导结合谭某的实际情况，给予医疗救助。

"雨露计划"将农村贫困家庭新成长劳动力职业教育作为实现精准脱贫的一项重要任务，以提高贫困人口的综合素质、就业、创业能力和增加收入为目标，提供政策支持，加大资金投入，引导农村贫困家庭新成长劳动力接受中、高等职业教育，贫困户劳动力参加技能培训和农村实用技术培训，提素质、学技能、稳就业、增收入，阻断贫困代际传递。为进一步落实精准扶贫，增强扶贫内生动力，提高五郎溪贫困人口的自我发展和创业就业能力，增加贫困人口收入，根据省办《关于进一步加强雨露计划实施工作的通知》文件精神，结合五郎溪实际情况特制定了雨露计划实施方案。通过政策支持实现建档立卡贫困户子女接受职业教育补助全覆盖，建档立卡贫困户子女全面完成义务教育，凡符合条件的贫困学生无论在何地就读中职、高职，每学员每年补助2000元，分学期发放。中职连续补助二年，高职连续补助三年，补助资金通过一卡通发放。

②"十个到村到户"扶贫方式。中央扶贫工作提出"六个到村到户"，五郎溪村创新性的提出并实施"十个到村到户"，即产业扶持到户、生态移民到户、低保兜底到户、医疗救助到户、危房改造到户、基础设施到户、教育培训到户、金融服务到户、结对帮扶到户、党员示范引领到户。比中央扶贫工作提出"六个到村到户"多了四个，即：低保兜底到户、医疗救助到户、金融服务到户、党员示范引领到户。"低保兜底到户"已帮助本村4户18人按计划实施低保兜底脱贫户，确保自我发展能力有限的贫困户稳定脱贫；"医疗救助到户"确定18户57人得到医疗扶持，已享受58045元医疗救助，帮助因病致贫返贫的贫困人员；"金融服务到户"帮助24户83人得到贴息或免息贷款，获得贷款40万元，帮助贫困户轻松办理贷款；"党员示范引领到户"将村级班子、党员先锋队伍、致富带头人组成3支队伍，组建4个专业合作社，带动百余户农户种植各类经济作物，强化了村民的组织能力。

（3）巩固精准脱贫成绩。调查组在五郎溪进行了大量的走访调查工作，深入农户家中，掌握每家的基本情况，争取做到一家一策，找到每家致贫的主要原因，分析其症结，对症下药，给予其帮助，帮助农户脱贫。经过一年的精准扶贫，2015年，五郎溪村基础设施得到改善，村容村貌改善提高，26户102人贫困对象人均年收入超过2850元，实现了脱贫，完成了扶贫目标。尽管这102人已经在2015年脱贫，五郎溪扶贫工作组继续跟踪帮扶，"扶上马，送一程"，确保他们稳定脱贫。

案例1：贫困户YMX，家庭人口为4人，儿子因为家庭经济困难原因放弃大学本科的深造机会，现服兵役，户主做零散建筑工，种有葡萄2亩，2014年种植，目前未投产，经扶贫队调查，其主要致贫原因为缺资金、缺技术，五郎溪村委制定了到户帮扶措施，通过小额贷款4万元养鸭500羽，种植葡萄2亩，种植蓝莓2亩，帮扶肥料及资金种植油菜0.7亩，参加农民种植实用技术培训。

分析：贫困户 YMX 家，拥有劳动力，户主虽外出务工，但是由于没有技术，只能从事劳动量大、报酬低的零工。在掌握了该户的家庭状况后，扶贫队决定从资金和技术两方面开展扶持，帮助该户获得贷款，解决资金问题，帮助养鸭、种植葡萄和蓝莓，并提供技术培训，确保该户养殖业、种植业的顺利开展。经过一年精准扶贫，2015 年，该户生产经营收入 11000 元；务工收入 8000 元；国家补助有两笔，500 元生态林补助、农业综合补贴、1000 元小额贷款扶贫贴息资金，基本支出 8136 元，年人均收入 3091 元，该户脱贫。为了巩固脱贫成果，避免返贫，精准扶贫小组制定了巩固帮扶措施，加强农业实用技术培训，继续小额贷款贴息，使该户主要收入来源于种植蓝莓、葡萄，林下养殖及打零工，三年后，预计年人均收入达 6000 元。

案例 2：贫困户 TMS，家庭人口 3 人，2 个劳动力，两女户，一女外嫁江西，经调查主要致贫原因为缺养殖养猪技术。五郎溪村制定了帮扶到户政策，帮扶产业发展资金 5000 元，补贴生猪养殖帮扶资金 3300 元，养猪出栏 32 头，帮扶肥料及资金种植油菜 0.6 亩，参加养殖技术培训。

分析：贫困户 TMS 家虽有两名中年劳动力，但家中无儿子，一女外嫁，考虑到户主的年龄问题，技术再培训的接受能力，扶贫队决定帮助该户发展传统的技术要求相对较好掌握的生猪养殖，并辅助一定的种植产业。经过一年精准扶贫，2015 年，该户生产经营收入 16000 元；国家补助有两笔，300 元生态林补贴，3000 元扶贫资金；基本支出 9793 元，年人均收入 3169 元，该户脱贫。为了巩固脱贫成果，避免返贫，精准扶贫小组制定了巩固帮扶措施，提供养殖技术培训及后续技术支持服务，使该户主要收入来源于养殖，三年后，预计年人均收入达 6600 元。

案例 3：贫困户 LCD，家庭人口 3 人，2 个劳动力，儿子读小学，户主做零散建筑工，缺资金、缺技术，通过小额金融贷款 4 万元，金融扶贫贴息，补贴生猪养殖帮扶资金 1000 元，帮扶产业发展金 3000 元，发展生猪养殖，购买农用车一台，种植金银花 1000 株，杨梅 25 株，参加种植技术培训。

分析：贫困户 LCD 家拥有壮年劳动力，该户缺乏发展产业所需的资金和技术，但该户户主掌握驾驶技术。扶贫队决定提供资金和技术来扶助该户。该户用所得产业发展金购买农用车开展运输，养殖业、种植业也共同发展。经过一年精准扶贫，2015 年，该户生产经营收入 2000 元，务工收入 13000 元，基本支出 9449 元，年人均收入 2917 元，该户脱贫。为了巩固脱贫成果，避免返贫，精准扶贫小组制定了巩固帮扶措施，提供小额金融贷款并贴息，提供种植技术培训及后续技术支持，使该户主要收入来源于运输，年人均收入预计 10000 元。

案例 4：贫困户 ZDC，家庭人口为 4 人，4 个劳动力，两女在外务工，户主及妻在家务农，靠种植养殖为生。经扶贫队调查，其主要致贫原因为缺资金、缺技术，五郎溪村委制定了到户帮扶措施，农业实用技术培训，帮扶产业发展资金 2000 元，补贴生猪养殖帮扶资金 1000 元发展生猪养殖。

分析：贫困户 ZDC 家劳动力充足，两女户，年轻劳动力外出务工，中年劳动力在家务农，中年劳动力是主要帮扶对象。根据中年劳动力的特点，扶贫队主要是提供资金和技术，帮助贫困户发展传统养殖业和种植业。经过一年精准扶贫，2015 年，该户生产经营收入 3000 元，务工收入 20000 元，国家补助有粮补 500 元，生态林补助 420 元，养老保险 1800元，扶贫资金 2000 元，基本支出 13148 元，年人均收入 4143 元。为了巩固脱贫成果，避免返贫，精准扶贫小组制定了巩固帮扶措施，加强农业技术培训及后续技术支持及服务，使该户主要收入来源于产业发展，年人均收入预计 9000 元。

案例 5：贫困户 LGY，家庭人口 5 人，户主患腰椎间盘突出，全家 5 口人，其母患冠心病、支气管炎，长子 23 岁，大学毕业，在外务工，另一小孩 12 岁，读初一。经扶贫队调查，其主要致贫原因为缺资金、缺技术，五郎溪村委制定了到户帮扶措施，扶持参加农业实用技术培训，帮扶产业发展资金 5000 元，发展蓝莓 1 亩，金银花 2 亩，帮扶肥料及资金种植油菜 2 亩。

分析：贫困户 LGY 家生活压力大，家人健康状况不理想，有效劳动力不足，收入有限，解决困境的主要方法还是提供资金和技术。经过一年精准扶贫，2015 年，该户生产经营收入 1040 元，务工收入 15100 元，国家补助有生态林补助 300 元、养老保险 900 元、扶贫资金 5000 元，基本支出 7000 元，年人均收入 3068 元。为了巩固脱贫成果，避免返贫，精准扶贫小组制定了巩固帮扶措施，提供种植技术培训后续技术支持及服务，提供就业信息，使该户主要收入来源于蓝莓及务工，年人均收入预计 5000 元。

从微观的角度分析五郎溪村 2015 年精准扶贫成果，不难发现，五郎溪村科学运用精准扶贫政策，精准识贫，充分掌握贫困户的基本情况，详细分析致贫原因，并为每户量身制定扶贫策略，有效提高精准扶贫成效，完成了既定的精准扶贫任务。在五郎溪村的扶贫方案中，还特别关注巩固脱贫成果，为了避免脱贫的贫困户返贫，还为每一户制定了巩固帮扶措施，为每一户的未来收入来源指明了方向，通过精准扶贫，使被帮扶的贫困户有自我发展和稳定收入的主业，实现稳定脱贫。

3. 产业扶贫

产业扶贫是实现扶贫方式由"输血"救济向"造血"自救转变的途径，五郎溪发展产业扶贫，从输血向造血转变，是走可持续发展道路，是保证五郎溪村民真正脱贫的根本大计。

五郎溪村产业扶贫主要有四个特点：①厘清产业发展思路，优化产业结构，强化传统产业，鼓励养殖业。五郎溪村扩大传统产业规模，扩种金银花 153 亩，杨梅 185 亩；鼓励养殖业发展，奖补养猪 560 多头，发展养蜂 100 余箱，出售蜂蜜 3 万多斤，发展养鸭 1 万多羽，稻田养鱼 120 多亩。②精选产业项目，明确主导产业，引进高科技产业。确定蓝莓、黄桃为主导产业，种植蓝莓 152 亩，预计亩收入 3 万元左右，黄桃 410 亩，预计亩收入 1 万余元；引进光伏发电产业，每年稳定增收 7 万多元。③构建产业链，形成农业产业园区扶贫模式，兴建保健酒厂，将蓝莓、黄桃、金银花融合，加工特色保健酒，提高农产品附加值。④加强产业管理，增强产业保障。创新管理模式，蓝莓产业形成了"公司 + 村支两委 + 专业合作社 + 农户"的管理模式，帮助贫困户从基地收益中得到帮扶；建立 5 条产业保障线，提供技术、物流、保质、市场、电商支持，护航产品的生产销售。五郎溪村比较有特色的产业如下。

（1）电商扶贫。互联网背景下，电商成为解决新的农村、农业和农民问题的重要途径，电商与扶贫相结合，能打通农村地区的双向流通渠道，帮助农民"开源""节流"，好的特产卖好的价钱；花更少的钱，买正品行货，真正实现农产品进城和工业品下乡。五郎溪村电商扶贫建设主要有以下内容。

①加强农村电子商务服务站建设。农村电子商务服务站是农村电子商务基础设施建设的重要落脚点。2016 年 6 月 7 日，橙家班电商进驻五郎溪村，电商扶贫村级服务站建立，并与阿里巴巴、京东、苏宁易购等大型电商平台进行合作，通过 LED 大屏幕展示产品，对村民提供导购、代购服务，花更少的钱买到正品行货。

②促进电商与物流的合作。物流是农村电商的短板，为了克服这个困难，五郎溪村农村电子商务服务站与中国邮政等物流企业合作，整合县域物流，实现快递到户。

③调研农户需求。农村电商扶贫是农村地区商品的双向流通渠道，村民能提供的产品、村民所需的商品是这个流通渠道主要角色。芷江橙家班农业网络科技公司与芷江县电商办、五郎溪村委会一起到居民家中登记走访村民需求，整理村民需求后，电子商务服务站与电商平台主办了优惠促销晚会。

④确定农产品上行方案。品牌定位是农产品上行的关键因素，五郎溪村准确认识和定位自己的产品，主要从以下几个方面打造自身的品牌：一是注重产品包装元素，无公害、绿色安全食品是宣传要点，包装力求既环保又有档次；二是主打中高端农产礼品，兼顾中低端产品的引进和推广；三是以电视媒体节目和电商平台为载体，宣传五郎溪的农产品，提高消费者对五郎溪村农产品认知度。

（2）光伏扶贫。光伏扶贫既是扶贫工作的新途径，也是扩大光伏市场的新领域，有利于人民群众增收就业，有利于人民群众生活方式的变革，具有明显的产业带动和社会效益。根据国家扶贫工作部署和支持光伏产业的政策，五郎溪村决定组织实施光伏扶贫工程，因地制宜开展光伏农业扶贫，利用贫困地区荒山荒坡、农业大棚或设施农业等建设光伏电站。五郎溪村引进光伏发电新兴朝阳产业，联系世界500强企业北京新华联集团给予优化捐赠60千瓦光伏发电项目，占地800平方米，年均发电量可达6万多度，预计每年稳定增收7万多元，稳定增收25年以上。

2016年7月20日，五郎溪村总机容量60千瓦光伏扶贫项目成功并网发电，光伏发电的收益首先用于解决村里因病因灾，丧失劳动能力的贫困户的收益保障，其次是用于解决经济，村集体公益活动或村里的一些公务开支，光伏发电不仅在经济效益上收益显著，也有利于地方环保事业发展，项目全面实施，每年能够节约煤气、二氧化碳、粉尘灰渣的排放，光伏发电是新型的朝阳产业，得到了国家的大力支持，五郎溪村的光伏发电扶贫策略走在了全省光伏扶贫工作的前列，对全国的精准扶贫工作起到了模范带头作用，是可以供全省乃至全国参考借鉴复制的成功案例。

（3）服装加工产业。五郎溪村花30多万元新建了五郎溪服装厂，服装厂是该村产业扶贫的重要内容之一。服装厂的建立给很多当地家庭带来了希望，能解决当地农村妇女的就业问题，很多外出务工的妇女获悉后返乡，渴望在家门口就业，缓解家里的经济压力、承担家里的经济责任，同时还可以方便照顾家里的小孩老人，促进家庭的和谐。目前，五郎溪服装厂60多名员工，经过20多天的培训，已经熟练掌握缝纫技术。但是，五郎溪服装厂在发展过程中并不如规划中发展得一帆风顺。五郎溪村不具备区位优势，且交通不便，不靠近原材料产地，离市场也有距离，物流成本高，市场狭窄，与沿海一带流程模式成熟的服装加工厂相比，还具有一定的差距，也不具有一定的比较优势，接单成了五郎溪服装厂遭遇的最大的瓶颈。五郎溪村支部曾与怀化市某服装企业对接，该企业表示可以帮五郎溪服装厂联系服装代工的业务，但因为该企业表示要从中拿回扣，服装厂接单利润大大降低，最终导致接单失败。2016年8月底，五郎溪服装厂计划与附近的学校、政府和企事业单位等联系校服或者制服的业务，面向市场、自行设计自行销售是五郎溪村制定的应对政策。依靠社会责任感来发展企业，其不确定因素太多。五郎溪服装厂的未来发展必须转型。

（4）旅游扶贫。旅游扶贫是贫困地区扶贫攻坚的有效方式，是贫困群众脱贫致富的重要渠道。五郎溪村是芷江侗族自治县的一个美丽村落。村中侗族、苗族村民居多，虽是少数民族村落，但少数民族文化痕迹鲜有。民族风情虽然不浓，但是五郎溪村有其旅游资源禀赋优势。五郎溪村民风淳朴，自然环境优美，是理想的乡村旅游目的地。截至2016年8月，五郎溪村的旅游业还处于起步阶段，尚无任何接待能力，无一家饭店、无一家旅馆，村中只有几个小卖部。五郎溪村准备利用本地民族风情和自然生态进行旅游扶贫。村中正在加强旅游基础设施建设，修建道路设施，修缮村民房屋，并对村民开展旅游接待培训，让贫困村民分享旅游资源开发和旅游产业发展红利。

五郎溪村应依据自身资源禀赋优势，发展乡村旅游型，按照"风貌特色化、功能现代化、服务标准化"要求，依托杨梅基地、蓝莓基地等农（林）产业园区，开办农家乐和乡村民宿等，以多种业态、多种方式为游客提供服务。

在旅游扶贫开发中，要充分发挥乡村自然资源优势，保护好生态环境，突出民族文化特色，科学规划，有序开发，切实带动贫困人口脱贫致富。要适应自驾游、养生游、休闲游等旅游新业态发展需要，加强旅游基础设施建设，完善旅游服务体系，丰富旅游产品，促进品牌化经营、规范化管理。发挥乡村旅游的综合带动效应，促进一、二、三产业融合发展、集群发展，提高旅游扶贫总体效益。扶持贫困群众开展旅游创业就业，鼓励先富帮后富、先富带后富，积极探索以旅游资源、扶贫资金等入股参与旅游开发，让贫困群众从旅游业发展中获得稳定收益，提高旅游扶贫的精准度和有效性。

（5）村博会。2016年6月18日，五郎溪村主办了首届村博会，探索电商进村精准扶贫新模式。村博会以"农产出村、电商下乡"为主题，吸引了餐饮、药材、电商从业者300余人参加。五郎溪村的土鸡、土鸭和土蜂蜜等农产品直接发送到城市消费者餐桌上。据统计，村博会举行当天，前往观光购物的游客近千人，络绎不绝，当地村民早早携带自家土特产品进场，现场销售鸡蛋3000枚、土鸡227只、土鸭129只、蜂蜜50瓶，累计销售金额8万多元。外地市民不能现场参加村博会的则可通过电商互联网销售平台参与，五郎溪村电子商务服务站以最快的物流确保当天送货到家，确保送达客户家中的农产品新鲜美味。当天直接配送到长沙的各类农产品销售合计 15000 元，罗姓村民家中卖鸡鸭鹅收入达 810 元。养蜂户张成政带来的土蜂蜜半小时就卖了 50 瓶，有的电商平台还达成了订购蜂蜜的协议。"引进了各地的消费者朋友来，我们在家里就很好卖了，但是在这里基本上都订购完了，还有的电商平台都向我们订购了。"

村民在出售农产品的同时，也可以以最优惠的价格买到电商网站的产品。芷江侗族自治县人民政府联合橙家班引进京东、湖南网上供销社、农村淘宝等电商平台，在现场进行"京东 618 优惠"活动，让村民不用出村就能买到物美价廉的生活用品，让村民实实在在地感受电商便利，活动当天线上线下同步开售。

村博会让农产品走出去，村民可以放心发展种植业和养殖业，而城里的消费者也获得了优质的食材，确定双赢，网购也给五郎溪的村民生活带来了便利，让村民在农产品销售、购物方面跟上时代的节奏。村博会增加了村民的收入，改善了生活质量，提高了生活水平。

三　五郎溪村精准扶贫的成绩与存在的问题

精准扶贫并不仅仅是简单地帮助贫困户提高收入，解决一个数字问题，而是为农村广大农民搭建发展平台，提供发展空间，增加贫困农户的收入和改善贫困村发展环境。为改善五郎溪村发展环境，为贫困户的发展提供更好的平台，时任湖南省委书记徐守盛在五郎溪村调研时表示："打好新一轮扶贫攻坚战，贵在落细落小落实。扶贫开发是个实事工程，也是民心工程，来不得半点虚的，喊不得空口号，要把各方面的扶贫力量和资源整合好，真正根据村情来会诊把脉，把精准扶贫的一些办法和措施一定要找准。"

（一）五郎溪村精准扶贫的成绩

1. 农村基础设施得到改善

基础设施落后是贫困山村的普遍现状，也是脱贫攻坚战的主要障碍。五郎溪村基础设施薄弱，境内通组公路质量低，部分组员家山高路远，行路难饮水难，有些村民家甚至没有通电。五郎溪村基础设施建设重点从以下六方面开展：①硬化路面、修桥建路，方便生产生活，对 7 条 12.5 千米通组公路进行硬化，同步建设 7 座桥梁；3.2 千米的西晃山组通组公路硬化，盘活荒地 700 亩，发现景点 30 多处。②提质改造房屋，对全村 700 多栋木制房屋进行侗族风貌改造，拉动乡村旅游。③修建农田水利设施，对 4 口山塘进行维修，对 8 条 27 千米机耕道进行修建，对 11 条 11.5 千米水渠进行硬化。④改善公共服务设施。修建了农民夜校、多功能文化广场、村寨门，硬化了学校操场，建立了一个联通基站。⑤完善环境设施，修建污水处理设施、垃圾回收设施。⑥改造村级市场，对旧市场的改造、扩建，为村民提供一个设施完善、功能健全的市场。

2. 农村主导产业得到培育发展

（1）发展经济果园。五郎溪村已确立了蓝莓、黄桃为本村主导产业，鼓励贫困户积极参与进来，是贫困户融入本村的主导产业，融入本村的发展。截至 2016 年底，全村共有 88 户种植蓝莓，其中贫困户 71 户，共种植 152 亩，户均 1.7 亩左右，蓝莓公司按 30 元 1 斤的保底价回收，投产后预计可获益共 264 万元左右，每户平均增收 3 万元左右。扶贫工作队、村支两委计划新增种植 150 亩，总面积达到 300 亩左右，使扶贫户户均达到 2 亩以上，年均增收 2.4 万元，总产值达 520 万元以上，成为全村支柱产业。

（2）规模化传统经济作物。金银花、杨梅是本村传统经济作物，在鼓励村民扩大种植面积、实现规模化经济的同时，举办经济作物种植技术培训班，提供专业的技术指导。

（3）帮扶养殖业。奖补养猪，发展养蜂养鸭，运用新科技指导养殖业，提高养殖户抵抗瘟疫的能力，减小风险，增加产出，提高收入。

（4）创新管理模式，杜绝扶贫到户项目重建轻管、虎头蛇尾的现象。五郎溪村通过创新"公司＋专业合作社＋农户"的管理模式，成立了蓝莓、黄桃、金银花、养蜂四大专业合作社；蓝莓形成了"公司＋村支两委＋专业合作社＋基地＋贫困户"的管理模式，由于蓝莓产业成本高，为便于管理，五郎溪村将蓝莓基地建设在村民小组，每户贫困户支持 1 亩蓝莓，对 15 户没有种植的贫困户从基地收益中帮扶。而黄桃、金银花、养蜂则形成了"专业合作社＋农户（含非贫困户）"的管理模式，蓝莓、黄桃主导产业，五郎溪村采取"公司＋村支委＋专业合作社＋基地＋合伙人＋农户"的开发模式，其中合伙人由组长和2—3个能人组成，组长是基地负责人，基地与公司签订供销合同，与农户签订收益分成协议。

3. 村民脱贫致富形成内生动力

贫困群众既是扶贫攻坚的对象，更是脱贫致富的主体。实现脱贫致富既需要外力帮扶，更需要启动内力。五郎溪村通过会议动员、入户引导、张贴标语等形式宣传发动群众，使脱贫致富、共建美好家园成为自觉行动，号召村民在扶贫工作中全力以赴搞好配合积极投工投劳，提高扶贫效果。在西晃山组级公路建设中，五郎溪村干部及群众积极参与，筹资13.8万元，筹劳130余个工，完成公路硬化；金子湾和田家的组级公路修建中，五郎溪村干部及群众分别筹资6.8万元、9.8万元，分别筹劳54个工、92个工，目前两个项目已全面完工。

五郎溪村制定了村规民约，将贫困群众在脱贫工作中的义务和目标以"承诺书"的形式明确下来，推动群众主动干。这种来自民间的约束力调动了贫困群众发展产业、改善环境卫生等方面的积极性。"树村规民约、倡文明新风"活动，与精准脱贫工作相结合，在基础设施建设、产业发展、文明创建等方面对村民提出硬性要求。通过村规民约，让贫困群众的脱贫承诺与党和政府制定的脱贫时间和目标保持一致。

五郎溪村修建了文化广场，通过文化广场加强自力更生宣传舆论引导，已成为激发群众内生动力的平台。文化广场是信息平台，村民大会和重大活动可以在文化广场举行，可确保信息及时传达到位，有效克服了由于信息传递不及时产生的弊端；党课教室是教育载体，政治教育、思想教育、讲授党课都可以在文化广场的党课教室开展进行；培训教室开展各项业务培训、技能培训，有效帮助村民提高农业技术和技能；文化舞台给乡村各项文艺活动搭建平台，也是村民健身娱乐的集中点。在互联网并不发达的偏远山村，文化广场信息平台为贫困户提供新技术、新品种，提供市场信息、农业信息和项目信息，促使更多贫困户走向产业致富道路。文化广场改变了五郎溪村日出而作日入而息的传统的生活习惯，村民在劳作闲暇时，会集文化广场，或读取所需信息，或跳起广场舞，改变了村民业余生活单一的落后状况，加强了村民与基层党支部的联系，各项培训有效激发群众内生动力。五郎溪村西晃山组58岁的妇女 WLM 说："现在政策这么好，工作队帮扶这么细，我们如果再发展不好，自己都觉得不好意思。"

（二）五郎溪村精准扶贫存在的困难与问题

1. 社会发育程度低，产业市场风险较大

贫困乡村普遍处于山区和边远地区，地理位置偏僻，交通不便，信息闭塞；经济基础差，基础设施薄弱，经济发展不成规模，产业结构单一，以农业生产为主；村民文化素质相对偏低，小农经济意识浓厚，生产生活方式落后，仍采用传统耕作方式，自给自足；村级造血功能弱，农民组织程度低，筹集资金搞基础设施建设有困难。社会发育程度低导致贫困面广程度深，扶贫工作难度大，需要综合开发治理。

农业产业发展产业市场风险较大，在五郎溪村发展特色扶贫产业与普通传统植物粮食作物不同，种植普通农作物不存在很大的风险，属于刚性需求，但五郎溪的特色产业抛去扶贫的外衣，最需要面对市场需求，以最合适的价格出售，获得持续的效益，虽然五郎溪的特色产业具有一定的优势，但是与其他地区同类型产业相比，仍然需要面对市场。面对市场就难以摆脱竞争，五郎溪的特色扶贫产业要做大做强，产生比其他地区同类型产业更多的效益，必须加大自身优势，培养出更多面向市场的销售人才，将自己的优势发挥出来，与其他同类型产业相比，五郎溪科技水平落后，交通闭塞，村民文化水平普遍不高，产业经营管理方式也较为落后，很难与沿海一带发达地区同类型产业相抗衡，难以获得持续稳定的收益，效益比较低。

2. 劳动力缺失，返乡村民安置难

农业人口向城市转移是中国农村的普遍现象，劳动力流失导致农村空心化。五郎溪村有 420 人外出务工，占全村总人口 21%，有 77 名残疾人，有些智力低下，没有劳动能力。学龄少年多在县城上学，留守村中的多是老弱病残，贫困人口中，劳动力尤其缺乏。五郎溪村 331 名贫困人口中，劳动力仅有 165.5 人。获悉本村实施精准扶贫后，陆续返乡的农民工有近 200 人，其中，近 60 名留守儿童的母亲返乡，目前这些妇女大多在本村服装厂培训，希望不离乡离土，实现在地就业，同时能照顾家庭。但是，五郎溪村目前的产业发展刚起步，尚未形成产业化生产，基础设施也不能支撑发展现代产业的要求。外出的青壮年回流难，留住难。吸引村民返乡，安置返乡村民，是一个棘手的问题。

3. 罕见致贫原因未得到重视

农村中常见的致贫原因很容易得到重视和解决，如因病致贫、因残致贫、因学致贫等。五郎溪村贫困人口主要有七种致贫原因，还有一些个案原因值得关注，一是因婚致贫，时下农村结婚彩礼成本居高不下，五郎溪乡金厂坪村杨家湾组贫困户 YWW 说，原本家中有 2 万元积蓄，但儿子结婚支付彩礼，后来儿子生病住院小两口离婚，"人财两空，现在还欠账 3 万多元，我们全年收入仅 4000 多元，凭自己力量不吃不喝要还七年"。据五郎溪村村支书介绍，现在全村 40 岁以上身体健康的未婚男青年还有 47 人，成为村民脱贫奔幸福的一大制约。二是因灾致贫，如五郎溪村胡家湾组 LKG 家中不慎失火，唯一的木房子和全部财物被烧毁，陷入困境。三是因林业政策调整原因致贫，如五郎溪村山多林密树高，但实施生态林禁伐后，"吃饭靠种田，发财靠砍树"的日子不奏效了，而生态林补偿标准不高，每户农民平均年补贴仅 400 元，属于典型的守着绿水青山过穷日子。

大多数贫困家庭面临的致贫原因并不是单一的，更多的是多种原因并存。而且一些已经脱贫的家庭，也因为多重因素叠加而返贫。调研中，调查组也发现两个普遍性问题，一是低保户尚未纳入扶贫帮扶对象；二是部分扶贫对象更新不及时，一些已经脱贫致富的群众仍然在帮扶之列。扶贫政策不是分果果、排排坐，要通过二轮识别，让真正贫困的人得到帮助，真贫的一户不少，不贫的一户也不能多。精准扶贫任何时候都要做到精确细致，精准识别，这个环节不能省、也不能轻视。

4. 注重物质资本输入，忽视人力资本建设

争取经费、项目是各地扶贫工作的主要内容。在反贫困方式上，注重物质资本输入，相对忽视人力资本开发是各地精准扶贫的通病。精准扶贫并不是简单物质资本输入的过程，如果将扶贫工作的重点仍停留在经费、项目等物质层面，扶贫工作就仅停留在输血式扶贫的层次。精准扶贫是造血式扶贫，必须加强人力资本建设。农村人力资本的提高主要通过基础教育和技能培训的方式。目前的教育扶贫工作将重点放在确保贫困学生顺利完成学业，对职业教育、农业实用技能的教育培训不够重

视，教育与农业生产实践脱节，扶贫产业所需各种技术人才只能外聘。由于村民教育水平有限，村民上手慢，甚至出现外来技术人员撤出，项目后期管护当地无人接手的现象。提高村民人力资本水平，关注乡村基础教育、职业教育，是一个长期的工作。

农民文化层次较低，科技素养有限。在五郎溪村，农民大多以务农为主，文化素质较低，很多情况下，农民的科技文化素质很大程度上会影响产业发展的水平和管理的效益。在五郎溪村，大部分有文化、有知识、有一定科技水平的劳动力都在外打工，留在当地的多半为中老年人，体力身体素质较差，对新事物高科技的接受程度不高，缺乏带动力，这样就导致发展扶贫特色产业的冲劲不足，绝大部分人主要指望在外地打工的青壮劳动力，给扶贫工作带来了很大的阻碍。

5. 电商发展滞后，电商扶贫功能受阻

电子商务已成为一种新型商业业态，2015 年年初，国务院扶贫办将电商扶贫列为十大精准扶贫工程之一，电商扶贫成为精准扶贫的重要路径。电商扶贫是一种信息化扶贫模式，它是以电子商务为手段，促进网络创业和网络销售，推动贫困地区开发特色产品。实现电商的优势需要政府、农民、电商、物流以及消费者的紧密合作，每个环节相互配合。

五郎溪村的电子商务现在还处于起步阶段，存在着市场主体发育不健全、人才紧缺、物流配送基础设施落后、信息化程度低等问题。随着基础设施建设的完善，物流问题将得到改善，但人才缺乏的问题非常棘手。目前，在五郎溪村电商平台的工作人员都是外来技术人员，急需当地人员接手销售技术等工作。村民对互联网、电商的了解还不深入，需要大力宣传，同时也需要大规模长期的培训。

四 "五郎溪样本"经验

（一）指导思想上坚持"三个结合"

1. 坚持精准扶贫与建设扶贫相结合。既要严格落实精准扶贫的思想，又要注意吸收建设扶贫的优长，实践中感到精准扶贫应该是在建设扶贫基础上的精准，建设扶贫创造的好经验好做法要继承发扬。

2. 坚持精准扶贫与系统扶贫相结合。精准扶贫强调的是精准，系统扶贫强调的是工作之间的联系，把两者结合起来才能相得益彰。

3. 坚持精准扶贫与内源扶贫相结合。精准扶贫关键在人，如果人的因素没调动起来，再精准的思想理念也发挥不了作用。在调动人的积极性方面，在建动力机制上，工作队下了功夫，如在启动蓝莓、黄桃、生姜产业项目的前期，全村只有少量贫困户报名，通过工作队的宣传和带领村民外出实地考察，使参与的农户达到预期；如危房改造工程的决定充分发挥群众的主体地位，让每家每户签字认可，群众投票决定，深得民心，大大提高了群众的积极性和创造性。

（二）摸清家底，科学分析致贫原因

科学分析致贫原因是精准扶贫工作的基础。国务院扶贫办最新调查显示：我国7000多万贫困农民，因病致贫是主因，占42%，因灾致贫占20%，因学致贫占10%，因劳动能力弱致贫占8%，其他原因致贫的有20%。不同地区致贫原因不同，扶贫方式也应具体分析。王曙光教授将贫困的类型分为制度供给不足型、区域发展障碍型、可行能力不足型、先天缺乏型和族群型。五郎溪村的贫困原因属于典型的区域发展障碍型贫困，"即由一些具有区域特点的发展障碍因素而引致的贫困，如某些地区由于交通、通信、市场设施不完善而引发的贫困，或者由于当地恶劣的自然生态环境与不适宜人类生存的气候所引发的贫困"[1]。这是中国现阶段最主要的贫困类型，也是武陵山片区贫困的主要类型。对区域发展障碍型贫困，王教授认为"扶贫的核心使命是大规模改善基础设施条件（包括交通、通信、市场基础设施等硬件）和生态环境条件"[1]。在精准扶贫的政策下，区域发展障碍型贫困地区在加强基础设施建设的同时，挖掘当地特色产业项目，将曾经的区域短板改造成区域优势。

（三）科学规划，制定综合扶贫战略

五郎溪村扶贫规划分三步：分类识贫、分项扶贫、分步脱贫。盘清贫困户致贫原因和贫困程度，精准扶贫工作的思路和规划，制订科学的扶贫计划，明确每个阶段的任务、扶贫重点和难点。

精准扶贫是一个综合工程，加强基础设施、产业开发与技能培训联动。①落实建设资金，五郎溪村把基础设施和公共服务设施建设纳入扶

贫规划，基础设施建设有资金有规划，建设进度迅速，为产业开发奠定基础。②精选扶贫产业，细化管理机制，建设产业链，加强产业保障。③开展实用技能培训，解决村民在生产中遇到的技术困难，培养现代技能农民。

（四）创新精准识别机制，探索贫困户的受益机制

精准识贫就是将贫困线下的家庭和人口识别出来，同时找准贫困家庭、人口贫困的致贫的症结。精准识贫是精准扶贫工作的起点。我国尚未建立科学完善的贫困人口识别指标体系，也未开展贫困人口普查，而是采用马丁法确定贫困标准，先计算出食物贫困线，再计算出非食物贫困线，然后将最低食物贫困线和非食物贫困线相加，便得出一定时期内农村人口绝对贫困标准。官方将贫困人口界定为人均纯收入低于当年贫困线的人口。到底谁是村里真正的贫困户？由于技术和成本等因素的要求，农村基层组织无法获得村民准确的收入数据。目前，在识贫的实际操作过程中，很多地区将收入作为贫困户识别的主要标准，这显然是脱离实际的，必须将收支情况统一起来，采用多维度的标准，避免国家标准在基层实际工作中失灵，导致脱节。引导鼓励贫困户参与产业开发，增强农民自组织能力，有效保障贫困户受益。"政府和其他非营利组织应该加强对农民的合作社教育，增强农民对于合作社的认识和理解，使他们可以联合起来组建大规模的农民合作经济组织，从而提高自己的市场谈判能力和抗风险能力。"[2]

（五）找准脱贫主力，强化社会合力

扶贫是一项系统工程，需要汇聚方方面面的扶贫合力。"扶贫开发是全党全社会的共同责任，要动员和凝聚全社会力量广泛参与。"[3]集中优势力量整合各方资源，既要发挥党委政府的主导作用，又要调动社会各方面积极性，构建专项扶贫、行业扶贫、社会扶贫等多方力量、多种举措有机结合和互为支撑的"三位一体"大扶贫格局，还要充分调动广大贫困户的主观能动性，变"扶我脱贫"为"我要脱贫"。在广泛调动社会各界参与扶贫开发积极性的同时，找准脱贫主力，提高脱贫效果的可持续性。加强基层党建、增强领导力量是脱贫第一力量，要强化党员在扶

贫工作中的引领作用；加强产业发展、增强内生力量是脱贫第二力量；加强基础设施、增强支撑力量是脱贫第三力量。

（六）开发乡村人力资本，建立扶贫户教育支持帮扶机制

精准扶贫不能停留在产业开发，同时也要做好乡村人力资本开发。培育村民的自我发展能力，使农户具有自我发展能力，具有自组织、自服务能力。当外力如资金、技术人员、扶贫干部撤离以后，村民依然能稳步脱贫，扶贫效果可持续。这是一个循序渐进的过程。要建立扶贫户教育支持持续全覆盖帮扶机制，强化对村民的技能培训，建立技术服务网络，为村民及时提供技术服务，帮助他们懂技术能经营；继续加强基础教育、做好职业教育，完善知识人才储备，确保贫困家庭子女有学可上，阻断贫困的代际传播。做好村民信息化扶贫教育工作，针对目前乡村急需电子商务人员的情况，技术培训中强化村民的电子商务能力，在每个村树立电子商务的标杆人物，培训电子商务领头人。

（七）提高农村妇女的生存技能，增强劳务经济效益

在传统村落，女性相对弱势，但女性承担着生儿育女、家庭生产和社区参与等角色，在家庭和社区中有不可或缺的作用。"一个家庭中，母亲的状况决定家庭的命运，也影响后代的命运"，但贫困地区妇女的生存与发展状况令人担忧。通过对国家贫困监测调查数据的分析，李小云等研究发现，"无论从经济状况、就业、教育、健康以及社会地位等方面衡量，贫困地区妇女的贫困程度都更为严重"[4]。《中国农村扶贫开发纲要（2011—2020年）》将妇女作为扶贫开发工作的"重点群体"之一。妇女贫困，不仅仅是经济上的收入贫困，还表现在缺乏社会网络和资金资源的资产贫困，文化水平不高、培训机会少的文化贫困，以及健康水平低的健康贫困，社会事务参与水平低的政治贫困。首先要解决妇女的健康和教育问题，提高妇女的健康水平和受教育水平，重点解决"妇女参加培训的机会相当少"[4]的问题，提升贫困妇女的人力资本；在产业发展和创收方面，重点探索如何将农村贫困妇女纳入现代产业链中，解决经常面临的技术、资金、市场方面的困难，加强贫困妇女的参与能力。

注　释

［1］王曙光：《中国的贫困与反贫困》，《农村经济》2011 年第 3 期。

［2］王曙光：《论新型农民合作组织与农村经济转型》，《北京大学学报》2010 年第 3 期。

［3］《习近平论扶贫工作——十八大以来重要论述摘编》，《党建》2015 年第 12 期。

［4］李小云、张雪梅、唐美霞：《当前中国农村的贫困问题》，《中国农业大学学报》2005 年第 4 期。

［作者简介：黄丽（1979—　），女，湖南常德人，三峡大学马克思主义学院副教授，三峡大学区域社会管理创新与发展研究中心研究员，博士，主要研究方向：民族社会学；王婷婷（1989—　），女，三峡大学马克思主义学院研究生，主要研究方向：思想政治教育］

五峰土家族自治县
精准扶贫工作调查报告

——以儿童减贫为例①

一　引言

改革开放以来，随着经济持续快速发展，我国扶贫开发稳步推进，扶贫标准逐步提高，贫困人口逐步减少。1982 年，我国启动"三西"专项扶贫计划，拉开了有计划、有组织、大规模扶贫开发的序幕。1986 年，成立国务院贫困地区经济开发领导小组（1993 年改称国务院扶贫开发领导小组），认定贫困县，确定扶贫标准，设立财政专项扶贫资金。1994 年颁布实施《国家八七扶贫攻坚计划》，2001 年和 2011 年，先后两次颁布实施十年农村扶贫开发纲要，至今累计减少农村贫困人口 7 亿多人，为全球减贫事业作出了巨大贡献。党的十八大以来，中央高度重视扶贫工作。《中共中央关于制定国民经济和社会发展第十三个五年规划的建议》提出："农村贫困人口脱贫是全面建成小康社会最艰巨的任务。必须充分发挥政治优势和制度优势，坚决打赢脱贫攻坚战。实施精准扶贫、精准脱贫，因人因地施策，提高扶贫实效。""精准扶贫"的提出标志着我国扶贫开发进入脱贫攻坚的新阶段。2015 年 11 月，中央召开扶贫开发工作会议，颁布《中共中央国务院关于打赢脱贫攻坚战的决定》，全面部署

① 基金项目：三峡大学区域社会管理创新与发展研究中心项目"五峰土家族自治县精准扶贫研究"阶段性成果。

"十三五"脱贫攻坚工作，要求举全党全国全社会之力，坚决打赢脱贫攻坚战。紧接着党的十八届五中全会将农村贫困人口脱贫作为全面建成小康社会的底线目标进行安排部署，明确到 2020 年我国现行标准下农村贫困人口实现脱贫，贫困县全部摘帽，解决区域性整体贫困问题。"精准扶贫，不落一人"是中国特色社会主义制度优越性的体现，是做好新时期扶贫开发工作的根本和关键。打赢扶贫开发攻坚战，必须在精准上下功夫。要坚持以人为本、实事求是，进一步摸清贫困底数，把贫困原因搞清楚、分析透，更有针对性地在扶持对象精准、项目安排精准、资金使用精准、措施到户精准、因村派人（第一书记）精准、脱贫成效精准上想办法、出实招、求实效。要因人因地施策，因贫困原因施策，因贫困类型施策，区别不同情况，做到对症下药、精准滴灌，不搞大水漫灌、大而化之。

"精准扶贫"关键在于"精确瞄准"。从 20 世纪 80 年代中期开始扶贫开发以来，我国扶贫瞄准机制经历了以贫困县—贫困乡（镇）—贫困村—贫困户为基本瞄准单元的调整过程，扶贫瞄准单元不断下沉。笔者认为，扶贫瞄准单元下沉到贫困户仍然未达到"终端"，"精准扶贫"更应"精准到人"。目前随着乡村青壮年劳动力外出务工的日益增长，贫困村普遍表现为"空心化"状态，留守老人和儿童成为贫困村最后的"守家人"，这一部分弱势群体更应该得到关注。众所周知，儿童时期是个人成长发展的重要阶段，这一阶段的身心健康将会对人的一生有至关重要的影响。儿童阶段又是人的生命周期中极容易陷入贫困的阶段，而在这一阶段经历贫困往往会对儿童的健康成长和发展产生深远影响。减少儿童贫困，尤其是减少农村儿童贫困，促进农村贫困儿童的健康成长和全面发展，不仅是阻断贫困代际传递的重要途径，而且是落实长远减贫战略、实现精准扶贫精准脱贫目标、推动社会发展与社会公平的重要举措。

目前，我国儿童事业发展还不平衡，特别是集中连片特殊困难地区的 4000 万儿童，在健康和教育等方面的发展水平明显低于全国平均水平。作为国家扶贫开发主战场的集中连片特困地区，不仅是中国经济发展最落后和贫困人口最集中的地区，而且也是农村儿童贫困最严重的地区。为进一步促进贫困地区儿童发展，提升基本公共服务水平，2014 年底国家颁布实施了《国家贫困地区儿童发展规划（2014—2020

年)》，部署了进一步促进贫困地区儿童发展的工作，提出切实保障贫困地区儿童生存和发展权益，实现政府、家庭和社会对贫困地区儿童健康成长的全程关怀和全面保障。湖北省是我国贫困人口相对集中的大省，贫困人口主要集于湖北周边的四大连片地区，即属于国家级连片特困地区的武陵山片区、大别山片区、秦巴山片区，以及省级连片特困地区幕阜山片区。为贯彻落实国家层面的纲要规划精神，结合湖北省农村贫困及农村儿童贫困的具体情况，湖北省陆续颁布实施了《湖北省农村扶贫开发纲要（2011—2020 年)》和《湖北省连片特困地区农村贫困儿童发展规划（2013—2015 年)》。纲要和规划分别指出，要实施"儿童优先"减贫战略，探索建立阻断贫困代际传递的新机制，实现贫困人口的稳定脱贫。

习近平总书记在全国精准扶贫工作会议上发出了"到 2020 年实现脱贫，全面奔向小康社会"的总动员令，时间紧迫，任务艰巨，责任重大，催人奋进。湖北省委、省政府科学谋划，精准发力，迅速出台文件组建省驻农村工作队（扶贫工作队）进驻贫困村开展帮扶工作。三峡大学驻村扶贫工作队（以下简称"驻村工作队"）作为精准扶贫对口帮扶省直工作队之一，定点在国家级贫困县——五峰土家族自治县进行驻村帮扶工作。工作队深入贫困村调查摸底，家家到、户户落，走遍了贫困村的山山水水，掌握了村情、户情，并与省、市、县、乡政府及村"两委"班子一起总结分析贫困村近年来脱贫攻坚的经验与成效。特别是如何减少农村儿童贫困，促进农村贫困儿童的健康成长和全面发展，通过构建大扶贫格局，以整村推进为平台，开展多部门合作，探索出了农村儿童减贫与精准扶贫相结合的新模式。

二 调查基本情况

"精准扶贫"作为我国的大政方针之一，是为了将国家支持地区发展的政策向贫困地区倾斜，努力促进贫困地区的发展而提出来的。儿童减贫工作是国家精准扶贫工作的重要组成部分，它也是实现地区精准扶贫的重要方法之一，儿童减贫工作关系到国家精准扶贫的实现程度。

五峰县为减少儿童贫困，促进贫困儿童的健康成长和全面发展，探索出儿童减贫与精准扶贫相结合的新模式。那么，儿童减贫乃至精准扶贫的工作成效如何呢？我们通过对 2015 年和 2016 年五峰县儿童减贫调查数据的分析，发现儿童减贫工作为地方脱贫和发展带来的变化，并总结经验，查找不足，提出相应的对策。

（一）背景资料

湖北武陵山片区范围包括恩施土家族苗族自治州的恩施市、宣恩县，宜昌市的五峰土家族自治县等 11 个县市，辖 120 个乡镇 3028 个行政村。2010 年年末，总人口 497.8 万人，其中乡村人口 409.31 万人，按照农民人均纯收入 2300 元的贫困标准，片区内共有贫困人口 196.46 万人，贫困率 48%。境内有土家族、苗族、侗族、瑶族、布依族、白族等 30 多个世居少数民族，少数民族人口占总人口的 63%。片区内的平均海拔高度 1000 米以上，地貌呈岩溶发育状态，是我国地质灾害高发区。长期以来，由于受地理生态环境、区位交通条件、历史文化背景等多方面因素制约，经济社会发展滞后，基础设施建设落后，贫困面大，贫困程度深。

五峰县隶属于宜昌市，全县国土面积 2372 平方千米（其中耕地 28.8 万亩），辖 5 镇 3 乡，97 个行政村，11 个社区居委会，总人口 20.8 万人，其中以土家族为主的少数民族人口占 84.77%。2013 年，农民人均纯收入 5001 元。全县拥有专业技术人员 2272 人。中小学 33 所，其中普通高中 1 所、中等职业学校 1 所，初中 8 所，小学 23 所。另有特殊学校 1 所，公办幼儿园 1 所，民办幼儿园 18 所。全县共有在校学生总数 13291 人，在职教职工 1507 人。

过去我们把收入作为定义贫困儿童的唯一标准，只关注单维度的收入贫困，开展扶贫工作也是只帮扶收入贫困的底层人群，但这已无法完整反映贫苦群体特别是贫困儿童的生活。随着我国经济社会的快速发展，收入贫困得到有效解决，但如果不持续提高教育、医疗、环境等方面的保障，将不利于儿童健康成长，也不利于稳定脱贫。此时，多维度儿童贫困测量的概念进入了我国官方视野。2011 年 3 月，国家扶贫办对 7 个"儿童贫困与发展"项目试点村进行验收时，除了收入，还将住房、营养、安全饮水和教育等内容纳入评估范围。"汶川地震贫困村灾后振兴与儿童综合发展"项目中，也采取了多维度扶贫的措施，该项目将村级产业发展、基础设施建设、环境改善与儿童减贫、发展相结合，兴建了一批儿童文化、健康设施，还包括留守儿童心理辅导、婴幼儿早期教育培训等内容。因此，将儿童生存、发展所需的因素综合纳入精准扶贫、减贫的范围，将有利于我们更好地瞄准致贫原因，实施精准帮扶。而从公共政策的角度而言，多维度儿童贫困的导向，意味着对儿童更全面的保护和社会支持，更公平、更公正的价值取向。

（二）理论和方法

本调查研究运用多维贫困理论。多维贫困（Multidimensional Poverty）理论的主要创始人为 1998 年诺贝尔经济学奖获得者、印度籍经济学家阿马蒂亚·森。他把发展看作扩展人们享有实质自由的一个过程，实质自由包括免受困苦——诸如饥饿、营养不良、可避免的疾病、过早死亡之类——的基本可行能力（阿马蒂亚·森，2012）。森认为贫困是对人的基本可行能力的剥夺，而不仅仅是收入低下。除了收入低下以外，还有其他因素也影响可行能力的被剥夺，从而影响到真实的贫困（森，2012；王小林，2012）。在多维贫困理论的基础上，逐渐发展出一些具体的测度贫困的方法。多维度重叠剥夺分析（Multiple Overlapping Deprivation Analysis，MODA）就是基于多个维度对儿童贫困与剥夺进行综合评价分析的一种贫困分析方法。它包含了一整套从单一维度和多个维度研究贫困的发生率及其分解的方法和工具。MODA 将儿童的全面福祉作为分析的核心，重点关注影响儿童各个特定时期福利和基本生存发展需要的维度或因素，并同时体现不同年龄儿童在多个特定需求经历剥夺的现状和程度。相对于以前单纯从经济层面识别儿童贫困的方法而言，MODA 的多维度重叠剥夺分析从营养、健康、教育、信息、水、卫生、住房、社会保护等维度分析儿童贫困，能更加全面地从儿童健康的整体定义上全面综合衡量儿童基本需求及权利缺失和剥夺现状及特点。目前，MODA 在许多发展中国家和地区的贫困研究中被广泛使用，并能很好地从多个维度层面识别贫困和受剥夺的儿童。国内一些研究机构和研究者已经尝试使用多维贫困方法对我国的儿童贫困问题进行分析（张秀兰，2009；尚晓援、王小林，2012）。但是，既有的研究更多的是直接借用 MODA 的贫困维度，未能充分反映我国儿童贫困的特殊性。因此，沿用联合国儿童基金会 2005 年提出的儿童贫困定义，即"生活在贫困状况下的儿童是指经历过生存、发展和成长所必须的物质、精神和情感资源的剥夺，不能享受他们的权利，不能发挥他们的潜能或不能作为完整和平等的成员参与到社会中"，从多维度分析框架测量与分析儿童贫困，避免了以往对儿童贫困的片面化认识，有利于审视儿童减贫与综合发展情况。

（三）调查样本和数据

报告中所使用的样本和数据，分别来自 2015 年国务院扶贫办与丹麦绫致基金会合作开展的中国农村儿童减贫与综合发展试点项目的儿童基线评估项目（湖北省五峰县）和 2016 年的中期评估项目（湖北省五峰县），以及三峡大学驻村工作队（扶贫工作队）在贫困村所做的入户调查。报告中的样本村庄是通过层层的随机抽样获取的，访谈对象也是在村庄内以偶遇抽样方式进行的，这样就保证了项目调研中所获取数据的客观性与代表性，有利于我们透过数据的分析对事实状况作出详尽客观的评价。

在调查中，为了保证收集数据的客观性，项目组对参与进行问卷调查的调查员进行了筛选和专门的培训，以使得整个问卷调查工作展示出数据获取的科学性与客观性。

2015 年中国儿童减贫与综合发展试点项目的儿童基线评估项目（五峰）中调查到的儿童数量为 75 名，其中男童 40 名，占儿童总数的 53.3%；女童 35 名，占儿童总数的 46.7%（见表 A1）。

A1. 儿童性别（1 男；2 女）					
		次数	百分比（%）	有效的百分比（%）	累积有效百分比（%）
有效	1	40	53.3	53.3	53.3
	2	35	46.7	46.7	100.0
	总计	75	100.0	100.0	

2016 年的中国儿童减贫与综合发展试点项目的儿童中期评估项目（五峰）中调查到的儿童数量为 81 名，其中男童 45 名，占儿童总数的

55.6%；女童 36 名，占儿童总数的 44.4%（见表 A2）。

A2. 儿童性别（1 男；2 女）		次数	百分比 （%）	有效的百分比 （%）	累积有效百分比 （%）
有效	1	45	55.6	55.6	55.6
	2	36	44.4	44.4	100.0
	总计	81	100.0	100.0	

三 指标对比及分析

（一）儿童教育维度发展状况

1. 关于是否在上学

调查对象是否在上学，反映了当地的推行国家素质教育的实现情况。这一指标对于我们分析国家 "教育扶贫" 策略具有很重要的意义。2015年中国儿童减贫与综合发展试点项目的儿童基线评估项目中调查到的 75名儿童中，儿童入学率为 100%（见表 A3）。2016 年调查的 81 名儿童中则有 3 名儿童没有在上学，占调查总数的 3.7%（见表 A4）。

A3. 目前是否在上学（1 是；2 否）		次数	百分比 （%）	有效的百分比 （%）	累积有效百分比 （%）
有效	1	75	100.0	100.0	100.0

A4. 目前（指上学期，下同）是否在上学（1 是；2 否）		次数	百分比 （%）	有效的百分比 （%）	累积有效百分比 （%）
有效	1	78	96.3	96.3	96.3
	2	3	3.7	3.7	100.0
	总计	81	100.0	100.0	

据财新网《中国改革》中《中国农村中学辍学调查》显示，中国农村辍学率高达63%。[①] 该调查是基于八次大规模调研收集的来自四个省24931名农村中学生的数据，以及与52名样本地区的农村学生的深入访谈，研究发现，农村地区整个中学阶段（初中、高中和中等职业学校）的累计辍学率高达63%。作者在文中指出，"农村地区的辍学主要由两种机制驱动。第一种机制是理性的成本—收益分析。一些学生由于成本高、初中和普通高中学业要求高，以及中职教育质量差这些原因理性地选择辍学。第二种机制是冲动的，压力胁迫下的决策"[②]。

虽然在我们的调查中没有发现这么高的辍学率，但是在国家强制推行义务教育的背景下，依然出现了3.7%的辍学率，这就给我国的义务教育敲了警钟。那么在五峰县，究竟是什么原因造成的呢？笔者认为，一是"读书无用论"的思想造成的影响。在我国社会长期存在着"读书无用"的论调，尤其是在偏远的农村山区，很多农民依然存在着读书无用的想法，即使是在互联网发达的大环境下，这种论调也未能够减少。偏远山区的这种思想的存在，致使父母不愿意送孩子继续读书，而更希望孩子能够尽早找到一份工作，补贴家用，减轻家里的负担。二是家庭的经济状况决定了辍学率的高低。家庭的经济状况包括家庭的收入来源、欠账情况、家庭成员开支等。如果一个家庭经济状况良好，那么家庭便有足够的金钱用于教育方面的支出，同时家庭也不需要孩子尽早出去挣钱补贴家用，孩子可以继续进行学业，这样就会避免辍学情况的出现。如果一个家庭的经济状况差，家庭在开支方面给予教育支出的比例便会降低，更有可能出现因为家庭经济困难导致家庭不愿供养孩子读书的情况。

2. 关于目前就读学校类型

就读学校的类型一方面反映了当地教育的分类类型，能够体现出教育多元化的一面；另一方面它也能够反映出当地家庭教育观念的差异。在2015年的基线调查中，我们调查的儿童中读小学、初中、普通高中及职业学校的比例分别为58.7%、17.3%、16%及8%，没有其他情况（见

---

① 《中国改革》2016年第2期，财新网（http://cnreform.caixin.com/2016-02-26/100913168.html）。

② http://www.wyzxwk.com/Article/sannong/2016/03/360219.html.

表 A5）。在 2016 年的调查中，调查对象读小学、初中、普通高中及职业学校和其他的比例分别 49.4%、18.5%、7.4%、7.4% 和 16%，在这一项中调查问卷有一人未做回答，对整体样本影响可以忽略不计（见表 A6）。可以看出，在 2015 年和 2016 年的调查对象中主要儿童为就读小学，这与我们调查儿童的出生时间有关，同时应该注意的是在 2016 年的调查中，出现了很大比例的其他部分，这表明了现代教育的多元化正在加强。它能够让儿童根据自身的家庭状况和个人爱好，自由选择读书的类型，而不是以往人们观念中的读完初中就必须去读高中。结合国家近年来出台的政策，我们能够很清晰地看到国家对职业化教育的鼓励与支持。同时，这种多元化的教育方式能够在某种程度上降低儿童的辍学率，因此我们应该鼓励这种多元教育方式。

A5. 目前正在读（1. 小学；2. 初中；3. 普通高中；4. 职业学校；5. 其他）			百分比（%）	有效的百分比（%）	累积有效百分比（%）
		次数	百分比（%）	有效的百分比（%）	累积有效百分比（%）
有效	1	44	58.7	58.7	58.7
	2	13	17.3	17.3	76.0
	3	12	16.0	16.0	92.0
	4	6	8.0	8.0	100.0
	总计	75	100.0	100.0	

A6. 目前正在读（1. 小学；2. 初中；3. 普通高中；4. 职业学校；5. 其他）			百分比（%）	有效的百分比（%）	累积有效百分比（%）
		次数	百分比（%）	有效的百分比（%）	累积有效百分比（%）
有效	1	40	49.4	50.0	50.0
	2	15	18.5	18.8	68.8
	3	6	7.4	7.5	76.3
	4	6	7.4	7.5	83.8
	5	13	16.1	16.2	100.0
	总计	80	98.8	100.0	
遗漏	系统	1	1.2		
总计		81	100.0		

3. 关于是否在学校寄宿

是否在学校寄宿，是衡量学校基础设施的重要指标。2015 年的调查结果显示，有 41.3% 的学生选择了在学校寄宿，58.7% 的学生选择了不在校寄宿（见表 A7）。2016 年的调查则显示 42% 的学生选择在学校寄宿，55.6% 的学生选择不在学校寄宿（见表 A8），由于调查问卷输入的问题遗漏了两个调查对象，但在与 2015 年的对比中，我们发现这一比例是基本吻合的。从这两个表格的结果中，笔者认为，选择在学校寄宿有两方面原因，同时这两大原因必须是相伴而生才会出现的，一是学校距离家较远，由于五峰县多为山地地形，人口的分散使得学校中一些学生距离学校较远，往往交通等方面的原因使得儿童上学较为困难，这使得家庭往往选择让孩子寄宿学校；二是学校拥有达到国家要求的住宿条件，并且学校的教学内容对学生住宿有时候会有一定要求，如一些职业学校会要求学生必须寄宿学校，以方便对学生进行管理，同时也有利于学生的学习，这作为一项客观条件是学生能够选择寄宿学校的重要原因。

A7. 是否在学校寄宿（1 是；2 否）					
		次数	百分比（%）	有效的百分比（%）	累积有效百分比（%）
有效	1	31	41.3	41.3	41.3
	2	44	58.7	58.7	100.0
	总计	75	100.0	100.0	

A8. 是否在学校寄宿（1 是；2 否）					
		次数	百分比（%）	有效的百分比（%）	累积有效百分比（%）
有效	1	34	42.0	43.0	43.0
	2	45	55.6	57.0	100.0
	总计	79	97.5	100.0	
遗漏	系统	2	2.5		
总计		81	100.0		

4. 关于是否经常阅读课外读物

课外读物的阅读对儿童心理的发展有着重要的作用，反映了儿童业余生活的状况。课外阅读的比例，决定于以下两个方面：一是学校或者家庭课外阅读刊物的订阅，二是儿童对于阅读的兴趣爱好。2015 年调查结果显示，46.7% 的儿童选择了经常阅读课外读物，53.3% 的儿童选择了偶尔阅读课外读物（见表 A9）。2016 年的情况则是，33.3% 的调查对象选择了经常阅读课外读物，50.6% 的调查对象选择了偶尔阅读课外读物，不同于 2015 年的是有 16% 的人选择了没有阅读课外读物（见表 A10）。

A9. 是否经常阅读课外读物（1. 经常；2. 偶尔；3. 没有）					
		次数	百分比（%）	有效的百分比（%）	累积有效百分比（%）
有效	1	35	46.7	46.7	46.7
	2	40	53.3	53.3	100.0
	总计	75	100.0	100.0	

A10. 是否经常阅读课外读物（1. 经常；2. 偶尔；3. 没有）					
		次数	百分比（%）	有效的百分比（%）	累积有效百分比（%）
有效	1	27	33.3	33.3	33.3
	2	41	50.6	50.6	83.9
	3	13	16.0	16.0	99.9
	总计	81	99.9	99.9	

通过对 2015 年和 2016 年的数据对比，我们可以看出经常阅读课外读物的比例明显下降，甚至出现了多达 16% 的儿童没有阅读课外读物。为了促进儿童的心理发展，扩大儿童的视野和知识面，我们应当鼓励儿童多进行课外阅读。这就要求我们一方面要增加学校或者家庭的课外图书量，另一方面学校与家长要正确引导和鼓励儿童扩大自己的阅读量，让

阅读成为学习过程中的重要一环。

5. 关于是否参加过职业培训

职业培训是为了提高自身素质，促进自身就业而参加的培训。一般而言，这种培训多是相关单位对需要进行培训的人员进行职业类的培训工作，以增强从业者适应社会、适应工作的能力，为从业者更快找到工作提供帮助。

通过 2015 年和 2016 年的调查，我们发现就业人群参加职业培训比例明显过低。2015 年的调查对象中 84% 的被调查者选择了没有参加职业培训，其余 16% 由于问卷调查的原因，未能找出是否参加了职业培训，但是这么高比例人群未能参加职业培训已经为我们敲了警钟（见表 A11）。2016 年的调查显示，只有 7.4% 的被调查者参加了职业培训，剩余 92.6% 的被调查者没有参与职业培训（见表 A12）。这就告诫我们，企业与政府、就业者都应当重视职业培训，通过职业培训不仅有助于就业者迅速掌握就业的相关技术知识，也能更快地适应就业环境，同时学会了一门技术可以防止在失业时出现再就业困难。

A11. 是否参加过职业技能培训（1. 是；2. 否）					
		次数	百分比（%）	有效的百分比（%）	累积有效百分比（%）
有效	2	5	83.0	100.0	100.0
遗漏	系统	1	16.7		
总计		6	100.0		

A12. 是否参加过职业技能培训（1. 是；2. 否）					
		次数	百分比（%）	有效的百分比（%）	累积有效百分比（%）
有效	1	1	5.3	5.3	5.3
	2	18	9.7	9.7	100.0
	总计	19	100.0	100.0	

6. 关于平时是否参与讨论家里的事情

儿童作为家庭的一员，未来会成为家庭的支柱。平常参与讨论家里的事情，体现了家庭成员处理事务时家长对儿童的重视程度，这有利于家长培养儿童的处理事务的能力。家长教育方式的转变颠覆了以往"家长独裁制"的传统，从2015年和2016年的调查中，我们可以看出儿童参与讨论家里事情是有一定比例的。2015年的调查显示，8%的被调查者经常参与讨论家里的事情，37.3%的被调查者偶尔参与讨论家里的事情，54.7%的被调查者没有参与讨论家里的事情（见表A13）。在2016年的调查数据中，14.8%的被调查者经常参与讨论家里的事情，42%的被调查者偶尔参与讨论家里的事情，43.2%的被调查者没有参与讨论家里的事情（见表A14）。

A13. 平时是否参与讨论家里的事情（1. 经常；2. 偶尔；3. 没有）					
		次数	百分比（％）	有效的百分比（％）	累积有效百分比（％）
有效	1	6	8.0	8.0	8.0
	2	28	37.3	37.3	45.3
	3	41	54.7	54.7	100.0
	总计	75	100.0	100.0	

A14. 平时是否参与讨论家里的事情（1. 经常；2. 偶尔；3. 没有）					
		次数	百分比（％）	有效的百分比（％）	累积有效百分比（％）
有效	1	12	14.8	14.8	14.8
	2	34	42.0	42.0	56.8
	3	35	43.2	43.2	100.0
	总计	81	100.0	100.0	

从数据对比来看，2016年平时参与家庭事情讨论的比例要比2015年高的，这表明家庭在重视儿童在家庭事务中的感受与作用，反映了在家庭中子女地位的提高，可以说这是培养儿童参与家庭事务能力的一个好的体现。笔者认为，家庭应该让更多的儿童参与讨论家庭事务，特别是一些涉及儿童成长及事关儿童自身的事务。

(二) 儿童保护维度发展状况

1. 关于是否亲眼见过父亲打母亲、老师打其他同学等暴力现象

父亲打母亲、老师打其他同学等暴力现象往往会给孩子心理造成影响，不利于儿童的健康成长。2015 年的调查结果显示，2.7% 的孩子经常亲眼见到这种暴力现象，28% 的孩子偶尔见到这类暴力现象，69.3% 的被调查者没有亲眼见到这类暴力现象（见表 A15）。2016 年的调查结果中，4.9% 的被调查者经常见到这种暴力现象，44.4% 的被调查者偶尔亲眼见到这类暴力现象，50.6% 的被调查者没有亲眼见到这类暴力现象（见表 A16）。从数据统计来看，这类暴力现象被儿童亲眼见到的比例有所增加。基于儿童心理健康的角度考虑，家庭及老师应当避免儿童亲眼见到此类暴力现象，进一步说，家庭与教师都应当避免这类暴力现象的发生。在儿童处于心理成长期中时，暴力事件被儿童看到，既对儿童心理造成影响，又可能会让儿童模仿这种行为，使儿童的人格塑造出现问题。

A15. 是否亲眼见过父亲打母亲、老师打其他同学等暴力现象（1. 经常；2. 偶尔；3. 没有）

		次数	百分比（%）	有效的百分比（%）	累积有效百分比（%）
有效	1	2	2.7	2.7	2.7
	2	21	28.0	28.0	30.7
	3	52	69.3	69.3	100.0
	总计	75	100.0	100.0	

A16. 是否亲眼见过父亲打母亲、老师打其他同学等暴力现象（1. 经常；2. 偶尔；3. 没有）

		次数	百分比（%）	有效的百分比（%）	累积有效百分比（%）
有效	1	4	4.94	4.94	1.2
	2	36	44.44	44.44	49.3
	3	41	50.62	50.62	100.0
	总计	81	100.0	100.0	

2. 关于是否被老师打骂过

教师是教书育人的职业，教师作为培育祖国花朵的园丁，担负着教授学生知识和生活的责任。但是因为教师队伍的良莠不齐，总是会出现一些以错误方式教导孩子的老师，因此就免不了会发生教师打骂孩子的情况。在 2015 年的调查访谈中，1.3% 的受访者表示经常被老师打骂，30.7% 的受访者偶尔被老师打骂，68% 的受访者没有被老师打骂（见表 A17）。2016 年的调查显示，1.2% 的学生经常被老师打骂，32.1% 的学生偶尔被老师打骂，66.7% 的学生没有被老师打骂（见表 A18）。从数据上来看，被老师打骂过的学生比例在 33% 左右，可以看出教师打骂学生的情况很严重。固然学生可能智力发育较晚且性格偏向调皮等，作为教书育人、为人师表的教师依然需要为学生树立榜样，耐心细致引导和教育学生，不能以打骂代替教育。这就要求学校不仅要重视教师的技能水平的提高，更要重视教师队伍整体素养的提高，以德服人，让学生从教师的言传身教中成长获益。

A17. 是否被老师打骂过（1. 经常；2. 偶尔；3. 没有）					
		次数	百分比（%）	有效的百分比（%）	累积有效百分比（%）
有效	1	1	1.3	1.3	1.3
	2	23	30.7	30.7	32.0
	3	51	68.0	68.0	100.0
	总计	75	100.0	100.0	

A18. 是否被老师打骂过（1. 经常；2. 偶尔；3. 没有）					
		次数	百分比（%）	有效的百分比（%）	累积有效百分比（%）
有效	1	1	1.2	1.2	1.2
	2	26	32.1	32.1	33.3
	3	54	66.7	66.7	100.0
	总计	81	100.0	100.0	

3. 关于是否被同学打过

近年来，校园欺凌事件在网络媒体中多有报道，同时也被教育部门所重视。对校园暴力事件及早介入，防止校园暴力事件演变成违法犯罪事件。在 2015 年的调查中发现，1.3% 的学生经常被同学打，22.7% 的学生偶尔被同学打，只有 76% 的学生没有被同学打过（见表 A19）。而在 2016 年的调查数据中，我们发现，2.5% 的学生经常被同学打，16% 的同学偶尔被同学打，81.5% 的学生没有被同学打过（见表 A20）。

A19. 是否被同学打过（1. 经常；2. 偶尔；3. 没有）					
		次数	百分比（%）	有效的百分比（%）	累积有效百分比（%）
有效	1	1	1.3	1.3	1.3
	2	17	22.7	22.7	24.0
	3	57	76.0	76.0	100.0
	总计	75	100.0	100.0	

A20. 是否被同学打过（1. 经常；2. 偶尔；3. 没有）					
		次数	百分比（%）	有效的百分比（%）	累积有效百分比（%）
有效	1	2	2.5	2.5	2.5
	2	13	16.0	16.0	18.5
	3	66	81.5	81.5	100.0
	总计	81	100.0	100.0	

通过对两组数据的对比，我们可以发现，被同学打过的儿童占 20% 左右，这一比例还是相当高的。这就要求加强家长与学校的互动，减少乃至消除这种校园暴力事件。家长需要加强对儿童的安全教育，不仅要关注儿童的物质生活，更要加强与儿童的沟通，多与儿童进行交流，以便提早发现与解决问题；学校应当加强对学生的品德教育，班主任要多关注儿童的心理健康，及时对儿童进行心理疏导，作为儿童在校的委托监护人，学校更应该保证他们在校的安全问题，让他们免受同学的欺凌，

给他们创造一个有利于身心健康发展的学习环境。

4. 关于是否被社会闲散人员打过

校园原本是个封闭的环境，但是也避免不了被社会闲散人员骚扰，甚至会伴随着暴力事件的发生。在我们 2015 年的调查中，我们发现 1.3% 的受访者表示自己经常被社会闲散人员打过，2.7% 的受访者表示自己偶尔被社会闲散人员打过，96% 的受访者表示自己没有被社会闲散人员打过（见表 A21）。在 2016 年的调查中，数据显示 2.5% 的被调查者偶尔被社会闲散人员打过，97.5% 的被调查者表示自己没有被社会闲散人员打过（见表 A22）。

A21. 是否被社会闲散人员打过（1. 经常；2. 偶尔；3. 没有）					
		次数	百分比（%）	有效的百分比（%）	累积有效百分比（%）
有效	1	1	1.3	1.3	1.3
	2	2	2.7	2.7	4.0
	3	72	96.0	96.0	100.0
	总计	75	100.0	100.0	

A22. 是否被社会闲散人员打过（1. 经常；2. 偶尔；3. 没有）					
		次数	百分比（%）	有效的百分比（%）	累积有效百分比（%）
有效	2	2	2.5	2.5	2.5
	3	79	97.5	97.5	100.0
	总计	81	100.0	100.0	

从这两次调查中，我们可以看出在这两年的被调查者中有约 3% 的学生被社会闲散人员打过。学校作为一个教书育人的单位，不仅需要教会学生书本上的知识，还要关注他们的人身安全，加强学校的安全保卫工作，让他们在安全无忧的环境里享受学习知识的快乐，同时也要关注学生的心理健康，班主任需要及时发现学生的问题，帮助学生解决自身解决不了的问题，家庭也需要多关注儿童的心理健康，及早发现儿童被社

会闲散人员殴打的情况，避免悲剧事件的发生。

5. 关于是否被性骚扰过

近年来媒体多有报道性骚扰事件，尤其是学校及偏远地区的儿童的性骚扰事件频发，这给学生安全工作敲响了警钟。在我们 2015 年和 2016 年的调查中显示，没有儿童被性骚扰过（见表 A23 和表 A24）。这是一个好的信号，但是我们不能在调查中没有发现性骚扰事件就放下对这类事件的警惕。预防性骚扰事件的发生，要求学校加强师德教育，逐步加强性健康教育，让儿童认识到防止性骚扰事件的方法，同时学校与家庭要多关心儿童的成长，注意儿童在成长过程中遇到的心理变化，帮助孩子健康成长起来。

A23. 是否遭遇过性骚扰（1. 经常；2. 偶尔；3. 没有）					
		次数	百分比（％）	有效的百分比（％）	累积有效百分比（％）
有效	3	75	100.0	100.0	100.0

A24. 是否遭遇过性骚扰（1. 经常；2. 偶尔；3. 没有）					
		次数	百分比（％）	有效的百分比（％）	累积有效百分比（％）
有效	3	81	100.0	100.0	100.0

6. 关于是否遭遇过跌伤、烫伤、被动物咬伤等意外情况

是否遭遇过跌伤、烫伤、被动物咬伤的情况，既反映了儿童的居住环境，又能反映家庭对儿童的照料情况。在 2015 年的调查中，有 41.3% 的被访者表示他们遇到过这种意外情况，有 58.7% 的受访者表示他们没有遇到这种情况（见表 A25）。在 2016 年的调查中，48.1% 的受访者指出他们碰到过这类意外情况，48.1% 的受访者没有碰到这种情况，3.7% 的受访者不清楚（见表 A26）。

A25. 是否遭遇过跌伤、烫伤、被动物咬伤等意外情况（1. 是；2. 否）				
	次数	百分比（%）	有效的百分比（%）	累积有效百分比（%）
有效	1	31	41.3	41.3	41.3
	2	44	58.7	58.7	100.0
	总计	75	100.0	100.0	

A26. 是否遭遇过跌伤、烫伤、被动物咬伤等意外情况（1. 是；2. 否；3. 不清楚）				
	次数	百分比（%）	有效的百分比（%）	累积有效百分比（%）
有效	1	39	48.15	48.15	48.15
	2	39	48.15	48.15	96.3
	3	3	3.7	3.7	100.0
	总计	81	100.0	100.0	

从以上的数据分析中，我们可以看出遭遇到跌伤、烫伤和被动物咬伤的比例很高，一方面是五峰县当地的山区环境造成的，当地山区地形路面极易导致孩子跌伤，再加上当地蚊虫、动物较多，也往往会出现被动物咬伤的情况；另一方面家庭和学校的关心与照料往往也是避免儿童发生此类意外情况的重要方法。这就要求当地要改善儿童成长的生活环境，并且给予儿童更多的关心和照顾，尽量减少发生意外情况。

7. 关于最近半年内父母在外打工的情况

父母作为家庭的经济支柱，不仅需要照顾家里老人和孩子，而且需要外出打工挣钱，为家庭带来经济收入。父母外出打工与否，一方面决定了家庭的经济状况，另一方面也对儿童的成长产生重大影响。通过2015年的调查数据，我们可以看出，16%的儿童父母都在外打工，30.7%的儿童父亲在外打工，10.6%的儿童母亲在外打工，42.7%的儿童父母都没有出去打工（见表A27）。2016年的调查数据则指出，17.3%的儿童父母都在外打工，32.1%的儿童父亲在外打工，8.6%的儿童母亲在外打工，42%的儿童父母都没有出去打工（见表A28）。

A27. 最近半年内，你父母在外打工么（1. 都是；2. 父亲；3. 母亲；4. 否）					
		次数	百分比（%）	有效的百分比（%）	累积有效百分比（%）
有效	1	12	16.0	16.0	16.0
	2	23	30.7	30.7	46.7
	3	8	10.6	10.6	57.3
	4	32	42.7	42.7	100.0
	总计	75	100.0	100.0	

A28. 最近半年内，你父母在外打工么（1. 都是；2. 父亲；3. 母亲；4. 否）					
		次数	百分比（%）	有效的百分比（%）	累积有效百分比（%）
有效	1	14	17.3	17.3	17.3
	2	26	32.1	32.1	49.4
	3	7	8.6	8.6	58.0
	4	34	42.0	42.0	100.0
	总计	81	100.0	100.0	

　　通过图表，我们可以很清楚地看到，父母至少有一人在外打工的比例是远高于父母都没有出去打工的比例的，并且作为父亲在外打工的比例是要高于母亲的，这是由男性在社会分工中的作用所决定的。我们知道，儿童在成长的过程中往往需要父母双方的共同照顾，方能在性格与身体共同成长的过程中达到最好的发展。但是父母往往也会迫于经济压力、本地经济发展不好等方面的原因，不得不外出务工，给家庭提供经济来源。那么如何平衡好外出务工与父母照顾孩子呢？笔者认为，一方面政府要促进当地经济发展，让本地人在本地工作，另一方面政府可以出台相关政策，能够使得孩子跟随父母寻找上学地方。这样就能有效地避免孩子在性格、身体等成长的阶段因缺乏父母关爱而出现不利于儿童成长的情况。

　　8. 关于在家一般由谁照顾

　　孩子在家一般由谁照顾，一般来说与家庭中成员在家的情况有关。2015 年的调查数据显示，74.7% 的儿童是由父母照顾的，22.7% 的儿童是由祖辈照顾的，1.3% 是由亲戚照顾的，1.3% 选择了其他（见表 A29）。在2016 年的调查中，76.6% 的儿童是由父母照顾的，22.2% 是由祖辈照顾的，1.2% 是由亲戚照顾的（见表 A30）。通过对比关于父母在外打工的比例，我们发现至少有一个父母未出去打工的比例约为84%，儿童在家被父母和祖辈照顾的比例约为98%，不难看出，在关于孩子在家一般由谁照顾的问题上，大部分孩子是由父母或者祖辈爷爷奶奶照顾，这正符合了中国传统社会中的抚养秩序。同时也可以看出来，孩子在家由父母和祖辈照顾的比例之高是与父母至少有一人未外出打工有关系的，孩子的父母在家的，一般是由父母亲自抚养，因此不会交给祖辈或者亲戚看管。在这个问题上，值得欣慰的是，我们的调查中还未发现孩子无人照料的情况。当然通过媒体报道等，我们很显然明白留守儿童还是大量存在的。这就告诫我们要关爱儿童成长，在他们成长的道路上给予足够的关心与爱护，让他们的身心得以健康发展，避免留守儿童问题的存在。

A29. 在家一般由谁照顾（1. 父母；2. 祖辈；3. 亲戚；4. 其他）					
		次数	百分比（%）	有效的百分比（%）	累积有效百分比（%）
有效	1	56	74.7	74.7	74.7
	2	17	22.7	22.7	97.3
	3	1	1.3	1.3	98.7
	4	1	1.3	1.3	100.0
	总计	75	100.0	100.0	

A30. 在家一般由谁照顾（1. 父母；2. 祖辈；3. 亲戚）					
		次数	百分比（%）	有效的百分比（%）	累积有效百分比（%）
有效	1	62	76.6	76.6	76.6
	2	18	22.2	22.2	98.8
	3	1	1.2	1.2	100.0
	总计	81	100.0	100.0	

9. 关于是否接受过儿童保护宣传教育

对儿童进行必要的儿童保护宣传教育，是增强家长的儿童保护意识、提高儿童保护技能的重要手段，是保护儿童健康发展的重要一步。一般

来说，儿童保护宣传教育是由学校或者社区组织开展进行的。在我们
2015 年的调查中，82.7% 的被访谈者接受过儿童保护宣传教育，17.3%
的受访者没有接受过儿童保护宣传教育（见表 A31）。在 2016 年的调查
结果中，86.4% 的受访者接受过儿童保护宣传教育，13.6% 的受访者没
有接受过儿童保护宣传教育（见表 A32）。

A31. 是否接受过儿童保护宣传教育（1. 是；2. 否）				
		次数	百分比 （%）	有效的百分比 （%）	累积有效百分比 （%）
有效	1	62	82.7	82.7	82.7
	2	13	17.3	17.3	100.0
	总计	75	100.0	100.0	

A32. 是否接受过儿童保护宣传教育（1. 是；2. 否）				
		次数	百分比 （%）	有效的百分比 （%）	累积有效百分比 （%）
有效	1	70	86.4	86.4	86.4
	2	11	13.6	13.6	100.0
	总计	81	100.0	100.0	

尽管从 2015 年和 2016 年的数据对比来看，接受过儿童保护宣传教育
的比例由 82.7% 上升到了 86.4%，但是我们应该知道儿童保护宣传教育
是对儿童保护自身的一种指导，这种宣传教育理应达到 100%，让每一个
儿童都切实地受到儿童保护宣传教育，并且要注意这种宣传教育不能流
于形式，而是要让儿童保护宣传教育由理论转化为儿童自我保护的实践，
减少甚至避免儿童安全事件的发生。

（三）儿童信息维度发展状况

1. 关于平时看电视的情况

平时看电视的情况，往往反映的是包括自身家庭条件与儿童个人喜
好的问题。在我们 2015 年的调查中，我们发现 29.4% 的受访者经常看电

视，69.3%的受访者偶尔看电视，1.3%的受访者没有看电视（见表A33）。而在2016年的调查中，70.4%的受访者经常看电视，27.2%的受访者偶尔看电视，1.2%的儿童没有看电视，1.2%的受访者选择了不适用即家庭经济状况较差，家里没有电视机（见表A34）。

A33. 平时看电视的情况（1. 经常；2. 偶尔；3. 没有）		次数	百分比（%）	有效的百分比（%）	累积有效百分比（%）
有效	1	22	29.4	29.4	29.4
	2	52	69.3	69.3	98.7
	3	1	1.3	1.3	100.0
	总计	75	100.0	100.0	

A34. 平时看电视的情况（1. 经常；2. 偶尔；3. 没有；4. 不适用）		次数	百分比（%）	有效的百分比（%）	累积有效百分比（%）
有效	1	57	70.4	70.4	70.4
	2	22	27.2	27.2	97.5
	3	1	1.2	1.2	98.8
	4	1	1.2	1.2	100.0
	总计	81	100.0	100.0	

从2015年和2016年的数据对比来看，受访者中经常看电视的比例有大幅上升，这告诫我们要注意限制儿童看电视的时间，防止儿童把时间过多地花费在看电视上，同时引导儿童进行电视节目的观赏，以免出现电视节目对儿童带来负面的影响，防止儿童被电视节目误导。学校与家长要多鼓励儿童进行课外阅读或者进行课外实践，将课下的时间多用在有意义的活动中去。当然，我们也要给儿童自由支配自己时间的权利，让儿童真正体会到成长的快乐。在2016年的调查中，我们不能够忽视选择"不适应"选项的被访者的存在，这明显地反映出当地有些村民依然贫困，不能够负担电视费用，这就更给我们的减贫工作提出了迫切的

要求。

2. 关于平时使用电脑的情况

电脑作为互联网时代下的产物，为人们能及时、快捷地获取信息提供了足够的便利。对电脑使用方式的把握以及对电脑使用时间的控制是儿童能否从电脑使用中获取益处的关键。在2015年的调查中，我们发现，12%的受访者选择了经常使用电脑，58.7%的受访者选择了偶尔使用电脑，16%的受访者选择了没有使用电脑，13.3%的受访者选择了不适用这一项（见表A35）。2016年的调查结果则显示，18.5%的受访者经常使用电脑，37%的受访者偶尔使用电脑，29.6%的受访者没有使用电脑，14.8%的受访者选择了不适用的选项（见表A36）。

从这两年的调查结果中，我们可以看出来电脑在受访者中所占的比例依然很低，在2015年有29.3%的受访者没有使用或者没有电脑，在2016年有44.4%的受访者没有使用或者没有电脑。在信息化高度发达的今天，电脑的使用越来越普及，笔者认为在某一天电脑会进入每一户家庭，成为人们生活与学习中不可或缺的一部分。儿童通过电脑的使用，可以方便网络学习资源的获取，也能便于扩大自己的视野。以上的数据表明，还有很多儿童未接触电脑，这就使得促进当地经济发展，让每户家庭都拥有电脑，让每个孩子都能通过电脑获取学习资源，成为地方政府应当努力实现的目标。

A35. 平时使用电脑的情况（1. 经常；2. 偶尔；3. 没有；4. 不适用）					
		次数	百分比（%）	有效的百分比（%）	累积有效百分比（%）
有效	1	9	12.0	12.0	12.0
	2	44	58.7	58.7	70.7
	3	12	16.0	16.0	86.7
	4	10	13.3	13.3	100.0
	总计	75	100.0	100.0	

A36. 平时使用电脑的情况（1. 经常；2. 偶尔；3. 没有；4. 不适用）				
	次数	百分比（%）	有效的百分比（%）	累积有效百分比（%）
有效	1	15	18.5	18.5	18.5
	2	30	37.0	37.0	55.6
	3	24	29.6	29.6	85.2
	4	12	14.8	14.8	99.9
	总计	81	99.9	99.9	

3. 关于平时使用手机的情况

手机如同电脑一样，在信息社会里扮演着沟通与传达信息的功能。对于儿童而言，使用手机一方面可以保证他们自身的安全，能够与家庭保持联系；另一方面，手机带有的娱乐功能往往会让自制力差的学生沉迷其中，导致成绩下滑等后果。在2015年的调查中，14.7%的被访问者选择了经常使用手机，48%的被访问者选择了偶尔使用手机，21.3%的被访问者选择了没有使用手机，16%的被访问者选择了不适用的选项（见表A37）。2016年的调查则显示，38.3%的儿童经常使用手机，37%的儿童偶尔使用手机，22.2%的儿童没有使用手机，2.5%的儿童选择了不适用（见表A38）。

A37. 平时使用手机的情况（1. 经常；2. 偶尔；3. 没有；4. 不适用）				
	次数	百分比（%）	有效的百分比（%）	累积有效百分比（%）
有效	1	11	14.7	14.7	14.7
	2	36	48.0	48.0	62.7
	3	16	21.3	21.3	84.0
	4	12	16.0	16.0	100.0
	总计	75	100.0	100.0	

A38. 平时使用手机的情况（1. 经常；2. 偶尔；3. 没有；4. 不适用）					
		次数	百分比 （％）	有效的百分比 （％）	累积有效百分比 （％）
有效	1	31	38.3	38.3	38.3
	2	30	37.0	37.0	75.3
	3	18	22.2	22.2	97.5
	4	2	2.5	2.5	100.0
	总计	81	100.0	100.0	

从调查数据上来看，经常使用和偶尔使用手机的比例从 2015 年到 2016 年是上升的，这从某种程度上反映了人们经济收入的增长，但是我们还应该注意，学校与家长要对孩子使用手机进行正确的引导，让手机成为保护他们安全的屏障，成为他们获取外界信息的渠道，而不是变成游戏机。

4. 关于平时使用网络的情况

网络作为信息化网络时代的产物，对于人们实时了解外界动向，掌握海量信息，在线学习，充实自我，都有着重要的意义，网络是未来社会不可或缺的重要媒介与工具。网络的使用，需要注意的是，要把握好网络使用的用途与使用的时间，只有合理分配网络使用时间与用途，才能够使网络发挥其更大更有益的作用。

我们在 2015 年的调查中发现，17.3% 的被访问者经常使用网络，53.3% 的被访问者偶尔使用网络，20% 的被访问者没有使用网络，9.3% 的被访问者选择了不适用（见表 A39）。2016 年的调查则显示，30.9% 的儿童经常使用网络，34.6% 的儿童偶尔使用网络，24.7% 的儿童没有使用网络，9.9% 的儿童选择了不适用（见表 A40）。

从 2015 年与 2016 年的数据对比来看，经常使用网络的比例是增加的，在这里，我们应该注意到，有约 30% 的被访问者未使用或者没有网络供使用。正如我们前面提到的现代社会已经进入网络信息时代，我们的工作、生活与网络紧密联系在一起，我们应该从小培养孩子对网络的正确使用，让网络帮助孩子学习到更丰富的知识。

A39. 平时使用网络的情况（1. 经常；2. 偶尔；3. 没有；4. 不适用）

		次数	百分比（%）	有效的百分比（%）	累积有效百分比（%）
有效	1	13	17.3	17.3	17.3
	2	40	53.3	53.3	70.7
	3	15	20.0	20.0	90.7
	4	7	9.3	9.3	99.9
	总计	75	99.9	99.9	

A40. 平时使用网络的情况（1. 经常；2. 偶尔；3. 没有；4. 不适用）

		次数	百分比（%）	有效的百分比（%）	累积有效百分比（%）
有效	1	25	30.9	30.9	30.9
	2	28	34.6	34.6	65.4
	3	20	24.6	24.6	90.1
	4	8	9.9	9.9	100.0
	总计	81	100.0	100.0	

A41. 平时阅读报纸杂志的情况（1. 经常；2. 偶尔；3. 没有；4. 不适用）

		次数	百分比（%）	有效的百分比（%）	累积有效百分比（%）
有效	1	24	32.0	32.0	32.0
	2	40	53.3	53.3	85.3
	3	10	13.3	13.3	98.7
	4	1	1.3	1.3	99.9
	总计	75	99.9	99.9	

5. 关于平时阅览报纸杂志的情况

报刊杂志在儿童的学习成长中会起到一些积极的作用，有助于帮助儿童开阔视野，提高知识水平。我们在 2015 年的调查中发现，32% 的受访者经常阅览报纸杂志，53.3% 的受访者偶尔阅览报纸杂志，13.3% 的受访者没有阅览报纸杂志，1.3%的受访者选择了不适用的情况（见表A41）。2016年的调查中，16%的受访者经常阅览报纸杂志，51.9%的受访者偶尔阅览报纸杂志，28.4%的受访者没有阅览报纸杂志，3.7%的受访者选择了不适用（见表A42）。

A42. 平时阅读报纸杂志的情况（1. 经常；2. 偶尔；3. 没有；4. 不适用）					
		次数	百分比 （%）	有效的百分比 （%）	累积有效百分比 （%）
有效	1	13	16.0	16.0	16.0
	2	42	51.9	51.9	67.9
	3	23	28.4	28.4	96.3
	4	3	3.7	3.7	100.0
	总计	81	100.0	100.0	

从两年的数据上来看，选择平时没有阅读报纸杂志和不适用的比例是上升的，其中的原因笔者认为有两个，一是儿童花费在阅读报纸杂志上的时间减少了，他们把更多的精力放在了其他事情上，这就要求教师与家长积极引导儿童养成读书看报的好习惯，当然现代形势下，学习的方式也有所改变，不再局限于纸质报纸杂志，网络课程等也都可以帮助孩子的学习与成长。二是家庭经济状况的原因导致儿童负担不起或者不愿负担报纸杂志的订阅费，遇到这种情况，学校可以拿出一部分经费为班级集体订阅报纸杂志，让儿童轮流阅读，这样既解决了儿童负担不起订阅费的问题，又能够让学校鼓励儿童多阅读，提高资源的利用率。

（四）儿童健康维度发展状况

1. 关于是否被家人打过

是否被家人打过，反映的是家庭教育方式的问题，现代教育理念的推行，使得以往的体罚式教育方式逐渐被现代教育方式所取代。但是，偏远山区的人家往往由于新的教育理念传播不够，家人文化素质普遍不高，仍然存在着教育方式的问题。通过对比2015年和2016年的调查结果，我们可以看出被家人打的比例（包括经常被家人打和偶尔被家人打的比例）略有上升，家庭教育方式仍需要转变，家长的文化素质还需要提高。2015 年的调查结果显示，经常被家人打的比例为 2.7%，偶尔被家人打的比例为 41.3%，没有被家人打的比例为 56%（见表A43）。2016 年的调查对象则显示，经常被家人打的比例为 3.7%，偶尔被家人打的比例为 45.7%，没有被家人打的比例为 50.6%（见表A44）。这就给了我们对于儿童教育方法的警示，家人应该主动学习新的教育方式，依靠与儿童沟通，取代以往的"暴力教育"方式。学校也应该积极与家长沟通，向家长传授教育孩子的技巧。这样就能减少我国儿童教育中的虐待儿童等的问题，同时减少因儿童忍受家庭暴力而带来的心理疾病。

A43. 是否被家人打过（1. 经常；2. 偶尔；3. 没有）		次数	百分比（%）	有效的百分比（%）	累积有效百分比（%）
有效	1	2	2.7	2.7	2.7
	2	31	41.3	41.3	44.0
	3	42	56.0	56.0	100.0
	总计	75	100.0	100.0	

A44. 是否被家人打过（1. 经常；2. 偶尔；3. 没有）		次数	百分比（%）	有效的百分比（%）	累积有效百分比（%）
有效	1	3	3.7	3.7	3.7
	2	37	45.7	45.7	49.4
	3	41	50.6	50.6	100.0
	总计	81	100.0	100.0	

2. 关于是否贫血

贫血显示了儿童身体的健康程度，往往贫血问题是由营养不均衡造成的。因此，贫血问题在偏远的山村地区极易出现。在我们 2015 年的调查中，14.7%的儿童有贫血的症状，50.7%的儿童没有贫血的症状，34.7%的儿童不清楚自己是否有贫血的症状（见表A45）。2016年的调查则发现，14.8%的儿童有贫血的症状，64.2%的儿童没有贫血的症状，21%的儿童不清楚自己是否有贫血症状（见表A46）。

A45. 是否贫血（1. 是；2. 否；3. 不清楚）					
		次数	百分比（%）	有效的百分比（%）	累积有效百分比（%）
有效	1	11	14.6	14.6	14.6
	2	38	50.7	50.7	65.3
	3	26	34.7	34.7	100.0
	总计	75	100.0	100.0	

A46. 是否贫血（1. 是；2. 否；3. 不清楚）					
		次数	百分比（%）	有效的百分比（%）	累积有效百分比（%）
有效	1	12	14.8	14.8	14.8
	2	52	64.2	64.2	79.0
	3	17	21.0	21.0	100.0
	总计	81	100.0	100.0	

这两年的数据很明显地向我们展示了当地儿童贫血状况的严重性，而且有大比例的儿童不清楚自己是否有贫血症状。这一方面说明了贫血问题在偏远山区的普遍性与严重性，另一方面也反映了当地对儿童的体检次数或者项目的不足，这才导致了很多儿童不清楚自己是否有贫血症状。这些问题都暴露出来政府应当关注儿童的身体健康，学校等组织应该对儿童做定期的体检，以及早发现儿童在成长过程中的身体健康问题。

3. 关于饮食问题

每天吃几顿饭的问题反映了儿童的基本温饱问题中的饱，它是反映儿童生存基本现状的问题。在2015年的调查中，我们发现89.3%的受访者一日三餐，6.7%的受访者一日两餐，4%的受访者选择了不适用（见表A47）。2016年的调查数据是，77.8%的受访者一日三餐，9.9%的受访者一日两餐，12.3%的受访者选择了其他（见表A48）。

A47. 每天吃几顿饭（1. 三餐；2. 两餐；3. 其他）					
		次数	百分比（%）	有效的百分比（%）	累积有效百分比（%）
有效	1	67	89.3	89.3	89.3
	2	5	6.7	6.7	96.0
	3	3	4.0	4.0	100.0
	总计	75	100.0	100.0	

A48. 每天吃几顿饭（1. 三餐；2. 两餐；3. 其他）					
		次数	百分比（%）	有效的百分比（%）	累积有效百分比（%）
有效	1	63	77.8	77.8	77.8
	2	8	9.9	9.9	87.7
	3	10	12.3	12.3	100.0
	总计	81	100.0	100.0	

　　正如我们前面提到的，儿童在读书的阶段正处于身体发育的时期，需要充足的营养去保证儿童的健康成长。一天吃饭次数的问题，一方面取决于家庭的经济状况，另一方面取决于儿童及家长的饮食习惯问题。关于家庭经济状况的问题，政府需要在这个问题的解决上发挥重大作用，充分利用国家重视扶贫工作、大力推行精准扶贫的契机，加快发展地方经济，增加村民收入，让每个儿童都能吃得上一日三餐。儿童及家长的饮食习惯应当往科学化方向发展，政府相关部门应当提倡和宣传科学的饮食习惯，扭转不正确的饮食习惯，以此提高儿童的身体素质。

　　4. 是否在学校吃免费营养午餐

　　政府在校园推行免费午餐制度，由政府和民间团体执行。中央政府每天为每个小学生提供500克的大米或小麦，同时为粮食的运输管理花费发放补贴。这一政策是国家对适龄儿童教育关怀的一种体现，能够让儿童在成长过程中减少营养不良的情况。但是地方对这一政策执行程度是决定国家这一有益政策取得成效大小的关键。在 2015 年的调查中，我们发现，74.7%的儿童是在学校吃免费营养午餐，18.7%的儿童没有在学校吃免费营养午餐，6.7%的儿童选择了不适用（见表 A49）。2016 年的数据显示，45.7%的儿童是在学校吃免费营养午餐，42%的儿童没有在学校吃免费营养午餐，12.3%的儿童选择了不适用（见表 A50）。

A49. 是否在学校吃免费营养午餐（1. 是；2. 否；3. 不适用）		次数	百分比（%）	有效的百分比（%）	累积有效百分比（%）
有效	1	56	74.6	74.6	74.6
	2	14	18.7	18.7	93.3
	3	5	6.7	6.7	100.0
	总计	75	100.0	100.0	

A50. 是否在学校吃免费营养午餐（1. 是；2. 否；3. 不适用）		次数	百分比（%）	有效的百分比（%）	累积有效百分比（%）
有效	1	37	45.7	45.7	45.7
	2	34	42.0	42.0	87.7
	3	10	12.3	12.3	100.0
	总计	81	100.0	100.0	

从 2015 年和 2016 年的数据表上，我们可以看出，在学校吃免费营养午餐的比例还是很低，究其原因，笔者认为，一是某些儿童的家距离学校较近，选择回家吃午餐；二是某些学校免费午餐的政策执行得不够，导致某些学校可能没有免费午餐或者说午餐质量有待提高。这就告诫政府相关部门要严密监督免费午餐政策的执行情况，让国家政策真正落到实处，避免出现因免费午餐而出现的贪腐情况，同时要注重免费午餐质量的提高，让国家及相关公益组织的爱心真正得到体现。

5. 关于是否经常喝生水

经常喝生水，往往会导致儿童患病，尤其是在偏远山区，因为缺乏自来水，村民的饮用水多为直接食用的山泉水，这就更需要村民在对山泉水进行煮沸之后再食用。在我们 2015 年的调查中，6.7% 的受访者经常喝生水，29.3% 的受访者偶尔喝生水，64% 的受访者不喝生水（见表 A51）。2016 年的数据显示，1.2% 的受访者经常喝生水，11.1% 的受访者偶尔喝生水，87.7% 的受访者不喝生水（见表 A52）。

A51. 是否经常喝生水（1. 经常喝；2. 偶尔喝；3. 不喝）					
		次数	百分比（%）	有效的百分比（%）	累积有效百分比（%）
有效	1	5	6.7	6.7	6.7
	2	22	29.3	29.3	36.0
	3	48	64.0	64.0	100.0
	总计	75	100.0	100.0	

A52. 是否经常喝生水（1. 经常喝；2. 偶尔喝；3. 不喝）					
		次数	百分比（%）	有效的百分比（%）	累积有效百分比（%）
有效	1	1	1.2	1.2	1.2
	2	9	11.1	11.1	12.3
	3	71	87.7	87.7	100.0
	总计	81	100.0	100.0	

由这两年的数据我们可以看出，儿童喝生水的比例还是很高的，这往往会导致儿童疾病的发生，不利于儿童的健康成长。为了减少儿童喝生水的比例，笔者认为应该加大健康教育的宣传，让更多人认识到喝生水对健康造成的危害，从心理上提高他们的健康意识。同时，也可以鼓励学校为儿童提供开水，让儿童避免由于在校而不能及时喝到开水，减少因喝生水个带来的身体健康问题。

6. 关于是否经常刷牙

经常刷牙有利于保持牙龈健康，减少儿童的牙齿问题。在 2015 年的调查中，我们发现，85.3% 的儿童每天刷牙，12% 的儿童经常刷牙，2.7% 的儿童偶尔刷牙（见表 A53）。2016 年的数据显示，81.5% 的儿童每天刷牙，16% 的儿童每天刷牙，2.5% 的儿童偶尔刷牙（见表 A54）。

从两个表格可以看出，每天与经常刷牙的儿童所占比例很高，但是我们依然应该加强健康教育宣传，提高儿童每天刷牙的意识，让良好的习惯给儿童带来健康。

A53. 是否经常刷牙（1. 每天；2. 经常；3. 偶尔；4. 不刷牙）					
		次数	百分比（%）	有效的百分比（%）	累积有效百分比（%）
有效	1	64	85.3	85.3	85.3
	2	9	12.0	12.0	97.3
	3	2	2.7	2.7	100.0
	总计	75	100.0	100.0	

A54. 是否经常刷牙（1. 每天；2. 经常；3. 偶尔；4. 不刷牙）					
		次数	百分比（%）	有效的百分比（%）	累积有效百分比（%）
有效	1	66	81.5	81.5	81.5
	2	13	16.0	16.0	97.5
	3	2	2.5	2.5	100.0
	总计	81	100.0	100.0	

7. 关于是否有饭前便后洗手的习惯

饭前便后洗手作为一种良好的生活习惯，有利于降低我们被细菌感染生病的概率。儿童作为易受感染人群，更应该重视养成饭前便后洗手的好习惯。2015 年调查显示，90.7% 的儿童有饭前便后洗手的习惯，9.3% 的儿童没有饭前便后洗手的习惯（见表 A55）。在 2016 年的调查中，77.8% 的儿童有饭前便后洗手的习惯，22.2% 的儿童没有饭前便后洗手的习惯（见表 A56）。

A55. 是否有饭前便后洗手的习惯（1. 是；2. 否）					
		次数	百分比 （%）	有效的百分比 （%）	累积有效百分比 （%）
有效	1	68	90.7	90.7	90.7
	2	7	9.3	9.3	100.0
	总计	75	100.0	100.0	

A56. 是否有饭前便后洗手的习惯（1. 是；2. 否）					
		次数	百分比 （%）	有效的百分比 （%）	累积有效百分比 （%）
有效	1	63	77.8	77.8	77.8
	2	18	22.2	22.2	100.0
	总计	81	100.0	100.0	

从以上统计结果来看，有饭前便后洗手习惯的比例是大幅下降的，这表明我们对饭前便后洗手的习惯没有保持，原因可能是家庭及学校对这方面的健康教育不够。不充足的健康教育导致儿童不能引起对健康的重视，同时家长及老师的言传身教作用也应该得到重视，家长、老师应当以自己的行动去引导儿童形成良好的生活习惯。

8. 关于有没有接受过营养宣传教育

营养宣传教育对于缺少受教育渠道的家长与儿童而言是必不可少的，通过营养教育宣传，儿童与家长能够了解到基本的营养健康常识，这样有助于家长及儿童在日常生活中方便获取足够的营养。在 2015 年的调查中，65.3% 的被调查者表示有接受过营养宣传教育，34.7% 的被调查者没有接受过营养宣传教育（见表 A57）。2016 年的调查则显示，67.9% 的被调查者有接受过营养宣传教育，32.1% 的被调查者没有接受过营养宣传教育（见表 A58）。

A57. 有没有接受过营养宣传教育（1. 有；2. 没有）					
		次数	百分比（%）	有效的百分比（%）	累积有效百分比（%）
有效	1	49	65.3	65.3	65.3
	2	26	34.7	34.7	100.0
	总计	75	100.0	100.0	

A58. 有没有接受过营养宣传教育（1. 有；2. 没有）					
		次数	百分比（%）	有效的百分比（%）	累积有效百分比（%）
有效	1	55	67.9	67.9	67.9
	2	26	32.1	32.1	100.0
	总计	81	100.0	100.0	

虽然数据比较发现，有接受营养宣传教育的比例在 2016 年增加了 2.6%，但是接受过营养宣传教育的比例依然过低。这就给我们地方相关部门提出了加强营养宣传的任务，不仅要让每个人都接受到营养教育宣传，而且要让整个活动不流于形式，让教育真正体现它的价值，让人们更多地去关注自身的营养问题。

9. 关于有没有接受过健康宣传教育

健康宣传教育如同我们前面提到的营养宣传教育一样，对于偏远山区的村民来说，是提高他们对健康问题认识的一个很重要的途径，这也体现出相关部门加强健康宣传教育的重要性。2015 年的调查显示，76% 的人接受过健康宣传教育，24% 的人没有接受过健康宣传教育（见表 A59）。2016 年的数据显示，72.8% 的人有接受过健康宣传教育，27.2 的人没有接受过健康宣传教育（见表 A60）。

2015 年和 2016 年接受过健康宣传教育的比例是下降的，这表明地方相关部门在健康教育宣传方面的工作做得显然是不够的。那么这就要求相关部门必须要把自己的本质工作做好，积极引导民众培养健康的生活习惯和行为方式，这样就能够提高地区人民的身体素质。

A59. 有没有接受过健康宣传教育（1. 有；2. 没有）					
		次数	百分比（%）	有效的百分比（%）	累积有效百分比（%）
有效	1	57	76.0	76.0	76.0
	2	18	24.0	24.0	100.0
	总计	75	100.0	100.0	

A60. 有没有接受过健康宣传教育（1. 有；2. 没有）					
		次数	百分比（%）	有效的百分比（%）	累积有效百分比（%）
有效	1	59	72.8	72.8	72.8
	2	22	27.2	27.2	100.0
	总计	81	100.0	100.0	

10. 关于最近三年来，有没有接受过健康体检

定期的健康体检，是动态地检测自我身体素质的重要手段。定时进行体检，有助于及早发现问题，这样就不会耽误治疗的最有利时机，有利于提高全民健康素质。在 2015 年的调查中，我们发现，77.3% 的人近三年来接受过健康体检，22.7% 的人近三年来没有接受过健康体检（见表 A61）。2016 年的调查数据显示，80.2% 的人近三年来接受过健康体检，19.8% 的人近三年来没有接受过健康体检（见表 A62）。

A61. 最近三年来，是否接受过健康体检（1. 是；2. 否）					
		次数	百分比（%）	有效的百分比（%）	累积有效百分比（%）
有效	1	58	77.3	77.3	77.3
	2	17	22.7	22.7	100.0
	总计	75	100.0	100.0	

A62. 最近三年来，是否接受过健康体检（1. 是；2. 否）					
		次数	百分比（%）	有效的百分比（%）	累积有效百分比（%）
有效	1	65	80.2	80.2	80.2
	2	16	19.8	19.8	100.0
	总计	81	100.0	100.0	

虽然近三年来接受过体检的比例有所上升，但是地方相关部门依然应该加大对定期健康体检重要性的宣传，同时要提高体检单位的办事效率，并且给予体检群众以优惠，让老百姓有财力去做定期的体检。

11. 关于身体健康状况的调查

关于身体健康状况的调查，是对调查者身体状况的直观反映，显示了被调查对象所面临的身体情况。在 2015 年的调查中，88% 的被调查者身体健康，10.7% 的被调查者体弱多病，1.3% 的被调查者有地方病（见表 A63）。而 2016 年的调查显示，95.1% 的被调查者身体健康，4.9% 的被调查者体弱多病（见表 A64）。

从数据统计上来看，被调查者的身体状况是有提高的。但是还是免不了会有体弱多病等情况，这就要求地方政府部门加大健康教育的宣传，让健康教育铭记在每个人的心里。

A63. 身体健康状况（1. 健康；2. 体弱多病；3. 地方病；4. 患有大病；5. 残疾）					
		次数	百分比（%）	有效的百分比（%）	累积有效百分比（%）
有效	1	66	88.0	88.0	88.0
	2	8	10.7	10.7	98.7
	3	1	1.3	1.3	100.0
	总计	75	100.0	100.0	

A64. 身体健康状况（1. 健康；2. 体弱多病；3. 地方病；4. 患有大病；5. 残疾）

		次数	百分比 （%）	有效的百分比 （%）	累积有效百分比 （%）
有效	1	77	95.1	95.1	95.1
	2	4	4.9	4.9	100.0
	总计	81	100.0	100.0	

四　贫困特征与成因

（一）五峰县儿童贫困的典型表现形式是多维贫困

通过对贫困村农户及儿童的抽样调查，结合村庄调查及收集到的相关材料，我们发现贫困地区儿童多个维度的贫困存在相互叠加与强化现象，因此我们认为贫困地区儿童贫困的典型表现形式是多维贫困。为什么会形成多维贫困？一方面，儿童阶段尤其是低龄儿童阶段是人的生命周期中极容易陷入多维贫困的阶段。在这个阶段，人的各个方面都还在成长，比较脆弱，对环境及家庭依赖性强，很多时候不能清晰地表达自己的需求且不能自主地满足自己的多方面需求。因此，只要儿童成长的关键人物及机构不能以正确的方式方法帮助儿童成长，儿童就易于致贫，形成多维贫困。另一方面，我们所调查的贫困村收入贫困问题严重，儿童可触及的公共服务少且质量差，儿童家长教育程度较低，儿童缺乏来自家庭等方面得当的抚育及教育，这些因素综合起来加剧了儿童的多维贫困。

因此，我们应从多维视角来认识贫困地区的贫困，不能低估这一地区儿童多维贫困的严重性，应采取综合的办法而非单一的方法来进行干预与治理。

（二）五峰县儿童多维贫困的成因是多方面、多层次的

1. 家庭层面的影响

儿童多维贫困既有收入因素的影响，也有非收入性因素的影响；既

有微观层次的家庭因素影响，也有中观层次的社区环境及宏观层次的制度因素的影响。

（1）家庭收入低的影响。儿童无独立经济来源，家庭收入水平在很大程度上影响到了儿童的许多方面，包括饮食、生活照料、所享受到的教育与健康保健水平等。据我们的抽样调查，在0—5岁儿童组，家庭收入与儿童营养显著相关。在6—15岁组，家庭收入与儿童健康显著相关。我们通过调查也了解到，那些上不起幼儿园的、不能上优质学校的或中途辍学的，往往是低收入家庭儿童。

（2）家庭主要成员的人力资本短缺的影响。据我们的抽样调查，贫困村民主要是小学及以下文化程度，多以务农为主。农户家庭成员中接受过技能培训的占比较小。农户家庭主要成员人力资本偏低，就业质量不高。就户主而言，大多年龄偏大，以务农为主，往往观念落后。大多数农户素质较低，缺乏技能而且观念保守，不容易接受新的发展思路。有关父母就业情况的调查表明，在所有贫困儿童的家庭中，56%的家庭中父母只有一方全年从事全职工作，25%的家庭中父母只有一方一年中部分时间从事兼职或全职工作，19%的家庭中父母双方都没有工作。如果父母受教育程度过低，即使全年从事全职工作，工作收入也不高，很难帮助儿童摆脱经济贫困状况。

调查表明，农户家庭成员的身体健康状况对儿童多维贫困有显著影响。对6—15岁儿童各维度贫困发生率影响因素分析发现，儿童的经济贫困发生率和社会保护方面的贫困发生率均受到家庭成员身体健康状况的显著影响，家庭成员是否患有大病或残疾可显著预测儿童在经济和保护方面的贫困状况。不少家庭就是因为家庭成员患重大疾病或残疾而致贫，从而导致儿童致贫。

（3）家庭教育的不当或不足对儿童多维贫困有影响。家庭是基本的社会细胞，是儿童成长的主要场所，家庭对儿童尤其对低年龄段儿童的成长有重大影响。从调查看，不少贫困儿童的家长育儿知识缺乏，对儿童的营养、健康、安全等方面的知识了解不多，满足于给儿童吃饱穿暖。部分家长对儿童的教育方式不当，对儿童成长造成不利影响。还有一个重要原因是部分父母长期外出打工，对留守子女的教育难以顾及，把子女的教育工作丢给家里的老人，导致对儿童的教育缺失。隔代抚养也使儿童在保护和营养等方面更易于遭遇贫困。

2. 社区层面的影响

（1）五峰县地处偏远山区，发展条件差，经济落后。虽然近几年交通条件有较大的改善，但是人均耕地少，且单位产量与产值明显低于平原地区。林地面积虽较大，但产出也有限。农业产业的效益低下，投入不小，收益较小。多支柱产业缺乏，农民增收渠道单一。在我们的调查中，村"两委"干部都会反复提及村庄产业发展问题。调查表明，大多数村庄缺乏产业或产业开发水平低，缺乏资金，没有形成产业链，与市场接轨难，抗风险能力弱。所生产的基本上是低端农产品，缺乏特色，没有市场竞争力，以至于搞产业开发，农民增产不增收，对脱贫帮助不大。

（2）社区基础设施和公共服务落后。①地处山区，居住分散，交通条件较差。调查的行政村中，仍有一定比例的村民小组未通公路，大多数的村庄公路未通班车，对儿童上学、就医等都有不便。②饮水不便，卫生堪忧。调查表明，大多数村庄的家庭饮用井水或地表水，部分村庄的饮用水源受到污染，卫生堪忧。③教育相对落后。学前教育缺乏，多数村庄没有幼儿园，而且合格教师缺乏，设施简陋。大多数村庄撤点并校之后，村里没有学校，不仅适龄儿童上学偏远，学龄前儿童也缺少就近入园学习的机会。留守儿童是各个村庄共同面对的情况，然而，村庄层面缺乏有针对性的帮扶与服务。④卫生服务资源欠缺，村级医务设施落后，医疗水平低下。只有不足30%的村庄建有标准化卫生室，且卫生室的医疗服务水平较低。⑤信息服务落后。部分村庄没有通网络，村民有条件安装有线电视和宽带的比例较低。

总之，社区层面因素对儿童贫困的影响一方面体现出五峰县先天的自然与区位的劣势，另一方面更体现出基础设施与公共服务跟其他地区相比呈现出的后天劣势。

3. 制度层面的影响

虽然我国法律法规以及政策通知中有关保障儿童福利的条例达100多条，它们分散于党和政府有关文化教育、婚姻家庭，以及未成年人保护和违法犯罪等方面的法规、条例、文件、通知、决定等文献中，但我国尚没有严格意义上的专门性的儿童福利政策。生活救助、教育救助、医疗救助等方面的社会福利和保障政策涉及对儿童的救助与保障，但从救助与保障的力度和覆盖面看，尚难以构成对贫困地区儿童的有效保障。例如，实行"两免一补"政策后，减轻了农民的教育负担，但九年制义务教育由于只覆盖到初中，而高中阶段读书成本远高于初中，不少贫困家庭很可能读不起高中，再者义务教育阶段的学生获得的补助金额也不高，且不能覆盖所有贫困家庭。国家实行的"雨露计划"对贫困家庭的儿童上学有一定力度的支持，但覆盖面也有限。

此外，从儿童发展视角支持儿童发展的政策就更少，也更难以对儿童减贫发挥实质性的作用。因此，我们认为，以促进儿童福利和儿童发展为宗旨的制度供给不足及制度保障不足是贫困地区儿童多维贫困现象比较严重的宏观制度成因。

五　结论和启示

精准脱贫是一场全局性战役，要打赢脱贫攻坚战，必须结合本地实际，因地制宜，做好"创新"和"特色"大文章，与时俱进地创造脱贫攻坚新模式。如在促进农民增收方面，要加快农村资源变股权、资金变股金、农民变股东改革步伐，积极探索资产收益扶贫模式，将财政扶贫资金投入形成的资产量化给贫困户，让贫困户获得更多稳定收益。在增加村集体经济收入方面，要建立村级集体经济发展专项基金，探索以资源有效利用、提供服务、物业管理等形式鼓励村企村社开展项目合作，探索投入财政扶贫资金建设或购买经营性资产或实体，通过投入资金帮助购置可盈利性固定资产等方式，增加村级集体经济收入。在推动产业发展方面，要积极引导农业龙头企业或专业合作社对接贫困村，签订约束性合同，政府通过购买服务等方式给予资金扶持，形成贫困户和市场主体之间的利益联结机制。要把精准扶贫与儿童减贫、县域经济发展、农村生态建设、新型城镇化、城乡协调发展有机统筹起来，形成扶贫攻坚的强大合力和整体优势。

具体到儿童减贫，五峰县通过构建大扶贫格局，以整村推进为平台，开展多部门合作，已初步探索出了农村儿童减贫与精准扶贫相结合的新模式。

（一）建立和健全多部门、多方主体的合作机制

儿童减贫工作涉及多个政府职能部门，需要多方力量参与。为了有效推进，五峰县委县政府高度重视，建立和健全了多部门、多主体的合作共治机制。各相关职能部门（扶贫部门、教育部门、医疗卫生部门、妇联等）建立联动协作工作机制、部门联席工作会议机制等，加强组织与协调，并强化各个部门之间的分工与协作，形成具体项目之间的衔接与合作。如教育扶持政策资助对象为在籍（学籍）、在校的建档立卡等家庭经济困难学生（含非建档立卡的家庭经济困难残疾学生、低保家庭学生、农村特困救助供养学生；建档立卡贫困户学生以县扶贫办提供的建档立卡贫困户数据库信息为依据；残疾学生、低保家庭学生、农村特困救助供养学生以民政、残联等部门提供的数据为依据）。学前教育阶段，对贫困家庭在园幼儿，按每生每年 1000 元的标准给予生活补助；义务教育阶段，免学费、免费发放教科书，对贫困家庭寄宿学生，按小学每生每年 1000 元、初中每生每年 1250 元的标准补助生活费；普通高中教育，免学费，按每生每年 2500 元的标准发放国家助学金；职业教育方面，中职免学费，按每生每年 2000 元标准发放国家助学金，高职贫困家庭学生可以申请最高限额 8000 元的生源地信用助学贷款，在校期间财政给予全额贴息。每年秋季学期五峰县教育局组织学校公布教育扶贫政策，符合教育扶贫政策受助资格的学生向就读学校提出申请并按要求提供家庭经济困难证明材料。生源地信用助学贷款申贷由县教育局每年暑假公布政策并组织实施。学校组织评审小组进行评审，确定受助名单。受助名单在校内公示后上报县教育局学生资助管理中心。县教育精准扶贫领导小组审核受助名单后县财政局下拨助学金至学校，助学金直达受助学生办理的资助卡（或指定账户）。驻村工作队也积极发挥平台优势，扶贫扶智，充分利用国家的各项助学政策帮助贫困儿童顺利完成学业，并在教育、科技、社会服务以及"三万"等活动中做好儿童减贫和精准扶贫各项工作，切实把资金、人力和智力用到刀刃上。

（二）探索家长、老师、社区之间的互动与合作减贫机制

从基层来看，家庭、农村社区和学校是儿童活动的最重要的场所，

儿童减贫与综合发展也离不开家长、老师、社区之间的互动与合作。对此，五峰县探索出了社区——学校——家庭之间的合作机制，以及与上级各相关部门、非政府组织的协作机制。例如，对学龄儿童形成以学校为中心的三方协调机制。具体来说，就是学校与农村当地社区合作，在家长、志愿者的帮助下，将学龄儿童集中起来开展各种活动。贫困治理是志愿服务的重要内容，志愿者已经成为儿童减贫领域的重要力量。儿童减贫与综合发展工作不仅需要政府部门的领导、组织与推动，具体工作与活动的开展更需要众多的志愿者。因此，在驻村工作队的指导下，五峰县不断壮大志愿者队伍，实行结对帮扶与集体帮扶相结合。建立了一支包括退休教师、医生与退休公务员、村妇女主任、乡镇及村医护人员、高校大学生等来自方方面面服务贫困儿童的教育、医疗、营养等的志愿者队伍，并借助互联网等新技术和新平台，创新儿童贫困志愿帮扶机制，充分发挥了志愿服务与志愿者的优势。政府一方面加大志愿服务的人力与其他资源的投入，鼓励儿童公益组织参与，不断增强儿童减贫的志愿者服务的力量；另一方面采取结对帮扶的办法，即志愿者与贫困儿童结成帮扶对子，一个志愿者联系若干名儿童，有针对性地进行经常性的帮扶。这样可以保证帮扶的针对性、持续性，尤其对留守儿童和流动儿童而言，非常有价值，有助于强化对这些儿童群体贫困的帮扶。

（三）大力加强宣传教育，发挥知识与观念改变在儿童减贫中的重要作用

过去很多人将"儿童贫困"等同于"家庭贫困"，同时将儿童贫困几乎等同于儿童经济贫困，导致儿童成长的关键人及相关机构忽视了儿童多方面的需要。通过调查数据与对村民的访谈中可以发现，贫困片区村民缺乏健康与卫生知识，缺乏营养与科学育儿知识。比如，在针对2岁以下儿童母亲的访谈中了解到，大多数家长给孩子的辅食添加时间普遍较晚，种类偏单一。由于6个月以后的母乳营养成分已经不能满足儿童生长发育的需要，辅食添加过晚可能会导致儿童出现营养不良、发育落后以及不同程度的缺铁性贫血。另外，大多数家长没有带孩子做定期体检。其实，随着经济发展与收入的增加，生活水平的提升，收入并不是儿童营养及健康贫困的主要制约因素，营养及健康贫困很大程度上反映了包括家长在内的相关方的观念、知识瓶颈的制约。因此，我们认为，突出儿童减贫中的宣传教育，发挥知识与观念改变在儿童减贫中的重要作用，将会有利于儿童减贫与综合发展工作。在儿童减贫的宣传教育中，家长与家庭是非常重要的一环。家长及家庭成员虽然重视儿童，但很多家长并不知道如何去抚育、教育儿童。而且，随着打工经济的兴起，贫困农村的许多青壮年劳动力外出务工，儿童由其祖父母抚养，抚养问题更为突出。就儿童本身而言，缺乏健康卫生知识、安全意识及营养基本知识，缺乏健康的生活方式，也不利于其健康成长与发展。为此，五峰县在家庭和儿童两个层面加强宣传教育活动：针对家长和实际的儿童看护人，依托社区、志愿者及其他公益组织等主体，利用宣传册、宣传栏、广播等媒介，通过宣讲、组织文艺活动等方式，进行儿童养育观念宣传和营养、健康、安全等方面知识的教育，使儿童的父母以及实际看护人认识到儿童成长和发展的多维性，使家长及儿童实际监护人重视儿童的营养、安全、卫生等方面的需要，并具备相应的知识，尽量满足儿童这些方面的需要。针对儿童本身，主要依托家庭、学校和志愿者，借助学校及村儿童活动中心，通过开展各种教育活动及游戏等，对学龄儿童进行健康卫生、营养、安全等方面的教育，使儿童了解相关方面的科学知识，形成良好的心理、行为与习惯。同时我们认为，针对不同年龄段儿童特点，采取寓教于乐的方式，增加儿童活动中心活动的吸引力，是搞好儿童中心活动、避免活动走形式的关键。

（四）采取有力减贫措施，对重点对象及重点领域进行及时干预

基于我们的研究数据，我们认为，0—5 岁儿童组的儿童以及留守儿童、流动儿童、残疾大病儿童及失依儿童是儿童减贫的重点对象。根据我们的研究，0—5 岁组比 6—15 岁组儿童的多维贫困率要高，再者越是低龄儿童干预效果越明显，所以 0—5 岁儿童组的儿童应该是儿童减贫的重点对象。留守儿童、流动儿童、残疾大病儿童及失依儿童所处的成长环境及面临的困难自然非其他类型的儿童可比。因此，应重点关注以上对象，并进行及时的干预。在儿童减贫重点领域方面，基于我们的研究数据，发现儿童的营养、收入及儿童保护是重点领域。儿童收入维度的贫困率较高，主要的症结表现在部分农户经济收入方面的脆弱性较强，仍然容易出现因大病、因残疾、因人力资本少和市场风险、因灾或因家庭意外事故等导致的收入贫困。针对这种状况，应强化对贫困家庭的大病救助，提升贫困家庭的人力资本，加强对贫困家庭的扶持与保障。对儿童营养贫困的改善，则需要在继续推行并不断完善既有政策框架的同时，针对当前贫困地区农村存在大量留守儿童隔代抚养的实际，一方面如前述，加强营养知识和养育知识的宣传教育；另一方面，采取办法，尽可能实现母亲养护。为此，具体的政策要考虑到对采取母亲看护的家庭进行激励。此外，研究发现儿童保护维度的贫困率也比较高，从指标看主要反映了儿童意外伤害的比例偏高，因此需要加强对儿童尤其是留守儿童的看护及安全教育。基于此，驻村工作队结合实情开展"送温暖、送医药、扶贫扶智、文化下乡"等活动，定期对贫困村贫困儿童进行慰问，使他们时刻感受到关怀和温情。同时，组织开展以"关爱儿童、精准扶贫"为主题的各种活动和文艺会演，寓教于乐，在一唱一跳中增进了感情，也为儿童减贫工作增添了精神动力。

随着国家对贫困地区"精准扶贫"工作的推进，贫困地区的经济发展水平不断提升，贫困地区农村居民的基本生活需求日益得到保障，脱贫已见曙光。但同时我们也应该清醒地看到，我国针对儿童福利与儿童减贫的政策支持总体来说力度较小，因此我们建议政府要加大力度，对儿童减贫的重点对象及重点领域进行及时干预，精准扶持，力争在全面建成小康社会到来之际，使我国儿童减贫尤其是贫困地区儿童减贫事业有巨大的改观与进展。

参考文献

［1］尚晓援、王小林等：《中国儿童福利前沿（2012）》，社会科学文献出版社 2012 年版。

［2］王小林：《贫困测量：理论与方法》，社会科学文献出版社 2012 年版。

［3］尚晓援：《中国弱势儿童群体保护制度》，社会科学文献出版社 2008 年版。

［4］曹洪民、王小林、陆汉文：《特殊类型贫困地区多维贫困测量与

干预》，中国农业出版社 2011 年版。

　　［5］左常升主编：《国际减贫理论与前沿问题 2014》，中国农业出版社 2014 年版。

　　［6］陆汉文：《中国特殊类型贫困地区的连片开发》，《中国农村研究》2012 年下卷。

　　［7］［印度］阿玛蒂亚·森：《拓展儿童发展研究领域解决儿童贫困问题》，《"反贫困与儿童早期发展"国际研讨会演讲稿》2009 年 10 月。

　　［8］王震：《农村地区母亲就业对儿童营养状况的影响》，《中国人口科学》2013 年第 1 期。

　　［9］罗仁福等：《贫困农村儿童的能力发展状况及其影响因素》，《学前教育研究》2010 年第 4 期。

　　［10］宋亚萍、张克云：《儿童贫困界定和测度研究综述》，《北京青年研究》2014 年第 2 期。

　　［作者简介：向雷（1981—　　），男，三峡大学马克思主义学院讲师、驻农村工作队队长，华中师范大学社会学院博士研究生，主要研究方向：发展社会学。刘谊（1973—　　），女，三峡大学经济与管理学院讲师；邓关东（1980—　　），男，三峡大学驻农村工作队副队长；董邦旭（1991—　　），男，华中师范大学社会学院硕士研究生］